Informatik-Fachberichte 248

Herausgeber: W. Brauer
im Auftrag der Gesellschaft für Informatik (GI)

Guido Moerkotte

Inkonsistenzen in deduktiven Datenbanken

Diagnose und Reparatur

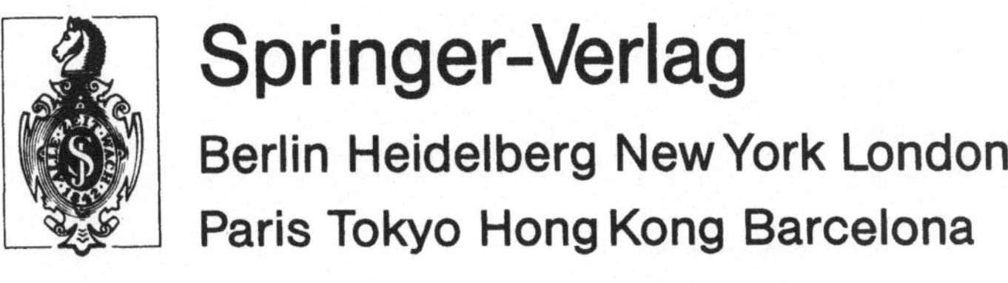

Springer-Verlag

Berlin Heidelberg New York London
Paris Tokyo Hong Kong Barcelona

Autor

Guido Moerkotte
Fakultät für Informatik, Universität Karlsruhe
Postfach 6980, D-7500 Karlsruhe 1

CR Subject Classification (1987): H.1-2, I.2.3-4

ISBN-13:978-3-540-53077-0   e-ISBN-13:978-3-642-84278-8
DOI: 10.1007/978-3-642-84278-8

CIP-Titelaufnahme der Deutschen Bibliothek.
Moerkotte, Guido:
Inkonsistenzen in deduktiven Datenbanken: Diagnose und Reparatur / Guido Moerkotte.
– Berlin; Heidelberg; New York; London; Paris; Tokyo: Springer, 1990
(Informatik-Fachberichte; 248)
ISBN-13:978-3-540-53077-0   (Berlin ...) brosch.

NE: GT

2145/3140-543210 – Gedruckt auf säurefreiem Papier

Vorwort

Eine Datenbasis wird konsistent genannt, wenn sie ein wahrheitsgemäßes Modell der gegebenen Miniwelt darstellt. Die Forderung nach Konsistenz allein mit den Mitteln des Datenbanksystems durchsetzen zu wollen, ist allerdings illusorisch, zumindest in den Fällen, in denen die Daten durch menschliche Benutzer eingegeben werden. Für eine automatische Überprüfung der Konsistenz muß man daher die Forderung abschwächen. Man verlangt nur noch, daß die in der gegebenen Miniwelt beobachteten Gesetzmäßigkeiten eingehalten werden. Diese Gesetzmäßigkeiten werden dazu als Konsistenzbedingungen, d.h. im allgemeinen geschlossene prädikatenlogische Formeln, modelliert. Eine Datenbasis wird bereits als konsistent bezeichnet, wenn die Konsistenzbedingungen erfüllt sind.

Die klassische Reaktion auf eine Inkonsistenz ist das Rücksetzen der Transaktion. Häufig ist dies keine zufriedenstellende Lösung. Das Buch behandelt statt dessen die Aufgabe, den Benutzer mit detaillierter Information über die Konsistenzverletzung zu versorgen. Hierzu werden neben dem eigentlichen Konsistenztest weitere Verfahren vorgestellt, die eine eingehende Analyse der Inkonsistenz erlauben. Das Ergebnis der Analyse wird dann dazu benutzt, um automatisch Reparaturen zu generieren. Der Benutzer wird auf diese Weise von einer zeitraubenden, bei großen Datenbasen oder einer Vielzahl von Konsistenzbedingungen auch notwendigerweise unvollständigen Analyse der Ursachen und ihrer Beseitigung entlastet. Vielmehr braucht er nur noch unter den Reparaturvorschlägen auszuwählen. Von besonderer Bedeutung ist diese Erleichterung für den Benutzer natürlich bei deduktiven Datenbanken, da dort die Verhältnisse für ihn besonders unübersichtlich sind. Diese Datenbanken werden daher besonders berücksichtigt. Neben den erforderlichen theoretischen Grundlagen wird auch eine prototypische Implementierung des Systems beschrieben.

Dieses Buch ist meine von der Universität Karlsruhe angenommene Dissertation "Diagnose und Reparatur von Konsistenzverletzungen in deduktiven Datenbanken". Für die Unterstützung bei der Forschungsarbeit möchte ich meinen Betreuern Prof. Dr. P.C. Lockemann und Prof. Dr. P. Schmitt herzlich danken. Weiterhin danke ich Holger Müller, Markus Bohner, Peter Dettling, Epameinondas Kapetanios und Rose Sturm für ihr Engagement bei der Erstellung des Prototyps, Stefan Karl für die fruchtbare Zusammenarbeit bei der Entwicklung des Konsistenztests und die vielen ergiebigen Diskussionen, Andrea Lipski für ihre wertvollen Kommentare und Peter Klopp für das Formatieren der endgültigen Version.

Karlsruhe, Juli 1990 Guido Moerkotte

Inhalt

1. Einführung

Die vorliegende Arbeit setzt sich mit der Prüfung und Erhaltung bzw. Wiederherstellung von Konsistenz in deduktiven Datenbanken auseinander. Der Motivation für die Beschäftigung mit diesem Thema beschreibe wird eine Erläuterung der Begriffe Konsistenz und deduktive Datenbank vorangestellt. Zunächst die Definition einer Datenbank oder Datenbasis. C.J. Date definiert in [26] eine Datenbasis wie folgt:

"Basically, it is nothing more than a computer-based recordkeeping system: that is, a system whose overall purpose is to record and maintain information."

J. D. Ullman gibt in [102] folgende Definition:

"Data that is stored more-or-less permanently in a computer we term database."

Zunächst fallen zwei Dinge auf: Erstens ist beiden Definitionen gemeinsam, daß eine Datenbasis etwas mit dem Aufheben (Speichern) in Computern zu tun hat. Zweitens fällt auf, daß dies die einzige Gemeinsamkeit beider Definitionen ist. Klar ist sicherlich, daß nicht alles, was in Computern gespeichert ist, eine Datenbasis ist. Dies wäre der falsche Schluß.

Da Computer im allgemeinen irgendetwas in irgendeiner Form manipulieren, liegt es nahe, nach diesem Etwas in obigen Definitionen zu suchen. Bei Date findet man "information", bei Ullman "data". Wo liegt der Unterschied? Ullman schweigt sich hierzu aus, Date schreibt in einer Fußnote, daß er die beiden Begriffe synonym verwendet. In [101] schreiben D.C. Tsichritzis und F.H. Lochovsky:

"It is important to realize the distinction between data and information. Data are facts collected from observations or measurements. Information is the meaningful interpretation and correlation of data that allows one to make decisions."

Neben der Feststellung, ein neues Argument für oder gegen etwaige Definitionen von Datenbasen gefunden zu haben, erscheint ein neuer Aspekt, der den Ursprung dessen, was in der Datenbasis steht, betrifft. Daten stammen also aus Beobachtungen und Messungen. Es erhebt sich sofort die Frage, Beobachtungen und Messungen wovon? Dieser Frage werde ich nach folgender Betrachtung nachgehen.

Der Definition von Tsichritzis und Lochovsky ist ein weiterer, wesentlicher Aspekt zu entnehmen. Es ist die Rede von Interpretation und Korrelation von Daten. Dies setzt voraus, daß die Daten einen Sachverhalt repräsentieren und dieser durch die Interpretation der Daten aus den Daten zurückgewonnen werden kann. Dieser Sachverhalt, der repräsentiert oder modelliert werden soll, kann beispielsweise der realen Welt entnommen werden, also ein Ausschnitt aus der realen Welt sein. Es kann auch der gesamte Sachverhalt einer in sich geschlossenen

Miniwelt sein. Der Bereich, dessen Sachverhalt repräsentiert werden soll, heißt allgemein Diskursbereich ("domain of discourse"). Hiermit läßt sich nun auch eine Brücke zu der oben offen gelassenen Fragestellung, was beobachtet und gemessen wird, schlagen. Die Antwort ist jetzt klar, der Diskursbereich ist gesucht.

Die vorläufige Definition einer Datenbasis lautet also wie folgt: **Eine Datenbasis ist eine Sammlung von Daten eines Diskursbereiches.** Hierbei ist das Wort Daten im Sinne von Tsichritzis und Lochovsky zu verstehen, und die Verbindung durch den Genitiv zum Diskursbereich soll andeuten, daß eine Interpretation der Daten im Diskursbereich besteht.

Nachdem der Begriff Datenbasis, zumindest vorläufig, geklärt ist, möchte ich nun den Zusatz **deduktiv** erläutern.

Ergeben sich im Diskursbereich Regelmäßigkeiten, so ist anzunehmen, daß sich diese auch in den Daten widerspiegeln. Dies heißt aber, daß es Regeln geben könnte, mit denen aus Daten andere Daten abgeleitet werden könnten und die genau die Regelmäßigkeiten im Diskursbereich wiedergeben. Ich definiere also eine deduktive Datenbasis wie folgt: **Eine Datenbasis, die sowohl Daten als auch Ableitungsregeln enthält, heißt deduktive Datenbasis.** (Statt von Ableitungsregeln spreche ich zukünftig von Regeln.)

Die Menge der Daten kann dann in zwei Teilmengen eingeteilt werden, die eine Menge beinhaltet die expliziten Daten, die andere die impliziten Daten, die aus den expliziten mittels Anwendung von Regeln (Deduktion) gewonnen werden können.

Die Aufnahme von Regeln hat entscheidende Vorteile: Die Regeln dienen der Reduktion des Datenbestandes, da nur die expliziten Daten in die Datenbasis aufgenommen werden müssen. Hierdurch können automatisch Fehler vermieden werden, die durch das Nichtbeachten von Zusammenhängen entstehen, die sonst explizit (beispielsweise durch den Benutzer) gehandhabt werden müßten. Weiter helfen die Regeln, den Datenbestand zu strukturieren.

An dieser Stelle möchte ich noch einmal den Begriff der Datenbasis durchleuchten und hinterfragen, ob er vollständig definiert ist oder ob es Aspekte gibt, die in der Definition noch nicht berücksichtigt wurden.

Wie ich bereits oben andeutete, wird von einer Datenbasis erwartet, daß sie mittels der in ihr enthaltenen Daten den Diskursbereich korrekt widerspiegelt. Dazu gehört insbesondere, daß die Daten als sinnvoller, widerspruchsfreier Zustand des Diskursbereiches interpretiert werden können. Diese Eigenschaft einer Datenbasis wird Integrität genannt.

Da es für die Daten in einer Datenbasis a priori keine Einschränkungen gibt, ist es möglich, jede beliebige Menge von Daten als Datenbasis zu betrachten. Auf der anderen Seite gibt es aber, wie bereits festgestellt, im Diskursbereich Regelmäßigkeiten, von denen einige als Regeln (im obigen Sinne) modelliert werden können. Andere Regelmäßigkeiten, oder besser Gesetzmäßigkeiten, können nicht als Regeln modelliert werden. Die Daten, die den Diskursbereich modellieren, müssen aber, um die Integrität zu wahren, die geltenden Gesetzmäßigkeiten erfüllen. Es liegt also nahe, die Datenbasis um eine weitere Komponente zu erweitern, nämlich um die Menge der Konsistenzbedingungen, die die Gesetzmäßigkeiten modellieren.

Damit ergibt sich die folgende Definition einer (deduktiven) Datenbasis. Sie ist sicherlich nicht vollständig, faßt aber die hier benötigten Aspekte. Diese Definition wird dann im folgenden als Arbeitsdefinition dienen. **Eine (deduktive) Datenbasis ist eine Menge von Daten, auch Fakten genannt, zusammen mit Konsistenzbedingungen (und Regeln).** Einen guten Überblick über die geschichtliche Entwicklung des Gebietes der deduktiven Datenbasen bietet [69].

Im weiteren Verlauf gehe ich von einer computergestützten Datenbasis aus. Dies bedeutet, daß das die Datenbasis realisierende System Operatoren zur Manipulation der im System gespeicherten Daten, Regeln und Konsistenzbedingungen zur Verfügung stellt. Ebenso muß es in der Lage sein, Auskunft über die (impliziten und expliziten) Daten im System zu geben. Eine letzte Forderung, die ich an ein solches System stelle, ist die folgende: Falls die Anwendung der zur Manipulation zur Verfügung gestellten Operatoren eine oder mehrere Konsistenzbedingungen verletzt, ist der Verursacher hierüber zu informieren. Bevor ich die Anforderungen an eine solche Ausgabe oder Benachrichtigung formuliere, möchte ich zunächst noch auf die historische Entwicklung der in der computergestützten Datenhaltung maßgebenden Anwendungen eingehen, da sich aus diesen der Diskursbereich ableitet und damit die benötigten Anforderungen besser motiviert sind.

Betrachtet man die geschichtliche Entwicklung der Anwendungen, für die rechnergestützte Datenbasen verwendet wurden und werden, so sind im wesentlichen drei große Bereiche zu betrachten. Der Bereich der kommerziellen Anwendungen, der historisch erste, zeichnet sich durch große Datenmengen und wenig komplizierte Zusammenhänge aus. Der Bereich der Expertendomänen, zeichnet sich durch komplizierte Zusammenhänge und, im Vergleich zu kommerziellen Anwendungen, geringe Datenmengen aus. Der Bereich der sogenannten Nicht-Standard-Anwendungen wird sowohl durch große Datenmengen als auch durch komplizierte Zusammenhänge bestimmt.

Dieser letztgenannte Bereich erregt momentan die rege Aufmerksamkeit vieler Forschungsgruppen. Er umfaßt Gebiete wie VLSI-Design, CAD etc. Die komplizierten Zusammenhänge und großen Datenmengen lassen auf eine reiche Semantik in diesen Bereichen schließen. Diese Semantik muß sich natürlich auch in der Datenbasis wiederfinden, dies schon allein aus Gründen der Integrität. Zur Modellierung reichhaltiger Semantik eignen sich in ausgezeichneter Weise Konsistenzbedingungen. Allerdings werden mit zunehmender Komplexität der Zusammenhänge auch die Konsistenzbedingungen komplizierter und die Regeln zumindest zahlreicher. Dies erschwert es aber dem Benutzer, das Zusammenspiel zwischen Daten, Regeln und Konsistenzbedingungen zu durchschauen.

Man mag einwenden, daß man dem Problem der reichhaltigen Semantik durch mächtigere Datenmodelle, die schon einen Teil der Semantik des Diskursbereichs fassen, begegnen kann. Daraus erklärt sich auch die große Aktivität auf dem Gebiet neuer Datenmodelle. Hier sind insbesondere objektorientierte Ansätze und die Wissensrepräsentationsmechanismen der künstlichen Intelligenz zu nennen. Es bleibt aber festzustellen, daß der durch die Modelle erfaßte Anteil der Semantik des Diskursbereiches, die modellinhärente Semantik, nicht ausreicht, um die gesamte Semantik zu erfassen, also zusätzlich ebenfalls Konsistenzbedingungen notwendig sind. Es ist zu erwarten, daß diese die komplizierteren sind, und somit das Problem einer reichhaltigen Semantik nicht allein durch die Verwendung mächtigerer Datenmodelle gelöst werden kann. Ein weiteres Manko der neuen, erweiterten Datenmodelle ist das der eingeschränkten Anwendbarkeit. Je mehr Semantik in einem Modell enthalten ist, desto mehr werden die modellierbaren Diskursbereiche eingeschränkt. Es bleibt also die Forderung nach einem allgemeineren Datenmodell und einem System, das den Benutzer beim Verständnis der Zusammenhänge weitestgehend unterstützt. Die vorliegende Arbeit unterbreitet einen Vorschlag für ein solches System.

Zur Repräsentation der Datenbasis wird eine logische Sprache verwendet werden, die sich durch allgemeine Verwendbarkeit auszeichnet. Ein weiterer Vorteil der Logik ist die wohldefinierte Semantik. Eine solche findet man bei den wenigsten heute diskutierten Repräsentationsmechanismen. Die Ausgangssituation, an der diese Arbeit ansetzen wird, ist die folgende. Der Benutzer manipuliert mit einer Folge von Operatoren, oft Transaktion genannt, den Datenbestand einer Datenbasis. Das die Datenbasis realisierende System stellt nach der Durchführung der Transaktion eine Konsistenzverletzung fest. Der Benutzer wird benachrichtigt. Diese Nachricht kann im Minimalfall lediglich eine Feststellung der Konsistenzverletzung sein, vielleicht noch mit der Angabe der verletzten Konsistenzbedingung. Das Ideal dieser Benachrichtigung wäre eine neue Transaktion, von der sichergestellt ist, daß sie die Konsistenz der Datenbasis wiederherstellt und die Benutzerabsicht der ersten Transaktion berücksichtigt. Da es aber heutzutage noch sehr schwer ist, Benutzerabsichten aus Transaktionen abzuleiten, zu modellieren und in neue Transaktionen umzusetzen, möchte ich das Ziel ein bißchen niedriger stecken und auf den Zusatz der Berücksichtigung der Benutzerabsicht verzichten, da eine exakte Realisierung dieser Forderung nicht absehbar ist. Das heißt natürlich nicht, daß nicht versucht werden soll, möglichst nahe an diese Forderung heranzukommen. Demnach lautet die Zielsetzung dieser Arbeit wie folgt. Es ist ein System zu entwickeln, welches bei einer gegebenen Transaktion und einer Datenbasis, die durch die Ausführung der Transaktion inkonsistent wird, dem Benutzer eine oder mehrere Transaktionen anbietet, deren Ausführung die Konsistenz der Datenbasis wieder herstellt.

Abschließend sei mir noch eine Bemerkung allgemeiner Art über die Vorgehensweise in der Arbeit gestattet. Auch wenn ich grundsätzlich der Meinung bin, daß man bei Definitionen nicht bis ins letzte Detail begründen kann, warum sie so und nicht anders ausfallen, nicht zuletzt, weil u.a. autorenspezifische ästhetische Gesichtspunkte und ein gewisses Maß an Willkür eine Rolle spielen, so möchte ich doch im folgenden versuchen, die wesentlichen Definitionen dem Leser so nahe wie möglich zu bringen. Hierzu verwende ich verschiedene Ansätze, die ich hier kurz aufzählen möchte. Über den Sinn und die Vollständigkeit dieser Ansätze läßt sich sicherlich streiten, aber sie erscheinen mir für diese Arbeit mächtig genug. Wenn irgend möglich, werde ich mich bei den Definitionen, dies gilt insbesondere für die Logik, an den Bedürfnissen der Datenbankwelt orientieren. Daher auch die lange Diskussion in der Einleitung, die einen Großteil der Motivation für die Definition einer Datenbasis im entsprechenden Kapitel abdeckt. Des weiteren werde ich mich bemühen, die Definitionen möglichst nahe an den Bedürfnissen auszurichten und so zu fassen, daß die folgenden Sätze einfach zu beweisen sind. Zusätzlich werde ich mich zahlreicher Beispiele bedienen. Diese werden zunächst sehr anschaulich sein, damit das Lesen durch Wissen über den Diskursbereich vereinfacht wird. Im weiteren Verlauf werde ich dann zunehmend abstrakte Beispiele verwenden, um so der Gefahr zu begegnen, daß der Blick auf die formalen Probleme durch zuviel Wissen über einen einzelnen Diskursbereich verstellt wird.

2. Logik

Ein weit verbreitetes Mittel zur Darstellung und Behandlung von Problemen im Datenbankbereich ist die Logik. Dies trifft nicht nur für die Darstellung und Behandlung von Problemen in konventionellen Datenmodellen wie dem hierarchischen Datenmodell, dem Netzwerkmodell und dem relationalem Model (siehe [41, 91]) zu, sondern sogar in gesteigertem Maße für Datenmodelle für deduktive Datenbanken (siehe [34]).

Wenn es darum geht, Logik zu verwenden, so muß man sich zunächst die Frage stellen, welche Logik für die betrachtete Problemstellung am geeignetsten ist. In meinem Falle, da ich mich nicht mit Problemen wie Null-Werten, Nicht-Monotonie, temporalen Aspekten etc. auseinandersetzen möchte, fällt die Wahl leicht. Ich habe mich für ein Derivat der Prädikatenlogik erster Stufe entschieden.

Die nächsten Entscheidungen betreffen die Mächtigkeit der Sprache. Dabei ist festzulegen, ob die festzulegende Sprache die Gleichheit und ob sie Funktionssymbole enthalten soll. Ein Blick auf zu formulierende Konsistenzbedingungen zeigt, daß die Gleichheit unabdingbar ist. Beispielsweise ist bei der Formulierung von Eindeutigkeitsforderungen die Gleichheit unabdingbar. Nicht so leicht fällt die Entscheidung, ob Funktionssymbole in die Sprache mit einbezogen werden sollen. Nicolas und Gallaire argumentieren in [78], daß sie nicht notwendig sind. Ihr Argument ist es, daß Funktionen lediglich spezielle Relationen sind. Aus dem Bereich der sogenannten Engineering-Datenbanken gibt es jedoch Beispiele, die andeuten, daß es sehr wohl sinnvoll sein kann, über Funktionen verfügen zu können. Durch Hinzufügen von Funktionssymbolen gibt man allerdings die allgemeine Berechenbarkeit auf. (Eine Sammlung berechenbarer Formelklassen findet man in [31].) Ich habe mich für eine Logik ohne Funktionssymbole entschieden. Dies nicht zuletzt wegen der Berechenbarkeit, die für die Korrektheit der "negation-as-failure"-Regel unabdingbar ist (siehe Kapitel über Datenbasen).

Die weiteren Entscheidungen werden in den beiden folgenden Unterkapiteln über die Syntax und die Semantik der verwendeten Logik motiviert. Diese Entscheidungen sind jedoch weniger gewichtig, es handelt sich lediglich um kleinere Anpassungen der Standarddefinitionen an die hier propagierte Anwendung.

Dieses Kapitel gliedert sich gemäß den beiden Teilen einer jeden Logik in zwei Unterkapitel. Im ersten wird die Syntax, das heißt die verwendete Sprache fixiert. Die Bedeutung der Sprache (Semantik) wird im zweiten Unterkapitel definiert.

2.1 Syntax

Die hier benutzte logische Sprache enthält die üblichen Sonderzeichen.

Definition 2.1.1 (Sonderzeichen). *Die Menge S der Sonderzeichen ist wie folgt definiert:*
$S := \{\forall, \exists, \neg, (,), \vee, \doteq\}$. *$\forall$ und $\exists$ heißen Quantoren.*

Der Leser möge bemerken, daß hier für die Gleichheit in der Sprache das Symbol "$\doteq$" verwendet wird, und nicht "$=$". Dies ist wichtig zur Unterscheidung des Symbols "$\doteq$" in der Sprache und seiner Interpretation, also des Symbols "$=$". Wie in vielen anderen Disziplinen der Mathematik, beispielsweise der Algebra, verwendet auch die Logik Platzhalter. Diese werden auch als Individuenvariablen oder kürzer Variablen, bezeichnet. Es sei $\mathbf{N}$ die Menge der natürlichen Zahlen, die Menge $\mathbf{N_0}$ die Menge der natürlichen Zahlen einschließlich der Null.

Definition 2.1.2 (Individuenvariablen). *Die Menge $V := \{v_i | i \in \mathbf{N_0}\}$ heißt die Menge der Individuenvariablen. Die Variablen werden auch mit x, y, z, x_0, y_0, z_0, ... bezeichnet.*

Von entscheidender Bedeutung ist die einer Sprache zugrundegelegte Signatur. Sie entspricht der Menge der Wörter in einer natürlichen Sprache wie Deutsch, Hebräisch oder Russisch. Aber anders als bei einer natürlichen Sprache sind die Regeln für den Bau von Ausdrücken in einer logischen Sprache fix für alle Signaturen. Im folgenden wird also im Prinzip für jede Signatur eine Sprache definiert, also insgesamt eine Klasse von Sprachen. Deswegen wird es im folgenden wichtig sein, immer wieder auf die Signatur Bezug zu nehmen.

Definition 2.1.3 (Signatur). *Eine Signatur Σ ist ein Tripel $(K_\Sigma, P_\Sigma, \alpha_\Sigma)$, wobei K_Σ, P_Σ endliche Mengen mit $K_\Sigma \cap P_\Sigma = \emptyset$, $S \cap (K_\Sigma \cup P_\Sigma) = \emptyset$. $\alpha_\Sigma : P_\Sigma \longrightarrow \mathbf{N}$ heißt Stelligkeit, $k \in K_\Sigma$ Konstantensymbol und $p \in P_\Sigma$ Prädikatsymbol.*

Ein Beispiel für eine Signatur ist

$(\{Erich, Helga, Guido, Anne, Ute\},$
$\{Vater, Mutter, Elternteil, Geschwister\},$
$\alpha \equiv 2)$.

Die nächsten Definitionen sind ebenfalls Standard.

Definition 2.1.4 (Term). *Sei Σ eine Signatur. Die Menge aller Σ-Terme ist definiert durch $T_\Sigma := K_\Sigma \cup V$.*

Beispiele für Terme sind x und *Guido*.

Definition 2.1.5 (Atom). *Sei Σ eine Signatur. Die Menge der atomaren Σ-Formeln, kurz Atome, ist wie folgt definiert:*
$At_\Sigma := \{p(t_1, \ldots, t_n) \mid t_i \in T_\Sigma, \alpha_\Sigma(p) = n, p \in P_\Sigma\} \cup \{t_1 \doteq t_2 | t_1, t_2 \in T_\Sigma\}$.
Die Terme t_i heißen Argumente von p.

Definition 2.1.6 (Faktum). *Sei Σ eine Signatur. Die Menge der Fakten Fak_Σ ist die Menge der Atome, die weder "$\dot{=}$" noch Variablensymbole enthalten.*

Ein Beispiel für ein Faktum ist $Vater(Guido, Erich)$.

In der folgenden Definition eines Literals verwende ich das Symbol "$\succ$". Dieses ist als Abkürzung für "folgt" zu lesen.

Definition 2.1.7 (Literal). *Sei Σ eine Signatur. Die Menge Lit_Σ der Σ-Literale ist die kleinste Menge für die gilt:*

1. $At_\Sigma \subseteq Lit_\Sigma$
2. $a \in At_\Sigma \succ \neg(a) \in Lit_\Sigma$

Für $a \in At_\Sigma$ ist $\overline{a} := \neg a$ und $\overline{\neg a} := a$. Ist A eine Menge von Literalen, so ist $\overline{A} := \{\overline{a} | a \in A\}$. Ein Literal $l \in At_\Sigma$ heißt positives und ein Literal $l \in \overline{At_\Sigma}$ heißt negatives Literal.

Beispiele für Literale sind $Vater(Guido, Erich)$ und $\neg(Mutter(Anne, Erich))$.

Definition 2.1.8 (Klausel). *Sei Σ eine Signatur. Die Menge der Σ-Klauseln Kl_Σ ist die kleinste Menge für die gilt:*

1. $Lit_\Sigma \subseteq Kl_\Sigma$
2. $l_1, ..., l_n \in Lit_\Sigma \succ (l_1 \vee ... \vee l_n) \in Kl_\Sigma$

Enthält $l_1 \vee ... \vee l_n$ eine Individuenvariable x, so heißt dieses Vorkommen von x frei.

Ein Beispiel für eine Klausel ist $((\neg Elternteil(x, y)) \vee Vater(x, y) \vee Mutter(x, y))$.

Der Leser, der mit DATALOG, einer Sprache ohne Funktionssymbole, die nur aus Horn-Klauseln besteht, vertraut ist, wird es für notwendig halten, die Einführung allgemeiner Formeln, insbesondere von Existenzquantoren, zu motivieren. Es sei hier jedoch auf die Arbeit von Chandra und Harel ([21]) verwiesen, in der gezeigt wird, daß die hier definierte Sprache mächtiger ist.

Definition 2.1.9 (Formel). *Sei Σ eine Signatur. Die Menge der Σ-Formeln For_Σ ist die kleinste Menge, für die gilt:*

1. $Lit_\Sigma \subseteq For_\Sigma$
2. $f \in For_\Sigma \succ \neg(f) \in For_\Sigma$
3. $f_1, f_2 \in For_\Sigma \succ (f_1 \vee f_2) \in For_\Sigma$
4. Ist $f \in For_\Sigma$ und x ein freies Vorkommen der Individuenvariable x, so gilt: $\forall x f, \exists x f \in For_\Sigma$.

Das Vorkommen von x in $\forall x(f)$ und $\exists x(f)$ heißt gebunden. Die Formel f heißt Wirkungsbereich des Quantors $\forall$ bzw. $\exists$. Eine Formel heißt geschlossen, falls sie keine frei vorkommende Variable mehr enthält. Der Teil der Formel, der im Wirkungsbereich sämtlicher in der Formel vorkommender Quantoren steht, heißt Matrix der Formel. Sie wird mit $m(f)$ bezeichnet.

Es werden des öfteren, insbesondere in Beispielen, die folgenden gebräuchlichen Abkürzungen verwendet.

Definition 2.1.10 (Abkürzungen). *Sei Σ eine Signatur und $a, a_i, b \in For_\Sigma$. Wir definieren dann folgende Abkürzungen:*

1. $(a \wedge b) := \neg(\neg a \vee \neg b)$
2. $(a \Longrightarrow b) := (\neg a \vee b)$
3. $(a \Longleftrightarrow b) := ((a \Longrightarrow b) \wedge (b \Longrightarrow a))$
4. $\bigwedge_{i=1}^{n} a_i := (a_1 \wedge \ldots \wedge a_n)$
5. $\bigvee_{i=1}^{n} a_i := (a_1 \vee \ldots \vee a_n)$

Unter Berücksichtigung der üblichen Vorrangregeln werde ich überflüssige Klammern zukünftig weglassen.

Folgende Formel ist geschlossen:

- $\forall x \forall y \; Elternteil(x,y) \Longrightarrow Vater(x,y) \vee Mutter(x,y)$.

Nicht geschlossen sind

- $\forall x \; Elternteil(x,y) \Longrightarrow Vater(x,y) \vee Mutter(x,y)$,
- $\forall y \; Elternteil(x,y) \Longrightarrow Vater(x,y) \vee Mutter(x,y)$ und
- $Elternteil(x,y) \Longrightarrow Vater(x,y) \vee Mutter(x,y)$.

In einigen Fällen wird es sinnvoll sein, von folgenden Normalformen Gebrauch zu machen. Zunächst definieren wir, was es heißt, daß eine Formel in pränexer Normalform vorliegt.

Definition 2.1.11 (pränexe Normalform). *Sei Σ eine Signatur. Eine Formel $f \in For_\Sigma$ ist nach Definition in pränexer Normalform, falls sie die Form $Q_1 x_1 \cdots Q_n x_n m(f)$ hat. Dabei ist $Q_i \in \{\forall, \exists\}$.*

Es sei darauf hingewiesen, daß jede Formel in eine äquivalente Formel in pränexer Normalform umgeformt werden kann (siehe beispielsweise [22, 64]). Alle obigen Formeln sind in pränexer Normalform.

Definition 2.1.12 (konjunktive Normalform). *Sei Σ eine Signatur. Eine Formel $f \in For_\Sigma$ in pränexer Normalform ist nach Definition in konjunktiver Normalform, falls die Matrix von f die Form $\bigwedge_i \bigvee_j r_{i,j}$ hat, wobei $r_{i,j} \in Lit_\Sigma$.*

Definition 2.1.13 (disjunktive Normalform). *Sei Σ eine Signatur. Eine Formel $f \in For_\Sigma$ in pränexer Normalform ist nach Definition in disjunktiver Normalform, falls die Matrix von f die Form $\bigvee_i \bigwedge_j r_{i,j}$ hat, wobei $r_{i,j} \in Lit_\Sigma$.*

Für jede Formel kann die Matrix in konjunktive bzw. disjunktive Normalform äquivalent umgeformt.

Die letzte Definition dieses Unterkapitels ist ebenfalls gebräuchlich. Sie beinhaltet den Begriff der Substitution. Eine andere Definition des Begriffs der Substitution findet der interessierte Leser in [99].

Definition 2.1.14 (Substitution). *Sei Σ eine Signatur. Eine Abbildung θ : $V \longrightarrow T_\Sigma$ heißt Substitution. Wir beschreiben θ als eine Menge von Urbild-Bild-Paaren wie folgt: $\theta = [..., x_n \leftarrow t_n, ...]$, wobei wir die Terme, für die θ der Identität entspricht, weglassen. Die Menge aller Substitutionen wird mit Subst bezeichnet und die Identität (leere Substitution) mit ϵ.*

Eine Substitution θ wird wie folgt auf der Menge der Formeln For_Σ fortgesetzt.

1. *Für $k \in K_\Sigma$: $\theta(k) := k$.*
2. *Für $p(t_1, ..., t_n) \in AT_\Sigma$: $\theta(p(t_1, ..., t_n)) := p(\theta(t_1), \cdots, \theta(t_n))$.*
3. *Für $\neg(l) \in Lit_\Sigma$: $\theta(\neg(l)) := \neg(\theta(l))$.*
4. *Für $Qx\ f \in For_\Sigma$, $Q \in \{\forall, \exists\}$: $\theta(Qx\ f) := Qx\ \theta'(f)$, wobei $\theta' = \theta \setminus \{x \leftarrow t | t \in T_\Sigma\}$.*

Es ist
$$\forall y\ Elternteil(x, y) \Longrightarrow Vater(x, y) \vee Mutter(x, y)[x \leftarrow Guido]$$
gleich
$$\forall y\ Elternteil(Guido, y) \Longrightarrow Vater(Guido, y) \vee Mutter(Guido, y).$$

Von speziellen Substitutionen, den allgemeinsten Unifikatoren, wird später ausführlich Gebrauch gemacht.

Definition 2.1.15 ((allgemeinster) Unifikator). *Seien Σ eine Signatur und $l_1, l_2 \in Lit_\Sigma$ Literale. Dann heißt eine Substitution $\theta \in Subst$ allgemeinster Unifikator von l_1 und l_2, falls:*

1. *$l_1\theta = l_2\theta$*
2. *Für alle $\sigma \in Subst$ mit $l_1\sigma = l_2\sigma$ existiert ein $\tau \in Subst$ mit $\sigma = \theta\tau$.*

Man schreibt auch kurz $\theta = mgu(l_1, l_2)$. Jedes $\sigma \in Subst$ mit $l_1\sigma = l_2\sigma$ heißt Unifikator. Die Anwendung eines Unifikators nennt man Unifikation.

Die Existenz von allgemeinsten Unifikatoren für Terme mit Funktionssymbolen wurde in [88] bewiesen. Dort findet man auch ein Verfahren zu deren Berechnung. Für den vorliegenden Fall der funktionsfreien Terme ist die Berechnung des Unifikators zweier Terme trivial.

2.2 Semantik

Die erste Definition dieses Teilkapitels ist die einzige, die nicht standardmäßig ist. Und auch sie unterscheidet sich nur in einer Kleinigkeit von der normalerweise üblichen Definition. Bei dieser Kleinigkeit handelt es sich um eine Anpassung an den Datenbankbereich.

Eine Interpretation ist gedacht, den formalen Objekten der Sprache Objekte in einem Grundbereich zuzuordnen. Dieser Grundbereich ist im Datenbankbereich der Diskursbereich. Man erinnere sich an die Einleitung, in der ebenfalls von einer Interpretation die Rede war. Die formalen Objekte repräsentieren also die realen. Dazu ist es unabdingbar, daß keine Verwechslungen auftreten. Hierzu ist es Voraussetzung, daß eine eindeutige Abbildung zwischen realen Objekten und den Konstanten der Signatur existiert. Daher die Forderung der Bijektivität in nachfolgender Definition. (Vergleiche [85], wo ebenfalls die Bijektivität gefordert wird.) Dies ist keineswegs neu, jedoch ist es üblich, diese Forderung in Form von Axiomen in einer Theorie zu formulieren. Diese Axiome werden dann als "unique-name-assumption" bezeichnet. Da dies aber zu Ineffizienzen in einer Implementierung führt wähle ich den zuerst genannten Ansatz.

Diese Modifikation, zusammen mit dem Verzicht auf Funktionssymbole, hat neben den bereits diskutierten Aspekten der Berechenbarkeit und der vereinfachten Unifikation, den zusätzlichen Vorteil, daß die in allgemeinen Beweisern als äußerst kompliziert geltende Gleichheitsbehandlung ([17, 89]) trivialisiert wird. Eine weitere Einschränkung macht Reiter in [84]. Hier wird angenommen, daß alle Konstanten aus K_Σ in der Datenbasis enthalten sind. Diese Forderung wird mit einem Axiom erzwungen, das allgemein unter dem Namen "domain-closure-axiom" bekannt ist. Diese Forderung ist, meiner Meinung nach, zu restriktiv, da das Hinzufügen und Entfernen von Objekten in bzw. aus der Datenbasis nicht handhabbar ist.

Ich komme jetzt zur Definition einer Interpretation. Hierbei wird das Symbol $\mathcal{P}$ zur Bezeichnung der Potenzmenge einer Menge verwendet.

Definition 2.2.1 (Interpretation). *Sei $\Sigma = (K_\Sigma, P_\Sigma, \alpha_\Sigma)$ eine Signatur. Eine Σ-Interpretation ist ein Paar (D,I) mit folgenden Eigenschaften:*

1. *$D \neq \emptyset$ ist eine Menge*
2. *$I : K_\Sigma \longrightarrow D$ ist bijektiv*
3. *$I : P_\Sigma \longrightarrow \mathcal{P}(\bigcup_n D^n)$, mit $I(p) \subseteq D^n \prec\!\succ \alpha_\Sigma(p) = n$.*

D heißt Grundbereich von I.

Um mit dem Beispiel aus dem ersten Unterkapitel fortzufahren, gebe ich eine zugehörige Interpretation an. D ist eine Familie, I bildet die Konstanten der Signatur (Vornamen) auf die einzelnen Personen der Familie ab. Diese Abbildung ist bijektiv. Als letztes gebe ich noch I(Vater) an. Es sei $(k_1, k_2) \in I(Vater)$, wenn k_2 der Vater von k_1 ist.

Ausgehend von einer Interpretation werden Formeln Wahrheitswerte zugeordnet. Dazu müssen gemäß dem Aufbau einer Formel zunächst Terme ausgewertet werden. Da diese aber Variable enthalten können, wird eine Abbildung benötigt, die den Variablen Elemente aus dem Grundbereich der Interpretation zuweisen. Die Rolle dieser Abbildung wird β spielen.

Definition 2.2.2 (Term-Auswertung). *Sei Σ eine Signatur und (D,I) eine Σ-Interpretation. Zu $\beta : V \longrightarrow D$ definieren wir $\beta_I : T_\Sigma \longrightarrow D$ wie folgt:*

1. *$\beta_I(x) := \beta(x)$ für alle $x \in V$*
2. *$\beta_I(k) := I(k)$ für alle $k \in K_\Sigma$.*

Wir definieren weiter $\beta_x^d : V \longrightarrow D$ als

$$\beta_x^d(y) := \begin{cases} \beta(y) & \text{falls } y \neq x \\ d & \text{falls } y = x \end{cases}$$

"=" *bedeutet hier Termgleichheit.*

In der folgenden Definition wird die Abbildung $\omega_{D,I,\beta}$ definiert. Diese Abbildung bestimmt bei gegebener Interpretation (D,I) und gegebener Belegung β den Wahrheitswert einer Formel. Dabei steht W für wahr und F für falsch.

Definition 2.2.3 (Formel-Auswertung). *Sei $\Sigma = (K_\Sigma, P_\Sigma, \alpha_\Sigma)$ eine Signatur, (D,I) eine Σ-Interpretation. Wir definieren die Abbildung $\omega_{D,I,\beta} : For_\Sigma \longrightarrow \{W, F\}$.*

1. $\omega_{D,I,\beta}(pt_1...t_n) := \begin{cases} W & \text{falls } (\beta_I(t_1), ..., \beta_I(t_n)) \in I(p) \\ F & \text{sonst} \end{cases}$

2. $\omega_{D,I,\beta}(t_1 \doteq t_2) := \begin{cases} W & \text{falls } \beta_I(t_1) = \beta_I(t_2) \\ F & \text{sonst} \end{cases}$

3. $\omega_{D,I,\beta}(\neg a) := \begin{cases} F & \text{falls } \omega_{D,I,\beta}(a) = W \\ W & \text{sonst} \end{cases}$

4. $\omega_{D,I,\beta}(l_1 \vee ... \vee l_n) := \begin{cases} W & \text{falls für ein } i = 1,..,n \; \omega_{D,I,\beta}(l_i) = W \\ F & \text{sonst} \end{cases}$

5. $\omega_{D,I,\beta}(\forall x f) := \begin{cases} W & \text{falls für alle } d \in D \; \omega_{D,I,\beta_x^d}(f) = W \\ F & \text{sonst} \end{cases}$

6. $\omega_{D,I,\beta}(\exists x f) := \begin{cases} F & \text{falls für alle } d \in D \; \omega_{D,I,\beta_x^d}(f) = F \\ W & \text{sonst} \end{cases}$

Da die Formelauswertung nicht nur von der Interpretation abhängig ist, sondern auch noch von der Belegung β, kann einer Formel, die freie Variable enthält, eventuell kein eindeutiger Wahrheitswert zugeordnet werden. Man verlangt also sinnvollerweise, um jeder Formel einen Wahrheitswert zuordnen zu können, daß einer Formel f der Wahrheitswert W nur dann zugeordnet wird, falls $\omega_{D,I,\beta}(f) = W$ für alle Belegungen β.

Definition 2.2.4 (Wahrheitswert). *Sei Σ eine Signatur und (D,I) eine Σ-Interpretation. Die Abbildung $\omega_{D,I} : For_\Sigma \longrightarrow \{W, F\}$ ist wie folgt definiert:*

$$\omega_{D,I}(f) := \begin{cases} W & \text{falls für alle } \beta : V \longrightarrow D \; \omega_{D,I,\beta}(f) = W \\ F & \text{sonst} \end{cases}$$

Im Beispiel gilt $\omega_{D,I}(\forall x \forall y \; Elternteil(x,y) \implies Vater(x,y) \vee Mutter(x,y)) = W$ ist.

Definition 2.2.5 (Modell). *Sei Σ eine Signatur und (D,I) eine Σ-Interpretation. Ist für eine Formel f $\omega_{D,I}(f) = W$, so heißt (D,I) Σ-Modell von f. Ist M eine Formelmenge, so heißt (D,I) Modell von M, falls $\omega_{D,I}(f) = W$ für alle $f \in M$.*

Die Familieninterpretation ist somit ein Modell von $\forall x \forall y\; Elternteil(x,y) \implies Vater(x,y) \lor Mutter(x,y)$.

Definition 2.2.6 (Folgerbarkeit). *Sei Σ eine Signatur, $M, M' \subseteq For_\Sigma$, $f \in For_\Sigma$. Dann folgt f aus M ($M \models f$), falls jedes Modell von M auch Modell von f ist. Es gilt $M \models M'$, falls für jede Formel $m' \in M'$ $M \models m'$ gilt.*

Definition 2.2.7 (Konsistenz). *Eine Formelmenge heißt konsistent genau dann, wenn sie ein Modell hat.*

Weitere Charakterisierungen der Konsistenz einer Formelmenge liefert der folgende Satz.

Satz 2.2.8 *Sei $M \subseteq For_\Sigma$. Dann sind folgende Aussagen äquivalent:*

1. M ist konsistent.
2. Es gibt eine Formel, die nicht aus M ableitbar ist.
3. Es gibt keine Formel f, so daß $M \models f$ und $M \models \neg f$.

Definition 2.2.9 (Vollständigkeit). *Sei Σ eine Signatur und $M \subseteq Lit_\Sigma$. Dann heißt M vollständig $:\prec\succ$ f.a. Fakten a gilt $M \models a$ oder $M \models \neg a$.*

Satz 2.2.10 (Vollständigkeit). *Sei Σ eine Signatur und $M \subseteq Fak_\Sigma \cup \overline{Fak_\Sigma}$. Dann ist M vollständig $\prec\succ$ f.a. Fakten a gilt $a \in M$ oder $\neg a \in M$.*

Der folgende Satz enthält einige triviale Zusammenhänge.

Satz 2.2.11 *Sei Σ eine Signatur und $\mathcal{F} \subseteq For_\Sigma$, $f \in For_\Sigma$. Ist $\mathcal{F}$ vollständig und konsistent, dann sind folgende Aussagen äquivalent:*

1. $\mathcal{F} \models f$
2. $\mathcal{F} \not\models \neg f$
3. $\mathcal{F} \cup \{f\}$ konsistent

$1 \implies 2$ folgt aus der Konsistenz. $2 \implies 1$ folgt aus der Vollständigkeit. 2 und 3 sind im allgemeinen äquivalent.

Für einen späteren Beweis benötige ich noch eine spezielle Klasse von Modellen, die der Herbrand-Modelle. Dazu zunächst die Definition einer Herbrandbasis.

Definition 2.2.12 (Herbrandbasis). *Sei Σ eine Signatur und $\mathcal{F} \subseteq For_\Sigma$ eine Formelmenge. Die Menge aller Atome, in der nur Konstantensymbole und Prädikatsymbole vorkommen, die auch in $\mathcal{F}$ enthalten sind, heißt Herbrandbasis von $\mathcal{F}$. Enthält $\mathcal{F}$ keine Konstantensymbole, so füge man ein Konstantensymbol $c \in K_\Sigma$ zum Aufbau der Herbrandbasis ein.*

Ist also beispielsweise $\mathcal{F} = \{p(a), q(b)\}$, so ist die Herbrandbasis gleich

- $\{p(a), p(b), q(a), q(b)\}$.

Jedes Herbrandmodell einer Formelmenge ist nun eine Teilmenge der Herbrandbasis dieser Formelmenge.

Definition 2.2.13 (Herbrandmodell). *Sei Σ eine Signatur, $\mathcal{F} \subseteq For_\Sigma$ eine Formelmenge. Eine Interpretation (D,I) ist Herbrandmodell von $\mathcal{F}$, falls D die Menge K_Σ aller Konstanten ist, I jede Konstante auf sich selbst abbildet und I jedes Prädikatsymbol p auf eine Teilmenge der Herbrandbasis von $\mathcal{F}$ abbildet, wobei in dieser Teilmenge p das einzige Prädikatsymbol ist. Weiter wird verlangt, daß (D,I) Modell von $\mathcal{F}$ ist. Die Menge aller Herbrandmodelle von $\mathcal{F}$ sei mit $HM(\mathcal{F})$ bezeichnet.*

Folgender Satz ist wesentlich für kommende Beweise.

Satz 2.2.14 *Sei Σ eine Signatur und $\mathcal{F} \subseteq For_\Sigma$ eine Menge von Formeln in pränexer Normalform, die weder $\exists$ noch $\doteq$ enthalten. Dann hat $\mathcal{F}$ genau dann ein Modell, wenn es ein Herbrandmodell hat.*

3. Datenbasis

Dieses Kapitel ist eines der zentralen Kapitel dieser Arbeit. Es ist unterteilt in zwei Unterkapitel. Von diesen behandelt das erste die Begriffe Datenbasis, Transaktion und Konsistenz einer Datenbasis. Das zweite enthält dann den wesentlichen Kern dieser Arbeit. Dort wird von einer inkonsistenten Datenbasis ausgegangen und Schritt für Schritt eine Reparatur konstruiert. Diese Schritte orientieren sich am Aufbau der Datenbasis selbst.

3.1 Datenbasen und Transaktionen

In diesem Unterkapitel werden die grundlegenden Begriffe, die die Datenbasis betreffen und deren Manipulation, behandelt. Bevor ich jedoch den Begriff der Datenbasis selbst definieren kann, ist es nötig, den Begriff der Regel zu formalisieren. Regeln werden häufig auf Horn-Klauseln beschränkt. Obwohl es in letzter Zeit Bestrebungen gibt, diese Einschränkung fallen zu lassen (siehe hierzu [19, 21, 61, 62, 63, 60, 23, 53, 3, 35]).

Für die Verwendung von Horn-Klauseln als Regeln sprechen die Einfachheit und Effizienz von Implementierungen eines Deduktionsmechanismus. Noch wesentlicher für die Beschränkung auf Horn-Klauseln ist ein Grund, der durch die Anwendung im Datenbasenbereich zustande kommt. Dieser hängt mit der Konsistenz der vollständigen Extension einer Datenbasis (s.u.) zusammen. Da dieser Begriff erst weiter unten definiert wird, sei hier lediglich darauf hingewiesen, daß bei einer Verallgemeinerung des Begriffs der Regel die Konsistenz dieser vollständigen Extension i.a. verlorengeht. Darauf gehe ich jedoch noch näher ein.

Eine Regel ist nun wie folgt definiert:

Definition 3.1.1 (Regel). *Sei Σ eine Signatur und $r \in For_\Sigma$ eine geschlossene Formel in pränexer Normalform, in der die einzigen vorkommenden Quantoren $\forall$–Quantoren sind. Sei $n \in \mathbf{N}$ und $a_j \in At_\Sigma$ seien Atome, die nicht "$\doteq$" als Prädikatsymbol verwenden. Ist dann die Matrix von r eine Klausel der Form $\neg a_1 \vee ... \vee \neg a_n \vee a_{n+1}$, so heißt r Horn-Klausel oder Regel. Ich schreibe die Matrix von r ($m(r)$) dann auch als $m(r) := a_1, ..., a_n \Longrightarrow a_{n+1}$. Weiter wird $|r| := n + 1$ definiert. Die Menge aller Regeln wird mit Reg_Σ bezeichnet.*

Man erinnere sich an die drei in der Einleitung genannten, wesentlichen Bestandteile einer Datenbasis. Dieses sind die Fakten, die Regeln, und die Konsistenzbedingungen. Da die Konsistenzbedingungen sowie die Regeln Formeln sind, stellt sich die Frage, nach welchen Kriterien man eine Entscheidung treffen kann, ob eine Gesetzmäßigkeit als Regel oder Konsistenzbedingung modelliert werden soll. Dieser Fragestellung wird im folgenden nachgegangen.

Ein operationales Kriterium läßt sich wie folgt herleiten. Durch Regeln ist es im Allgemeinen möglich, Fakten zu sparen. Es kann beispielsweise das Prädikat "Großvater" mit Hilfe der Prädikate "Vater" und "Mutter" definiert werden. Eine Einordnung der entsprechenden Formeln als Regeln erspart es dann, die Fakten für das Prädikat "Großvater" explizit anzugeben. Ordnet man hingegen die Formeln als Konsistenzbedingung ein, so muß die Extension des Prädikates "Großvater" explizit verwaltet werden. Durch die Konsistenzbedingungen werden dann die Möglichkeiten der Extension von "Großvater" auf die konsistenten eingeschränkt. Bei jedem Einfügen eines Kindes müßen also die entsprechenden Großväter explizit eingefügt werden.

Man sieht also deutlich, daß die Regeln dazu dienen, die vollständige, konsistente Extension einer Datenbasis automatisch zu generieren und so Fakten zu sparen. Eine Einordnung einer Gesetzmäßigkeit als Konsistenzbedingung spart hingegen keine Fakten, sondern schränkt lediglich die Instantiierungen einer Datenbasis auf die konsistenten ein.

Diesen Sachverhalt kann man nun ausnutzen, um ein operationales Kriterium zur Einordnung von Gesetzmäßigkeiten als Regel oder Konsistenzbedingung zu erhalten. Können durch die Einordnung als Regel Fakten gespart werden, so sollte die Einordnung als Regel geschehen, andernfalls handelt es sich um eine Konsistenzbedingung. Dieses Kriterium entspricht dem 3. der unten aufgeführten Kriterien. Der Nachteil dieses Kriteriums ist es, daß die Semantik der Gesetzmäßigkeiten u.U. nicht exakt erfaßt wird. Das folgende Beispiel, modifiziert nach [78], stellt einen solchen Fall dar.

Zur Debatte stehen die beiden Prädikate "fährt-auto" und "hat-führerschein". Bei der Betrachtung der Formel $\forall x$ fährt-auto(x) $\Longrightarrow$ hat-führerschein(x), wird klar, daß diese bei Einordnung als Regel Fakten spart, nämlich alle Fakten für "hat-führerschein". Trotzdem bringt eine Einordnung als Regel mindestens zwei entscheidende Nachteile mit sich. Erstens, es muß nicht jeder, der einen Führerschein, hat auch ein Auto fahren. D.h., es kann zu einer unvollständigen Erfassung der Extension des Prädikates "hat-führerschein" kommen. Zweitens, falls jemand ohne Führerschein fährt, hat die Datenbasis keine Möglichkeit, diesen Konflikt mit den Gesetzen aufzudecken.

Bevor ich ein eigenes Kriterium für die Unterscheidung entwickle, möchte ich die in der Literatur vorhandenen Lösungsansätze zitieren. In [34] werden einige Kriterien (z.T aus [78, 83, 85]) als Entscheidungshilfe angegeben. Diese seien hier aufgeführt.

1. Falls endliche und explizite Antworten von der Datenbasis erwartet werden, so müssen alle Regeln funktionsfrei sein. (Dies trifft für die hier verwendete Sprache sowieso zu.)
2. Regeln müssen als definite Hornklauseln vorliegen. Alles, was nicht in diesen ausdrückbar ist, ist also als Konsistenzbedingung zu formulieren.

3. Allgemeines Wissen, das eine Relation impliziert, die schon anderweitig bekannt ist, sollte als Konsistenzbedingung formuliert werden. Die Formel

- $\forall x \forall y\ alter(x, y) \Longrightarrow < (x, y)$

würde lediglich schon bekanntes Wissen der Form $< (1, 150)...$ einführen und wird dementsprechend als Konsistenzbedingung eingeordnet.

Die Frage, ob Wissen als Deduktionsregel oder als Konsistenzbedingung eingeordnet wird, ist eine Frage des Datenbasenentwurfs. Arbeiten, die sich mit der Problematik des Datenbasenentwurfs für deduktive Datenbasen auseinandersetzen, sind mir bis auf einige wenige nicht bekannt. Diese wenigen (bspw. [39]) beschäftigen sich allerdings nur mit dem Entwurf des internen Schemas, bei gegebenem externen Schema, und der Problematik der Übersetzung des externen in das interne Schema. Die Zuordnung einer Formel als Regel oder Konsistenzbedingung betrifft aber den Entwurf des externen Schemas.

Da die zitierten Kriterien meiner Meinung nach nicht ausreichend sind, was sich auch aus dem obigen Beispiel ergibt, möchte ich diese Fragestellung ein wenig weiter untersuchen und einige mehr intuitive Entscheidungshilfen anführen. Bevor ich mit der Entwicklung dieser Kriterien beginne, möchte ich jedoch noch eine Bemerkung aus [34] anbringen. Dies, um zu verdeutlichen, daß es sich bei dieser Problematik nicht um einen generellen Nachteil von deduktiven Datenbasen handelt, sondern daß lediglich das Umgehen mit neugewonnenen Freiräumen gelernt werden muß.

In konventionellen, relationalen Datenbasen bestehen Relationen aus explizit angeführten Tupeln. Alles nicht in die Relationen eingebrachte Wissen über Regel- und Gesetzmäßigkeiten muß also durch Konsistenzbedingungen modelliert werden ([34] s.a. [25]).

Um die Problematik der Einordnung von modelliertem Wissen als Regel oder Konsistenzbedingung zu untersuchen, betrachten wir noch einmal obiges Beispiel. Es ist durchaus möglich, aber nicht legal, daß jemand ohne Führerschein Auto fährt. Die Ableitung des Führerscheinbesitzes aus der Tatsache des Autofahrens kann also falsch sein. Somit sollte die o.a. Formel als Konsistenzbedingung eingeordnet werden. Ähnlich kann entschieden werden, falls Verbote vorliegen. Dürfen keine Panzer auf Gehwegen fahren, so kann dies durch $\forall x\ benutzt(x, Gehweg) \Longrightarrow \neg Panzer(x)$ modelliert werden. Da es aber durchaus, wenn auch illegaler Weise, vorkommt, daß Panzer auf Gehwegen fahren, ist auch diese Formel als Konsistenzbedingung einzuordnen.

Auf der anderen Seite sind Tatsachen, die unausweichlich sind, wie bspw. $\forall x\ Mensch(x) \Longrightarrow sterblich(x)$ als Regel einzuordnen.

Somit ergeben sich die drei folgenden Kriterien. Es sei angemerkt, daß sie nicht vollständig oder allgemeingültig sein sollen.

1. Gesetzmäßigkeiten, die gelten müßten, aber nicht müssen, sind vorzugsweise als Konsistenzbedingungen zu modellieren.

2. Tatsachen, die nicht gelten sollten, aber möglich sind, sind vorzugsweise als Konsistenzbedingungen zu modellieren.

3. Allgemeingültige, unausweichliche Sachverhalte sollten als Regeln modelliert
    werden.

Einen weiteren Grund für die Trennung von Regeln und Konsistenzbedingungen werden die Definitionen der vollständigen Extension und der Konsistenz
einer Datenbasis liefern, denn diese wären, ohne die strikte Trennung, nicht so
elegant. Eine nicht vollzogene Trennung würde auch die Ausführungen im nächsten Unterkapitel erheblich erschweren oder gar unmöglich machen.

Zunächst einmal sei eine Datenbasis wie folgt definiert. Die Motivation,
warum nur positive Fakten in die Datenbasis aufgenommen werden, ergibt sich
aus der sich der Definition anschließenden Diskussion über die Komplettierung
einer Datenbasis.

Definition 3.1.2 (Datenbasis). *Sei Σ eine Signatur. Eine Datenbasis ist ein
Tripel $DB := (DB^a, DB^d, DB^c)$, wobei $DB^a \subseteq Fak_\Sigma$ eine endliche Menge von
geschlossenen Atomen ist, DB^d eine endliche Menge von deduktiven Regeln und
DB^c eine endliche, konsistente Menge von geschlossenen Σ–Formeln in pränexer
Normalform. Die Elemente aus DB^a heißen Fakten, die aus DB^d Regeln und
die aus DB^c Konsistenzbedingungen. Die Menge aller Konsistenzbedingungen,
also aller geschlossenen Σ–Formeln in pränexer Normalform, wird mit $Kbed_\Sigma$
bezeichnet. Ist $DB^d \neq \emptyset$, so heißt DB auch deduktive Datenbasis. Die Menge
aller Datenbasen wird mit $Dbase_\Sigma$ bezeichnet.*

Folgendes ist eine Datenbasis:

$(\{Vater(Guido, Erich)$
$\quad Mutter(Anne, Helga)$
$\quad Geschwister(Guido, Anne)$
$\quad Geschwister(Anne, Ute)\},$
$\quad \{\forall x \forall y\ Geschwister(x, y) \implies Geschwister(y, x),$
$\quad\quad \forall x \forall y \forall z\ Geschwister(x, y) \land Geschwister(y, z) \implies Geschwister(x, z),$
$\quad\quad \forall x \forall y \forall z\ Vater(x, y) \land Geschwister(x, z) \implies Vater(z, y),$
$\quad\quad \forall x \forall y \forall z\ Mutter(x, y) \land Geschwister(x, z) \implies Mutter(z, y),$
$\quad\quad \forall x \forall y\ Vater(x, y) \implies Elternteil(x, y),$
$\quad\quad \forall x \forall y\ Mutter(x, y) \implies Elternteil(x, y)\},$
$\quad \{\forall x \forall y \forall z\ Elternteil(x, z) \land Elternteil(y, z) \implies Geschwister(x, y),$
$\quad\quad \forall x \exists y\ Vater(x, y)\}).$

Da der zentrale Begriff der Datenbasis nun definiert ist, stellt sich die Frage,
welche Daten in der Datenbasis enthalten sind. Diese läßt sich zur Frage nach
dem Zusammenhang zwischen der intuitiven Vorstellung des Vorhandenseins von
Daten in einer Datenbasis und dem formalen Begriff der Folgerbarkeit umformulieren. Dieser Zusammenhang wird Formulierung erfaßt: Genau dann, wenn
$DB^a \cup DB^d \models a$ gilt, soll a in der Datenbasis enthalten sein. Die Menge aller in
einer Datenbasis enthaltenen oder aus ihr ableitbaren Fakten erfaßt die folgende
Definition der Extension einer Datenbasis.

Die Extension M(DB) ist die Menge aller Fakten, die aus $DB^a \cup DB^d$ folgt. Wie steht es nun mit den Fakten a, für die $a \notin M(DB)$ gilt? Dazu ein Beispiel.

Man stelle sich vor, eine Datenbasis über die Bundesrepublik errichten zu wollen, in der die Nachbarschaftsbeziehungen der einzelnen Landstriche enthalten sein sollen. Dann ist sicherlich benachbart(Baden,Schwaben) in der Datenbasis, respektive DB^a, enthalten. Offensichtlich nicht enthalten ist benachbart(Westfalen,Baden). Will man nun alles Wissen über die Nachbarschaftsbeziehungen in der Bundesrepublik in der Datenbasis repräsentiert haben, so gibt es prinzipiell zwei Möglichkeiten. Die erste ist die Aufnahme von negativen Fakten. Es müßten also alle Fakten $\neg$ benachbart(Westfalen, Baden), $\neg$benachbart(Westfalen,Schwaben), $\neg$benachbart(Westfalen,Bayern),... in die Faktenbasis mit aufgenommen werden.

Dies erscheint ineffektiv und wurde auch frühzeitig in der Literatur erkannt. Es wäre viel einfacher, und dies ist der zweite Ansatz, alle Fakten, die nicht aus der Datenbasis ableitbar sind, als Negat gelten zu lassen. Dies ist im wesentlichen die "closed-world-assumption" von Reiter ([83]). Vielleicht ist ein oft in der Literatur in ähnlicher Art zitiertes Beispiel angebracht, um diesen Sachverhalt zu erläutern. Falls in der Datenbasis einer Fluggesellschaft alle Flüge repräsentiert sind und kein Direktflug von Karlsruhe nach Stuttgart repräsentiert ist, so ist es, nach der "closed-word-assumption" legitim, anzunehmen, daß keiner existiert.

Neben der "closed-word-assumption" gibt es weitere Ansätze zur Komplettierung von Datenbasen (u.a. [24, 58]). Bei einer Beschränkung auf Horn-Klauseln sind sie jedoch gleichwertig. Dies ist ein wesentlicher Grund für die Beschränkung auf Horn-Klauseln. Noch wichtiger ist aber, daß die komplettierte Datenbasis i.a. nicht mehr konsistent ist, falls man diese Beschränkung fallen läßt. Sehr ausführliche Untersuchungen dieser Problematik findet man in [96, 97, 32]. Ich möchte an dieser Stelle den Sachverhalt lediglich durch ein Beispiel und einen Satz aus [96], im Anschluß an die Definition der Extension, erläutern.

Die Extension einer Datenbasis wird alle ableitbaren Fakten enthalten, die vollständige Extension zusätzlich die Negate aller nicht ableitbaren Fakten. Die Schreibweise $DB \models f$ bedeutet $DB^a \cup DB^d \models f$.

Definition 3.1.3 (Extension). *Sei Σ eine Signatur und $DB := (DB^a, DB^d, DB^c)$ eine Datenbasis. Dann ist die Extension von DB (M(DB)) definiert als $M(DB) := \{a | a \in Fak_\Sigma, DB \models a\}$ und $C(DB) := M(DB) \cup \{\neg a | a \in Fak_\Sigma, DB \not\models a\}$ heißt vollständige Extension von DB.*

Es sei explizit darauf aufmerksam gemacht, daß $C(DB)$ die gesamte Signatur umfaßt, also nicht nur die Konstanten- und Prädikatsymbole, die in DB vorkommen.

Ein Beispiel, das zeigt, daß die vollständige Extension für Nicht-Horn-Klauseln inkonsistent sein kann, ist $DB = (\emptyset, \{\neg a \Longrightarrow b\}, \emptyset)$. Die vollständige Extension enthält sowohl $\neg a$ als auch $\neg b$, da weder a noch b aus DB ableitbar sind. Es ist also $C(DB) \cup DB^d$ inkonsistent.

In diesem Zusammenhang ist der folgende Satz wesentlich.

Satz 3.1.4 *Sei DB eine Datenbasis, dann ist C(DB) konsistent.*

Die Beweise für den vorangegangenen und den folgenden Satz findet man in [96].

Satz 3.1.5 *Sei F eine Formelmenge. Dann ist $C(F)$ inkonsistent $\prec\succ$ Es gibt Literale L_i, mit $F \not\models L_i$, $F \models L_1 \vee ... \vee L_n$ und $n \geq 2$.*

Bei der Beschränkung auf Hornklauseln gibt es neben der hier definierten logischen Standardsemantik noch die Fixpunktsemantik. Die Zusammenhänge werden in [107, 6] untersucht, worauf der interessierte Leser verwiesen sei. Um im Verlaufe dieses Kapitels einige einfache Induktionsbeweise führen zu können, werde ich hier C(DB) als Fixpunkt charakterisieren, ohne jedoch tief in die Materie einzusteigen.

Definition 3.1.6 *Sei Σ eine Signatur, A eine Menge von geschlossenen Atomen und H eine Menge von Hornklauseln. Dann werden die Mengen M_i wie folgt definiert:*
$M_0(A, H) := A$ *und*
$M_{i+1}(A, H) := M_i(A, H) \cup \{l_{n+1}\theta | ex.\ h \in H, m(h) = l_1, ..., l_n \implies l_{n+1}, \theta \in$
$Subst, l_j\theta \in M_i(A, H)\ f.a.\ j = 1, ..., n\ , l_{n+1}\theta\ geschlossen\}$
Ist $DB = (DB^a, DB^d, DB^c)$ eine Datenbasis, so schreibe ich $M_i(DB)$ statt $M_i(DB^a, DB^d)$.

Es sei angemerkt, daß es für endliche Mengen A und H ein i_0 mit $M_{i_0}(A, H) = M_{i_0+1}(A, H)$ gibt. Dies sieht man wie folgt: Da $A \cup H$ nur endlich viele Konstante- und Prädikatsymbole enthält, ist die Herbrandbasis von $A \cup H$ endlich. Damit ist die Folge der $M_i(A, H)$ beschränkt. Zusammen mit der Monotonie folgt die Behauptung. Der folgende Satz([107]) ist nun für die kommenden Beweise von entscheidender Bedeutung.

Satz 3.1.7 *Sei DB eine Datenbasis, dann gilt:*
$M(DB) = \bigcup_{i=0}^{\infty} M_i(DB)$.

Beweis 3.1.8 *Für alle geschlossenen Atome $a \in At_\Sigma$ gilt:*
$a \in M(DB) \prec\succ$
$DB \models a \prec\succ$
$DB^a \cup DB^d \cup \{\neg a\}$ *hat kein Modell* $\prec\succ$
$DB^a \cup DB^d \cup \{\neg a\}$ *hat kein Herbrandmodell* $\prec\succ$
$\omega_{D,I}(a) = W$ *für alle Herbrandmodelle (D,I) von* $DB^a \cup DB^d$ $\prec\succ$
$a \in \bigcap HM(DB^a \cup DB^d)$
Aus der nachstehenden Zwischenbehauptung folgt die Behauptung des Satzes.
Zwischenbehauptung: $a \in \bigcap HM(DB^a \cup DB^d) \prec\succ a \in \bigcup_{i=0}^{\infty} M_i(DB)$.

$\prec$ *Sei i minimal, so daß ein $a \in M_i(DB)$ existiert, mit $a \notin \bigcap HM(DB^a \cup DB^d)$.*
Für $i = 0$ folgt sofort ein Widerspruch, da $DB^a \subseteq HM(DB^a \cup DB^d)$. Für
$i \geq 1$ und $a \in M_i(DB)$ gilt, daß es eine Substitution σ und eine Regel
$r \in DB^d$ mit Matrix $m(r) = l_1, ..., l_n \Longrightarrow l_{n+1}$ gibt, die $l_{n+1}\sigma = a$ und
$l_j\sigma \in M_{i-1}(DB)$ erfüllt. Da i minimal ist, liegt $l_j\sigma \in HM(DB^a \cup DB^d)$ und
der Widerspruch folgt, da $\bigcap HM(DB^a \cup DB^d)$ Modell von r ist und somit a
enthalten müßte.

$\succ$ *Diese Richtung folgt aus der Tatsache, daß $\bigcup_{i=0}^{\infty} M_i(DB)$ ein Herbrandmodell*
von $DB^a \cup DB^d$ ist. Da $DB^a \subseteq \bigcup_{i=0}^{\infty} M_i(DB)$ ist nur noch zu zeigen, daß
$\bigcup_{i=0}^{\infty} M_i(DB)$ ein Modell für alle Regeln $r \in DB^d$ ist. Angenommen, es gibt
ein $r \in DB^d$ mit $m(r) = l_1, ..., l_n \Longrightarrow l_{n+1}$ und eine Substitution σ, so daß
$m(r)\sigma$ geschlossen ist und $\bigcup_{i=0}^{\infty} M_i(DB)$ kein Modell von $m(r)\sigma$. Dann ist
$\bigcup_{i=0}^{\infty} M_i(DB)$ Modell von $l_j\sigma$ für $1 \leq j \leq n$, aber kein Modell von $l_{n+1}\sigma$. Das
heißt aber, es gibt ein i_0, so daß $l_j\sigma \in M_{i_0}$ für $1 \leq j \leq n$. Dies bedeutet aber,
daß $l_{j+1}\sigma \in M_{i_0+1}$ und es folgt ein Widerspruch.

Lediglich der Vollständigkeit halber sei erwähnt:

Satz 3.1.9 *Sei Σ eine Signatur und DB eine Datenbasis, dann gilt für alle*
Fakten $a \in Fak_\Sigma$, $a \in C(DB)$ oder $\neg a \in C(DB)$. $C(DB)$ ist also vollständig.

Bereits in der Einleitung hatte ich darauf verwiesen, daß die Datenbasis den
Diskursbereich möglichst korrekt repräsentieren soll. Zur Überwachung wurden
Konsistenzbedingungen eingeführt, deren Einhaltung erzwungen werden sollte.
Diese finden sich zwar in der Definition einer Datenbasis, spielten aber bis jetzt
noch keine Rolle. Es ist also an der Zeit, die Menge der Konsistenzbedingungen
ins Spiel zu bringen. Dies geschieht durch die Definition der Konsistenz einer
Datenbasis. Hier hat man zwei Möglichkeiten. Die eine definiert eine Datenbasis
konsistent, falls $C(DB) \cup DB^c$ konsistent ist, die andere, falls $C(DB) \models DB^c$
gilt. Da aber C(DB) vollständig ist, sind diese Ansätze hier äquivalent. (Ein
weiterer Ansatz zur Definition der Konsistenz einer Datenbasis findet sich in
[87]. Dort wird ein modaler Operator K für *knows* eingeführt, der dann bei der
Formulierung der Konsistenzbedingungen Verwendung findet. Aber auch dieser
Ansatz ist bei der Betrachtung von Extensionen äquivalent mit den beiden oben
genannten. Der Beweis dieser Tatsache befindet sich ebenfalls in [87].)

Definition 3.1.10 (Konsistenz). *Eine Datenbasis DB heißt konsistent*
$:\prec\succ C(DB) \cup DB^c$ konsistent.

Der folgende Satz faßt die vorangegangene Behauptung.

Satz 3.1.11 *Sei DB eine Datenbasis, dann sind folgende Aussagen äquivalent:*

1. *DB konsistent*
2. *$C(DB) \cup DB^c$ konsistent*
3. *$C(DB) \models DB^c$*

Um auf eine Datenbasis Einfluß zu nehmen, definiere ich jetzt noch den Begriff der Transaktion als eine Folge von Ein- bzw. Ausfügeoperationen für jede der drei die Datenbasis ausmachenden Mengen.

Definition 3.1.12 (Transaktion). *Sei Σ eine Signatur und DB eine Datenbasis. Eine endliche Folge $TA := op_1^{x(1)}(a_1), ..., op_n^{x(n)}(a_n)$ heißt Transaktion, falls $op \in \{add, del\}$, $x(i) \in \{a, d, c\}$ und*

$$\begin{aligned}
a_i &\in At_\Sigma \text{ geschlossen} &\quad falls\quad & x(i) = a \\
a_i &\text{ deduktive Regel} &\quad falls\quad & x(i) = d \\
a_i &\text{ geschlossene Formel} &\quad falls\quad & x(i) = c
\end{aligned}$$

Ist TA eine Transaktion, so definieren wir $TA(DB) =: DB_{new}$.

1. $add^a(b)(DB) := (DB^a \cup \{b\}, DB^d, DB^c)$
2. $add^d(r)(DB) := (DB^a, DB^d \cup \{r\}, DB^c)$
3. $add^c(k)(DB) := (DB^a, DB^d, DB^c \cup \{k\})$
4. $del^a(b)(DB) := (DB^a \setminus \{b\}, DB^d, DB^c)$
5. $del^d(r)(DB) := (DB^a, DB^d \setminus \{r\}, DB^c)$
6. $del^c(k)(DB) := (DB^a, DB^d, DB^c \setminus \{k\})$
7. $op_1^{x(1)}(a_1), ..., op_n^{x(n)}(a_n)(DB) := op_2^{x(2)}(a_2), ..., op_n^{x(n)}(a_n)(op_1^{x(1)}(a_1)(DB))$

Die Menge aller Transaktionen wird mit $Trans_\Sigma$ bezeichnet. Fügt eine Transaktion nur Fakten in DB^a ein oder aus, so schreiben wir add bzw. del statt add^a bzw. del^a.

Die letzte Definition dieses Unterkapitels betrifft eine Abbildung α, die einer Transaktion eine Menge von Literalen zuordnet. Einem zugefügten Faktum wird sein Negat zugeordnet und einem ausgefügtem Faktum dieses selbst. Die Definition wird später noch benötigt, um den Zusammenhang zwischen dem Grund einer Konsistenzverletzung und der Reparatur zu beschreiben.

Definition 3.1.13 *Die Abbildung α bilde wie folgt eine Transaktion, die nur DB^a manipuliert auf eine Menge von Fakten ab, α^{-1} eine Menge von Fakten F auf eine beliebige Transaktion TA mit $\alpha(TA) = F$.*

1. $\alpha(add(a)) := \{\neg a\}$
2. $\alpha(del(a)) := \{a\}$
3. $\alpha(op_1(a_1) \cdots op_n(a_n)) := \alpha(op_1(a_1)) \cup \alpha(op_2(a_2) \cdots op_n(a_n))$

3.2 Ursache, Grund und Reparatur von Inkonsistenzen

In diesem Teilkapitel wird nun eine Datenbank DB vorausgesetzt, in der zumindest eine Konsistenzbedingung verletzt ist. Diese Konsistenzverletzung, so wird weiter vorausgesetzt, rührt von einer Transaktion TA' her. Also ist DB' konsistent, DB = TA'(DB') inkonsistent, und gesucht wird eine Transaktion TA, so daß TA(TA'(DB')) konsistent ist. Die nächstliegende Aufgabe ist es, dieses Ziel in Teilziele zu untergliedern. Dazu bietet es sich an, sich am Aufbau einer Datenbasis bzw. den von C(DB) zu orientieren.

Der Einfachheit halber und weil ich, in Übereinstimmung mit [79], der Meinung bin, daß Regeln weniger häufig geändert werden als Fakten und Konsistenzbedingungen wiederum weniger häufig als Regeln, beschränke ich mich auf das Manipulieren von Fakten, das heißt, lediglich DB^a wird durch TA verändert werden.

Die Menge der durch die Transaktion TA betroffenen Fakten wird als Grund der Inkonsistenz angesehen. Ein Grund wird eine Menge von Literalen sein. Ist $\{a\} \subseteq At_\Sigma$ ein Grund, so heißt dies, daß a nicht gelten dürfte, damit die Konsistenzbedingungen erfüllt sind. Also könnte $\alpha^{-1}(a) = del^a(a)$ die Konsistenz wiederherstellen.

Eine Konsistenzbedingung kbed selbst ist verletzt, falls $C(DB) \cup \{kbed\}$ inkonsistent ist. C(DB) hängt aber nicht nur von DB^a ab, sondern auch von DB^d, der Regelmenge. Eine Teilmenge von Literalen aus C(DB), die die Konsistenz der Datenbasis gefährden, heißt Ursache.

In der Definition von Ursache und Grund werden zwei Hilfsfunktionen, die immer wieder auftauchen werden, benötigt. Diese sind o_U und o_G. Dabei korrigiert o_U C(DB) um eine Menge von Literalen. Analoges gilt für o_G und DB^a. Ist also beispielsweise $\{a\} \subseteq At_\Sigma$ ein Grund, wie oben, so wird $DB^a o_G \{a\}$ a nicht mehr enthalten. Wäre $\{a\}$ Ursache, so ist $C(DB) o_U \{a\}$ wieder eine vollständige und konsistente Literalmenge, in der a allerdings nicht mehr vertreten ist. Dieser Intention folgend, werden o_U und o_G formal definiert.

Definition 3.2.1 *Sei Σ eine Signatur, $A, B \subseteq Lit_\Sigma$ und DB eine Datenbasis. Dann sind die beiden Abbildungen $o_U, o_G : \mathcal{P}(Lit_\Sigma) \longrightarrow \mathcal{P}(Lit_\Sigma)$ wie folgt definiert:*

1. $A o_U B := (A \setminus B) \cup \overline{B}$
2. $A o_G B := (A \setminus \{b | b \in B, b \in At_\Sigma\}) \cup \{b | \neg b \in B, b \in At_\Sigma\}$
3. $DB o_G B := (DB^a o_G B, DB^d, DB^c)$

Die Unterschiede in den Definitionen von o_U und o_G ergeben sich aus der Tatsache, daß $C(DB)$, die Menge auf der o_U operieren wird, sowohl positive als auch negative Fakten enthält, wohingegen DB^a, die Menge auf der o_G operieren wird, nur positive Fakten enthält.

Für o_G erhält man folgende Eigenschaften:

Satz 3.2.2 *Sei Σ eine Signatur und $A, B \subseteq Fak_\Sigma$. Dann gelten folgende Aussagen:*

1. *A, B enthalten nur positive Fakten: $B \subseteq A \succ M(DB o_G A) \subseteq M(DB o_G B)$*
2. *A, B enthalten nur negative Fakten: $A \subseteq B \succ M(DB o_G A) \subseteq M(DB o_G B)$*

Die bereits oben erwähnten Eigenschaften von o_U, konsistenz- und vollständigkeitserhaltend zu sein, manifestiert sich im nächsten Satz.

Satz 3.2.3 *Sei Σ eine Signatur und $A, B \subseteq Fak_\Sigma$. Dann gelten folgende Aussagen:*

1. A, B konsistent $\succ$ $A \circ_U B$ konsistent

2. A vollständig $\succ$ $A \circ_U B$ vollständig

Beweis 3.2.4 *1. Sei a ein Literal und es gelte sowohl a als auch $\neg a$ ist in $A \circ_U B$ enthalten. Da A konsistent ist, ist erst recht $A \setminus B$ konsistent. Da auch B konsistent ist, sind zwei Fälle zu unterscheiden:*

(a) $a \in A \setminus B$ und $\neg a \in \overline{B} \succ a \in B \succ a \notin A \setminus B$

(b) $\neg a \in A \setminus B$ und $a \in \overline{B} \succ \neg a \in B \succ \neg a \notin A \setminus B$

2. Sei a ein Atom. Es sind wieder mehrere Fälle zu unterscheiden :

(a) Ist weder a noch $\neg a$ in B, dann ist a oder $\neg a$ in $A \circ_U B$, wegen der Vollständigkeit von A.

(b) Ist $a \in B$, so ist $\neg a \in A \circ_U B$.

(c) ist $\neg a \in B$, so ist $a \in A \circ_U B$.

Lediglich um Irrtümern vorzubeugen, dient folgende Bemerkung.

Bemerkung 3.2.5 *Im obigen Satz gilt nicht: $A \circ_U B$ konsistent $\succ$ A konsistent, wie folgendes Gegenbeispiel zeigt: $A = \{a, \neg a\}$ und $B = \{a\}$. Dann ist $A \circ_U B = \{\neg a\}$ und damit konsistent, aber A ist nicht konsistent.*

Nach diesen Vorbereitungen können Ursache, Grund und Reparatur formal definiert werden. Im folgenden wird jeweils zwischen Kandidat und Möglichkeit entschieden. Dies hat folgenden Hintergrund. Falls mehrere Konsistenzbedingungen verletzt sind, so muß eine Reparatur, die eine Konsistenzbedingung erfüllt sein läßt (Kandidat), nicht gleichzeitig auch alle anderen verletzten Konsistenzbedingungen reparieren. Weiter ist es denkbar, daß es, falls nur eine verletzte Konsistenzbedingung existiert, eine Reparatur diese Konsistenzbedingung erfüllt, aber dafür eine andere wiederum verletzt. Analoges gilt selbstverständlich auch für Ursache und Grund. Bei nur einer Konsistenzbedingung sind die Definitionen für Kandidat und Möglichkeit äquivalent.

Definition 3.2.6 (Ursache). *Sei Σ eine Signatur, $U \subseteq Lit_\Sigma$ eine Menge von geschlossenen Literalen, $DB = (DB^a, DB^d, DB^c)$ eine Datenbasis und $k \in DB^c$. Ist $C(DB) \cup \{k\}$ inkonsistent, so heißt U:*

1. Ursachenkandidat $:\prec\succ$ $(C(DB) \circ_U U) \cup \{k\}$ konsistent und U minimal mit dieser Eigenschaft.

2. Ursachenmöglichkeit $:\prec\succ$ $(C(DB) \circ_U U) \cup DB^c$ konsistent und U minimal mit dieser Eigenschaft.

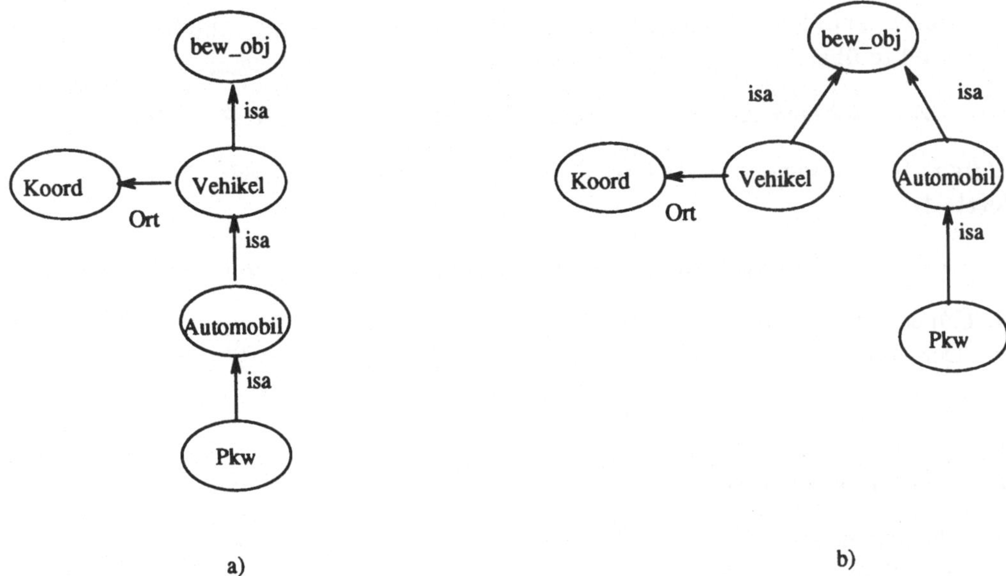

Abb. 3.1. isa–Hierarchie

Es existiert natürlich nur dann eine Ursachenmöglichkeit, wenn DB^c konsistent ist. Setzt man $U := C(DB)$, dann gilt in diesem Fall $(C(DB) \circ_U U) \cup DB^c$ konsistent.

Um die Definition von Ursache an einem Beispiel ([109] entlehnt) zu veranschaulichen, betrachte ich folgende Situation. Gegeben ist eine Datenbasis, die die Situation in Abbildung 3.1 a) repräsentiert. Dort ist eine isa-Hierarchie dargestellt.

Beispiel 3.2.7

$DB = (\{isa(Pkw, Automobil),$
$\quad isa(Automobil, Vehikel),$
$\quad isa(Vehikel, Bew\_Obj),$
$\quad is(Ort, Attribut),$
$\quad dom(Ort, Vehikel),$
$\quad ran(Ort, Koord),$
$\quad is(bmw, Automobil),$
$\quad is(bmwpos, Koord),$
$\quad is(Fahrrad, Vehikel),$
$\quad is(Fahrradpos, Koord),$
$\quad holds(Ort, bmw, bmwpos),$
$\quad holds(Ort, Fahrrad, Fahrradpos)\},$
$\quad \{\forall x \forall y\, isa(x,y) \implies isa^*(x,y),$
$\quad \forall x \forall y \forall z\, isa(x,y), isa^*(y,z) \implies isa^*(x,z),$
$\quad \forall x \forall y\, is(x,y) \implies is^*(x,y),$
$\quad \forall x \forall y \forall z\, is(x,y), isa^*(y,z) \implies is^*(x,z)\},$
$\quad \{\forall attr \forall x_1 \forall x_2 \forall d\, holds(attr, x_1, x_2) \wedge dom(attr, d) \implies is^*(x_1, d)\})$

Durch eine Transaktion TA soll diese Situation in die in Abbildung 3.1 b) dargestellte überführt werden. Die Transaktion hierzu lautet dann

$$TA := del^a(isa(Automobil, Vehikel))\, add^a(isa(Automobil, Bew\_Obj)).$$

Durch die Ausführung von TA wird die Konsistenzbedingung offensichtlich verletzt, da

$$holds(Ort, bmw, bmwpos) \land dom(Ort, Vehikel) \Longrightarrow is^*(bmw, Vehikel)$$

in $TA(DB)$ nicht gilt.

Der Leser möge sich selbst davon überzeugen, daß

- $\{holds(Ort, bmw, bmwpos)\}$,
- $\{dom(Ort, Vehikel)\}$ und
- $\{\neg is^*(bmw, Vehikel)\}$

Ursachenkandidaten und hier auch Ursachenmöglichkeiten sind, da nur eine Konsistenzbedingung vorliegt.

Definition 3.2.8 (Grund). *Sei Σ eine Signatur, $G \subseteq Lit_\Sigma$ eine Menge von geschlossenen Literalen, $DB = (DB^a, DB^d, DB^c)$ eine Datenbasis und $k \in DB^c$. Ist $C(DB) \cup \{k\}$ inkonsistent, so heißt G:*

1. *Grundkandidat :$\prec\succ$ $C(DB \circ_G G) \cup \{k\}$ konsistent und G minimal mit dieser Eigenschaft.*
2. *Grundmöglichkeit :$\prec\succ$ $C(DB \circ_G G) \cup DB^c$ konsistent und G minimal mit dieser Eigenschaft.*

Ein Grund existiert immer dann, wenn $DB^d \cup DB^c$ konsistent ist.

Alle oben aufgeführten Ursachenkandidaten sind Grundkandidaten. Weitere Grundkandidaten sind beispielsweise

- $\{\neg isa^*(Automobil, Vehikel)\}$,
- $\{\neg isa(Automobil, Vehikel)\}$ und
- $\{\neg is(bmw, Vehikel)\}$.

Der nachfolgende Satz besagt, daß sowohl Ursachenkandidaten und Ursachenmöglichkeiten als auch Grundkandidaten und Grundmöglichkeiten konsistent sind.

Satz 3.2.9 *Sei Σ eine Signatur, DB eine inkonsistente Datenbasis und $G \subseteq Lit_\Sigma$ eine Menge von geschlossenen Literalen. Ist G Ursachenkandidat, Ursachenmöglichkeit, Grundkandidat oder Grundmöglichkeit, so ist G konsistent.*

Beweis 3.2.10 *Ich beweise den Satz lediglich für G Grundmöglichkeit, da dieser Fall später noch benötigt wird.*
Man nehme an, G enthalte das geschlossene Atom l und dessen Negat $\neg l$. Ich unterscheide zwei Fälle:

$l \in DB^a$:   *Dann ist $DB^a \circ_G G = DB^a \circ_G (G \setminus \{l, \neg l\})$.*
$l \notin DB^a$:   *Dann ist $DB^a \circ_G G = DB^a \circ_G (G \setminus \{l\})$.*

In beiden Fällen liegt ein Widerspruch zur Minimalität in der Definition einer Grundmöglichkeit vor.

Definition 3.2.11 (Reparatur). *Sei TA eine Transaktion, $DB = (DB^a, DB^d, DB^c)$ eine Datenbasis und $k \in DB^c$ eine Konsistenzbedingung. Ist $C(DB) \cup \{k\}$ inkonsistent, so heißt TA:*

1. *Reparaturkandidat $:\prec\succ C(TA(DB)) \cup \{k\}$ konsistent und TA minimal mit dieser Eigenschaft.*
2. *Reparaturmöglichkeit $:\prec\succ C(TA(DB)) \cup DB^c$ konsistent und TA minimal mit dieser Eigenschaft.*

Der Zusammenhang zwischen Grund und Reparatur ist trivial. Für den Grundkandidaten
$\{holds(Ort, bmw, bmwpos)\}$
ist $del^a(holds(Ort, bmw, bmwpos))$
Reparaturkandidat.

Die nachfolgende, formale Definition von Anlaß soll den Teil der Transaktion TA (s.o.), der für die Konsistenzverletzung verantwortlich ist beziehungsweise diese auslöste, spezifizieren. Diese Definition wird in den folgenden theoretischen Betrachtungen nicht benötigt, ist aber bei der Dialogführung von Nutzen sein, um den Benutzer auf die Stellen in der Transaktion verweisen zu können, die für die Verletzung der Konsistenz verantwortlich sind.

Definition 3.2.12 (Anlaß). *Sei TA eine Transaktion, DB eine Datenbasis und $TA(DB)$ inkonsistent. Ist G eine Grundmöglichkeit, so heißt $G \cap \overline{\alpha(TA)}$ Anlaß.*

Im obigen Beispiel ist $\{\neg isa(Automobil, Vehikel)\}$ ein Anlaß.

Gäbe es im obigen Beispiel eine weitere Konsistenzbedingung der Form $\forall x \exists y\ is(x, attribut) \implies dom(x, y)$, so bliebe $\{dom(Ort, Vehikel)\}$ Grundkandidat, aber nicht Grundmöglichkeit.

Des weiteren ergeben sich dadurch Möglichkeiten, die Dialogführung flexibler zu gestalten. Es wird von einer Menge von Reparaturkandidaten ausgegangen. Der Benutzer ist aber lediglich an einer Reparaturmöglichkeit interessiert. Nun kann man zwei Benutzer unterscheiden. Den geduldigen Anfänger, der wartet, bis das System die nicht triviale Aufgabe gelöst hat, die Reparaturmöglichkeiten durch zusätzliche, aufwendige Konsistenzprüfungen herauszusuchen, und zum anderen den ungeduldigen Fortgeschrittenen, der sich zutraut, relativ schnell zu überblicken, ob der angebotene Reparaturkandidat seine Intention trifft, und nur falls dies der Fall ist, vom System eine eingehende Konsistenzprüfung verlangt.

Offensichtlich ergibt sich zwischen Möglichkeit und Kandidat der folgende Zusammenhang.

Satz 3.2.13 *Es bestehen folgende Zusammenhänge:*

1. *U Ursachenmöglichkeit $\succ$ ex. U' Ursachenkandidat: $U' \subseteq U$*
2. *G Grundmöglichkeit $\succ$ ex. G' Grundkandidat: $G' \subseteq G$*
3. *R Reparaturmöglichkeit $\succ$ ex. R' Reparaturkandidat: $R' \subseteq R$*

Man beachte, daß nicht $U = U'$ (bzw. $G = G'$, $R = R'$) gelten muß. Dies
veranschaulicht man sich wie folgt. Wenn $C(DB) \circ_U U \cup DB^c$ konsistent ist,
wie dies für Ursachenmöglichkeiten U der Fall ist, so gilt sicherlich $C(DB) \circ_U$
$U \cup \{k\}$ konsistent, für jede Konsistenzbedingung $k \in DB^c$. Damit wäre diese
Bedingung dafür, daß U Ursachenkandidat ist, leicht zu erfüllen. Anders steht
es mit der Minimalität. Es ist einsichtig, daß es u.U. mehr Elemente in einem
U geben muß, um alle Konsistenzbedingungen zu berücksichtigen, als es nötig
wäre, nur eine zu berücksichtigen. Daher gilt lediglich die Teilmengenbeziehung.
Die Argumentationen für Grund und Reparatur verlaufen analog.

Man beachte des weiteren, daß die Umkehrung des Satzes nicht gilt. Es läßt
sich nicht jeder Kandidat zu einer Möglichkeit fortsetzen.

Bemerkung 3.2.14 *Folgende Implikationenen gelten i.A. nicht:*

1. *U Ursachenkandidat $\not\succ$ ex. U' Ursachenmöglichkeit: $U \subseteq U'$*
2. *G Grundkandidat $\not\succ$ ex. G' Grundmöglichkeit: $G \subseteq G'$*
3. *R Reparaturkandidat $\not\succ$ ex. R' Reparaturmöglichkeit: $R \subseteq R'$*

Dies sei an einem kleinen Beispiel verdeutlicht.

Beispiel 3.2.15 *Sei folgende Datenbasis gegeben:*

$$DB = (\emptyset,$$
$$\emptyset,$$
$$\{\forall x\, p(x) \Longrightarrow q(x), \neg q(a)\}).$$

Wird nun durch eine Transaktion TA $p(a)$ eingefügt, so ist $DB' := TA(DB)$
inkonsistent. Es gilt für die Extension von DB': $C(DB') = \{p(a), \neg q(a), \ldots\}$.
Es sind $\{p(a)\}$ und $\{\neg q(a)\}$ sowohl Ursachen- als auch Grundkandidaten bzgl.
der ersten Konsistenzbedingung. Daß $\{p(a)\}$ Ursachenkandidat ist, sieht man
wie folgt: $C(DB) \circ_U \{p(a)\} = \{\neg p(a), \neg q(a) \ldots\}$ enthält nur negative Literale,
und somit ist $(C(DB) \circ_U \{p(a)\}) \cup \{\forall x\, p(x) \Longrightarrow q(x)\}$ konsistent. Die Minimalität ist klar, da $\{p(a)\}$ nur ein Element enthält und eine Konsistenzverletzung
vorlag. Somit ist $\{p(a)\}$ ein Ursachenkandidat bzgl. der ersten Konsistenzbedingung. Es ist $C(DB) \circ_U \{\neg q(a)\} = \{\neg p(a), q(a), \ldots\}$ konsistent mit der ersten
Konsistenzbedingung. Da $\{\neg q(a)\}$ ebenfalls minimal ist, folgt, daß $\{\neg q(a)\}$ ein
Ursachenkandidat ist. Da $\{p(a)\}$ und $\{\neg q(a)\}$ Grundkandidaten sind, folgt aus
$C(DB \circ_G G) = C(DB) \circ_U G$. Dies gilt, da $DB^d = \emptyset$.

Jedoch nur $\{p(a)\}$ ist auch Ursachen- und Grundmöglichkeit. $\{\neg q(a)\}$ ist
weder Ursachen- noch Grundmöglichkeit und läßt sich auch nicht zu einer solchen

fortsetzen, da das Einfügen von $q(a)$ in die Datenbasis direkt durch die zweite Konsistenzbedingung verboten wird.

Diese Tatsache, daß sich nicht alle Ursachen- bzw. Grundkandidaten zu Ursachen- bzw. Grundmöglichkeiten fortsetzen lassen, hat sowohl Vor- als auch Nachteile. Der Vorteil ist, daß zusätzliche Konsistenzbedingungen zu einer Reduktion der Ursachen- bzw. Grundmöglichkeiten führen. Der Nachteil besteht darin, daß u.U. viel Rechenaufwand investiert werden muß, um herauszufinden, welche der Ursachen- bzw. Grundkandidaten sich zu Ursachen- bzw. Grundmöglichkeiten fortsetzen lassen. Dieser Problemstellung widmet sich das 5. Kapitel.

Das Teilziel, dem ich den Rest des Kapitels nachgehen werde, ist es, im Falle einer Konsistenzverletzung alle Reparaturkandidaten finden zu können. Hierzu wird eine Kausalkette aufgebaut, mit der man von den verletzten Konsistenzbedingungen auf die Reparaturkandidaten schließen kann. Diese Kette sieht folgendermaßen aus: verletzte Konsistenzbedingung $\rightsquigarrow$ Ursache $\rightsquigarrow$ Grund $\rightsquigarrow$ Reparatur. Aus didaktischen Gründen werde ich diese Kette von hinten aufrollen.

Zwischen Grund und Reparatur herrscht offensichtlich folgender Zusammenhang. Man erinnere sich an die Definition von α am Ende des letzten Unterkapitels.

Satz 3.2.16 (Grund - Reparatur). *Seien R eine Transaktion und G eine Literalmenge, dann gilt:*

1. *G Grundkandidat $\prec\!\succ$ $\alpha^{-1}(G)$ Reparaturkandidat*
2. *R Reparaturkandidat $\prec\!\succ$ $\alpha(R)$ Grundkandidat*
3. *G Grundmöglichkeit $\prec\!\succ$ $\alpha^{-1}(G)$ Reparaturmöglichkeit*
4. *R Reparaturmöglichkeit $\prec\!\succ$ $\alpha(R)$ Grundmöglichkeit*

Als nächstes ist der Zusammenhang zwischen Ursache und Grund zu analysieren. Die hierzu betrachtete Ausgangssituation ist die folgende: DB sei eine Datenbasis und $kbed \in DB^c$ eine verletzte Konsistenzbedingung, d.h., $C(DB) \cup \{kbed\}$ ist inkonsistent. Die Ursache hierfür sei $\{a\}$, wobei a ein Atom ist. Das bedeutet insbesondere, daß $C(DB) \models a$ und $C(DB) \circ_U \{a\} \not\models a$. $C(DB) \models a$ gilt nun, falls $a \in DB^a$ oder a ist mittels der Fakten und Regeln der Datenbasis herleitbar. Um nun einen Grund G anzugeben, mit $C(DB \circ_G G) \not\models a$ ist a aus DB^a zu entfernen, und/oder es sind alle möglichen Ableitungen von a aus DB^a und DB^d zunichte zu machen. Die weitere Vorgehensweise ist die folgende. Als erstes werden die Begriffe Ableitungsbaum und Ableitung formal definiert. Basierend hierauf wird dann G^+ definiert. Anschließend folgen einige Sätze, die zeigen, daß G^+ die erwünschten Eigenschaften besitzt.

Definition 3.2.17 (Ableitungsbaum). *Sei $DB = (DB^a, DB^d, DB^c)$ eine Datenbasis und $a \in Fak_\Sigma$ ein Faktum. Für a wird der Ableitungsbaum $DT_\infty(a)$ definiert. $DT_\infty(a)$ ist ein und-oder-Baum, wobei die und-Knoten mit Fakten $b \in Fak_\Sigma$ oder Paaren (r, σ) markiert werden, wobei $r \in DB^d$ eine Regel und $\sigma \in Subst$ eine Substitution ist. Oder-Knoten werden mit Fakten $b \in Fak_\Sigma$ markiert. Zusätzlich müssen die folgenden Bedingungen gelten:*

1. *Die Wurzel ist ein oder-Knoten und mit a markiert.*

2. *Für jeden oder-Knoten N, der mit b markiert ist, existiert für jedes Paar (r, σ), das*

- $r = l_1, \dots, l_n \Longrightarrow l_{n+1}$,

- $l_{n+1}\sigma = b$ *und*

- $r\sigma$ *geschlossen erfüllt,*

ein und-Nachfolgerknoten, der mit (r, σ) markiert ist, und selbst oder-Nachfolgerknoten besitzt, die die Wurzeln von $DT_\infty(l_1\sigma), \dots, DT_\infty(l_n\sigma)$ sind. Falls $b \in DB^a$ gilt, so hat N einen weiteren und-Nachfolgerknoten, der mit b markiert ist.

Sind für $x = 1, \dots, X$, $r^x \in DB^d$, $m(r^x) = l_1^x, \dots, l_{n_x}^x \Longrightarrow l_{n_x+1}^x$ und $\sigma_1^x, \dots, \sigma_{K_x}^x \in$ Subst die Paare (r^x, σ_i^x), $1 \le x \le X$, $1 \le i \le K_x$ alle Paare, die die obigen Bedingungen erfüllen, so wird der Ableitungsbaum in linearer Notation wie folgt notiert:

$$(\vee a, ((\wedge r^1 \sigma_1^1, DT_\infty(l_1^1 \sigma_1^1), \dots, DT_\infty(l_{n_1}^1 \sigma_1^1))$$
$$\dots,$$
$$(\wedge r^x \sigma_{K_X}^X, DT_\infty(l_1^X \sigma_{K_X}^X), \dots, DT_\infty(l_{n_X}^1 \sigma_{K_X}^X)))$$

beziehungsweise

$$(\vee a, ((\wedge r^1 \sigma_1^1, DT_\infty(l_1^1 \sigma_1^1), \dots, DT_\infty(l_{n_1}^1 \sigma_1^1))$$
$$\dots,$$
$$(\wedge r^x \sigma_{K_X}^X, DT_\infty(l_1^X \sigma_{K_X}^X), \dots, DT_\infty(l_{n_X}^1 \sigma_{K_X}^X)),$$
$$\wedge a),$$

falls $a \in DB^a$.

Man beachte, daß ein der Ableitungsbaum nicht immer endlich ist. Das Faktum a zusammen mit den Regeln

R1: $a \Longrightarrow b$,
R2: $b \Longrightarrow c$ und
R3: $c \Longrightarrow a$

ergibt für das Faktum c den in Abbildung 3.2 skizzierten Ableitungsbaum.

Definition 3.2.18 (Ableitung). *Sei $DB = (DB^a, DB^d, DB^c)$ eine Datenbasis und $a \in Fak_\Sigma$ ein Faktum. Eine Ableitung $DE(a)$ von a über $DT_\infty(a)$ ist definiert als ein endlicher Teilbaum von $DT_\infty(a)$, wobei folgende Bedingungen gelten müssen:*

1. *Die Wurzel von $DE(a)$ ist gleich der Wurzel von $DT_\infty(a)$.*

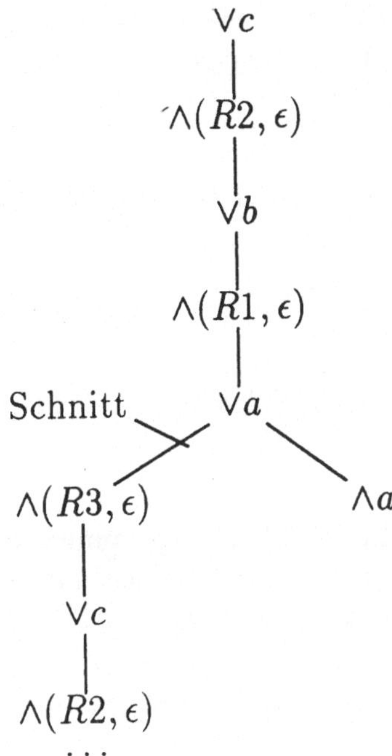

Abb. 3.2. Unendlicher Ableitungsbaum

2. $DE(a)$ *enthält für jeden oder-Knoten genau einen Nachfolgerknoten aus* $DT_\infty(a)$.

3. $DE(a)$ *enthält für jeden und-Knoten alle Nachfolgerknoten aus* $DT_\infty(a)$.

4. *Jedes Blatt in* $DE(a)$ *ist ein und-Knoten, der mit einem Faktum* $b \in DB^a$ *markiert ist.*

Es gilt nun folgender Satz:

Satz 3.2.19 *Sei* $DB = (DB^a, DB^d, DB^c)$ *eine Datenbasis und* $a \in Fak_\Sigma$ *ein beliebiges Faktum. Dann gilt:*

$$a \in M(DB) \prec\!\succ \text{ Es existiert eine Ableitung } DE(a) \text{ in } DT_\infty(a)$$

Beweis 3.2.20 $\succ$ *Sei* $a \in M_i(DB)$. *Der Beweis erfolgt durch Induktion nach* i.

i=0 *Ist* $a \in M_0(DB)$, *so ist* $(\vee a, \wedge a)$ *eine Ableitung.*

i+1 *Ist* $a \in M_{i+1}(DB)$, *so existiert eine Regel* $r \in DB^d$,
$m(r) = l_1, \ldots, l_n \Longrightarrow l_{n+1}$ *und eine Substitution* σ, *so daß*

- $l_{n+1}\sigma = a$,
- $r\sigma$ *geschlossen und*
- $l_h\sigma \in M_i(DB)$ *für* $1 \le h \le n$.

Daraus folgt mit Hilfe der Induktionsvorausetzung, daß
$(\vee a, (\wedge r\sigma, DE(l_1\sigma), \ldots, DE(l_n\sigma)))$

eine Ableitung ist.

$\prec$ *Der Beweis wird durch Induktion über die Höhe der Ableitung von a geführt. Ist $DE(a) =$*

$(\vee a, \wedge a)$ *, so ist $a \in M(DB)$ nach Definitionen von Ableitungsbaum und Ableitung.*

$(\vee a, (\wedge (r, \sigma), DE(l_1\sigma), \ldots, DE(l_n\sigma)))$ *, so ist mit Hilfe der Definitionen von Ableitungsbaum und Ableitung $a \in M(DB)$ zu sehen.*

Die Reduktion zu endlichen Ableitungsbäumen und der Beweis der "Informationsverlustfreiheit" erfordert einen kleinen Umweg über wiederholungsfreie Ableitungen. Hierzu gilt der folgende Satz.

Satz 3.2.21 *Sei $DB = (DB^a, DB^d, DB^c)$ eine Datenbasis und $a \in Fak_\Sigma$ ein Faktum. Dann gilt:*

Es existiert eine Ableitung $\prec\succ$ Es existiert eine wiederholungsfreie Ableitung,

d.h., daß auf keinem Pfad von der Wurzel zu einem Blatt zwei oder-Knoten mit derselben Markierung existieren.

Beweis 3.2.22 (Skizze). $\prec$ $\sqrt{}$
$\succ$ *Falls die Ableitung von a die Form*
$(\vee a, (\wedge(r_1, \sigma_1), \ldots, (\vee b, \ldots, (\wedge(r_k, \sigma_k), \ldots, (\vee bT_1, \ldots, T_m) \ldots)$
hat, so ist auch
$(\vee a, (\wedge(r_1, \sigma_1), \ldots, (\vee b, T_1, \ldots, T_m) \ldots)$ *eine Ableitung, die aber eine Wiederholung weniger enthählt. Da Ableitungen endlich sind, kann mittels endlich vieler solcher Transformationen die geforderte Wiederholungsfreiheit erreicht werden.*

Kombiniert man den letzten Satz mit Satz 3.2.19 so erhält man:

Satz 3.2.23 *Sei $DB = (DB^a, DB^d, DB^c)$ eine Datenbasis und $a \in Fak_\Sigma$ ein Faktum. Dann gilt:*

$a \in M(DB)$ $\prec\succ$ *Es existiert eine wiederholungsfreie Ableitung von a.*

Es werden jetzt wiederholungsfreie Ableitungsbäume definiert. Diese sind insbesondere endlich.

Definition 3.2.24 (wiederholungsfreier Ableitungsbaum). *Sei $DB = (DB^a, DB^d, DB^c)$ eine Datenbasis und $a \in Fak_\Sigma$ ein Faktum. Für a wird der Ableitungsbaum $DT(a)$ definiert. $DT(a)$ ist ein und-oder-Baum, wobei die und-Knoten mit Fakten $b \in Fak_\Sigma$ oder Paaren (r, σ) markiert werden, wobei $r \in DB^d$ eine Regel und $\sigma \in Subst$ eine Substitution ist. Oder-Knoten werden mit Fakten $b \in Fak_\Sigma$ markiert. Zusätzlich müssen die folgenden Bedingungen gelten:*

1. *Die Wurzel ist ein oder-Knoten und mit a markiert.*
2. *Für jeden oder-Knoten N, der mit b markiert ist, existiert für jedes Paar (r, σ), das*

   - *$r = l_1, \ldots, l_n \Longrightarrow l_{n+1}$,*

   - *$l_{n+1}\sigma = b$ und*

   - *$r\sigma$ geschlossen erfüllt,*

   ein und-Nachfolgerknoten, der mit (r, σ) markiert ist, und selbst oder-Nachfolgerknoten besitzt, die die Wurzeln von $DT(l_1\sigma), \ldots, DT(l_n\sigma)$ sind, falls kein oder-Knoten auf dem Pfad von der Wurzel zu N existiert, der mit $l_1\sigma, \ldots$ oder $l_n\sigma$ markiert ist. Falls $b \in DB^a$ gilt, so hat N einen weiteren und-Nachfolgerknoten, der mit b markiert ist.

Wiederholungsfreie Ableitungsbäume werden genauso notiert wie nicht wiederholungsfreie Ableitungsbäume.

Der durch diese Definition erfolgte Schnitt ist in Abbildung 3.2 angedeutet.

Aus wiederholungsfreien Ableitungsbäumen lassen sich nach Satz 3.2.23 alle benötigten Ableitungen gewinnen. Dieser Sachverhalt wird im nächsten Satz notiert.

Satz 3.2.25 *Sei $DB = (DB^a, DB^d, DB^c)$ eine Datenbasis und $a \in Fak_\Sigma$ ein beliebiges Faktum. Dann gilt:*

$$a \in M(DB) \prec\succ \text{Es existiert eine Ableitung in } DT(a).$$

In der Definition der Abbildung G^+ wird noch eine weitere Abbildung benötigt. Dies ist die Abbildung RED, die aus Mengen von Teilgründen, die gleichzeitig gelten müssen, eine neue Menge von Gründen erzeugt, die dieser Tatsache Rechnung trägt.

Definition 3.2.26 (RED). *Sei Σ eine Signatur. Dann ist die Abbildung $RED : \mathcal{P}(\mathcal{P}(\mathcal{P}(Lit_\Sigma))) \longrightarrow \mathcal{P}(\mathcal{P}(Lit_\Sigma))$ wie folgt definiert:*

- *$RED(\emptyset) := \{\emptyset\}$*
- *$RED(G) := G''$, wobei $G'' := \{g \in G' | \neg ex.\ g' \in G' : g' \subset g\}$ mit $G' := \{g |$ f.a. $G_i \in G$, ex. $g_i \in G_i : g_i \subseteq g$ und g sei minimal mit dieser Eigenschaft$\}$*

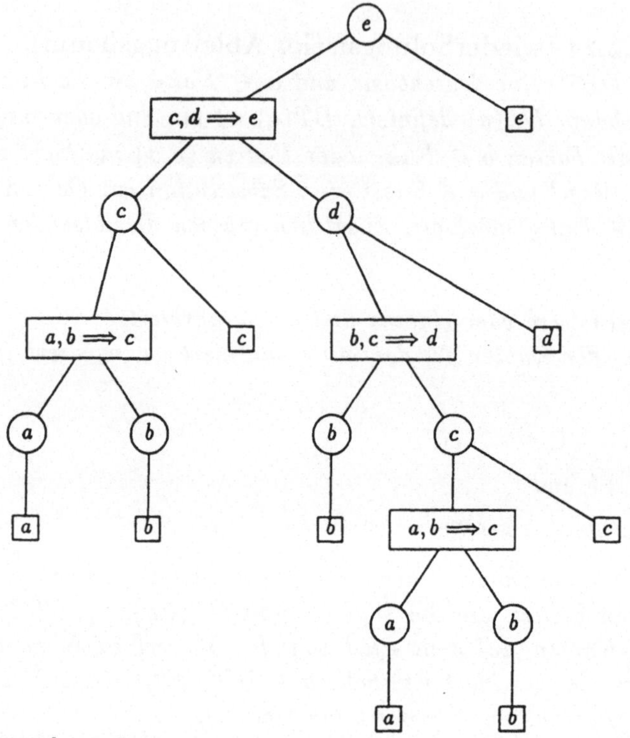

Abb. 3.3. Ableitungsbaum für e

Das Ziel all dieser Bemühungen ist die folgende Definition der Abbildung G^+.

Definition 3.2.27 (G^+). *Sei $DB = (DB^a, DB^d, DB^c)$ eine Datenbasis und $a \in Fak_\Sigma$ ein Faktum mit $C(DB) \models a$. Sei $DT(a)$ der wiederholungsfreie Ableitungsbaum von a. Dann wird $G^+(N)$ für jeden Knoten N des Ableitungsbaumes wie folgt definiert:*

- *Ist N ein und-Blattknoten und b seine Markierung, so ist $G^+(N) := \{\{b\}\}$.*
- *Ist N ein und-Knoten, der kein Blatt ist, und sind $N_1, ..., N_k$ die Nachfolgerknoten, so ist $G^+(N)$ definiert als $G^+(N) = G^+(N_1) \cup, ..., \cup G^+(N_k)$.*
- *Ist N ein oder-Knoten, der kein Blatt ist, und sind $N_1, ..., N_k$ die Nachfolgerknoten, so ist $G^+(N)$ definiert als $G^+(N) = RED(\{G^+(N_1), ..., G^+(N_k)\})$.*

Falls N der Wurzelknoten eines wiederholungsfreien Ableitungsbaumes für a ist, schreibe ich auch $G^+(a)$ anstelle von $G^+(N)$.

Bevor einige Sätze bewiesen werden, die zeigen, daß die verfolgte Intention durch die Definition widergespiegelt wird, sei G^+ an einem Beispiel demonstriert. Dazu betrachte man die folgende Datenbasis. Sei $DB^a = \{a, b, c, d, e\}$ und $DB^d = \{a, b \implies c, \; b, c \implies d, \; c, d \implies e\}$. Dann gilt selbstverständlich $C(DB) \models e$. Einen stilisierten Ableitungsbaum für e zeigt Abbildung 3.3.

Hier werden und-Knoten durch Rechtecke und oder-Knoten durch Kreise angedeutet. Da die Substitutionen hier leer sind, wurden sie in der Abbildung ausgelassen. Für die Blätter des Ableitungsbaumes ist $G^+(e) = \{\{a\}\}, \{\{b\}\}$, $\{\{a\}\}, \ldots, \{\{c\}\}$. Für die nicht-Blattknoten erhält man für $G^+(e)$ je nach Markierung des Knotens:

$$a, b \Longrightarrow c: G^+(e) = \{\{a\}, \{b\}\}$$
$$c: \quad\quad G^+(e) = \{\{a, c\}, \{b, c\}\}$$
$$b, c \Longrightarrow d: G^+(e) = \{\{b\}, \{a, c\}, \{b, c\}\}$$
$$d: \quad\quad G^+(e) = \{\{b, d\}, \{a, c, d\}\}$$
$$c, d \Longrightarrow e: G^+(e) = \{\{b, d\}, \{a, c, d\}, \{a, c\}, \{b, c\}\}$$
$$e: \quad\quad G^+(e) = \{\{b, d, e\}, \{a, c, e\}, \{b, c, e\}\}$$

Die nun folgenden Sätze charakterisieren G^+.

Satz 3.2.28 (Korrektheit von G^+). *Sei $DB = (DB^a, DB^d, DB^c)$ eine Datenbasis und $a \in Fak_\Sigma$ ein Faktum mit $C(DB) \models a$. Dann gilt für alle $g \in G^+(a)$*

$$C(DB \circ_G g) \not\models a$$

Beweis 3.2.29 *Sei $a \in Fak_\Sigma$ mit $C(DB) \models a$, $g \in G^+(a)$ und $a \in M_i(DB \circ_G g)$ gegeben, mit $i = min\{j | ex. \; b, \; ex. \; h \in G^+(b) : b \in M_j(DB \circ_G h)\}$. Somit stellt a die "kleinste" Verletzung der Behauptung des Satzes dar.*

$i = 0$: *Angenommen $a \in M_0(DB \circ_G g)$:*
   $a \in M_0(DB \circ_G g) \succ a \in M_0(DB) \succ a \in g$, *f.a. $g \in G^+(a)$ und somit $a \notin M_0(DB \circ_G g)$. Es folgt ein Widerspruch und damit $a \notin M_0(DB \circ_G g)$.*
$i + 1$: *Angenommen $a \in M_{i+1}(DB \circ_G g)$:*
   $a \in M_{i+1}(DB \circ_G g) \succ a \in M_{i+1}(DB) \succ$ *f.a. $r \in DB^d$ mit $m(r) = l_1, \ldots, l_n \Longrightarrow l_{n+1}$, und alle $\sigma \in Subst$ mit $l_{n+1}\sigma = a$, $l_h\sigma \in M_i(DB)$ f.a. $1 \leq h \leq n$, enthält g, da $g \in G^+(a)$, für jedes $G^+(l_h\sigma)$ ein $g_h \in G^+(l_h\sigma)$. Da $a \in M_{i+1}(DB \circ_G g)$ gilt, müßen für mindestens eine dieser Regeln r und eine Substitution σ die $l_h\sigma \in M_i(DB \circ_G g)$ sein. ($a \notin M_i(DB \circ_G g)$, wegen der Minimalität von i). Da aber g für alle $G^+(l_h\sigma)$ eine Obermenge eines Elementes $g_h \in G^+(l_h\sigma)$ darstellt, gilt erst recht $l_h\sigma \in M_i(DB \circ_G g_h)$. Es folgt ein Widerspruch zur Minimalität zu i und somit $a \notin M_{i+1}(DB \circ_G g)$.*

Der folgende Satz ist wesentlich zur Erlangung der Minimalität.

Satz 3.2.30 (Vollständigkeit von G^+). *Sei $DB = (DB^a, DB^d, DB^c)$ eine Datenbasis und $a \in Fak_\Sigma$ ein Faktum mit $C(DB) \models a$. Sei g eine Menge von Atomen. $C(DB \circ_G g) \not\models a$ und g minimal mit dieser Eigenschaft. Dann ist $g \in G^+(a)$.*

Beweis 3.2.31 *Der Beweis erfolgt durch Induktion über die Höhe des wiederholungsfreien Ableitungsbaumes $DT(a)$.*

$i = 2$ $DT(a)$ *hat die Form $(\vee a, \wedge a)$ und es ist insbesondere a durch keine Regel herleitbar. Es kann also nur $g = \{a\}$ sein. Da aber $\{a\} \in G^+(a)$ folgt die Behauptung.*

$i > 2$ *$DT(a)$ habe die Form*

$$(\lor a, ((\land(r^1\sigma_1^1), DT'(l_1^1\sigma_1^1), \ldots, DT'(l_{n_1}^1\sigma_1^1))$$
$$\ldots,$$
$$(\land(r^x\sigma_{K_X}^X), DT'(l_1^X\sigma_{K_X}^X), \ldots, DT'(l_{n_X}^1\sigma_{K_X}^X)))$$

beziehungsweise

$$(\lor a, ((\land(r^1\sigma_1^1), DT'(l_1^1\sigma_1^1), \ldots, DT'(l_{n_1}^1\sigma_1^1))$$
$$\ldots,$$
$$(\land(r^x\sigma_{K_X}^X), DT'(l_1^X\sigma_{K_X}^X), \ldots, DT'(l_{n_X}^1\sigma_{K_X}^X)),$$
$$\land a),$$

falls $a \in DB^a$. Dabei bezeichnet $DT'(l_{j_x}^x\sigma_k^x)$ den bei vorkommender Wiederholung beschnittenen Baum und $(\land(r_x, \sigma_k^x), DT'(l_1^x\sigma_k^x), \ldots, DT'(l_{n_x}^x\sigma_k^x))$ entfällt, falls ein $l_{j_x}^x\sigma_k^x = a$ ist.

Es ist zu beachten, daß der gestrichelte Baum ein Teilbaum der entsprechenden ungestrichelten Version ist.

Für die Regeln r^x und die Substitutionen $\sigma_{k_x}^x$ gilt mit $1 \leq x \leq X$ und $1 \leq k_x \leq K_x$

1. $r^x = l_1^x, \ldots, l_{n_x}^x \Longrightarrow l_{n_x+1}^x$,

2. $l_{n_x+1}^x\sigma_{k_x} = a$ und

3. $r^x\sigma_{k_x}$ geschlossen.

Weiter sind dies alle Paare von Regeln und Substitutionen, für die diese Bedingungen gelten.

Da $a \notin M(DB \circ_G g)$ gilt, muß es für jedes x mit $1 \leq x \leq X$ und jedes k_x mit $1 \leq k_x \leq K_x$ ein h_{k_x} mit $1 \leq h_{k_x} \leq n_x$ geben, so daß

$$l_{h_{k_x}}^x\sigma_{k_x}^x \notin M(DB \circ_G g).$$

Aus der Induktionsvoraussetzung folgt für all diese, daß $G^+(l_{h_{k_x}}^x\sigma_{k_x}^x)$ alle minimalen Mengen g' enthält, für die $l_{h_{k_x}}^x\sigma_{k_x}^x \notin M(DB \circ_G g')$ gilt. Insbesondere existieren also $g(l_{h_{k_x}}^x\sigma_{k_x}^x) \in G^+(l_{h_{k_x}}^x\sigma_{k_x}^x)$ mit $g(l_{h_{k_x}}^x\sigma_{k_x}^x) \subseteq g$. Also existiert ein $g_0 \in G^+(a)$ mit $g_0 \subseteq g$. Aus der Korrektheit von G^+ und der Minimalität von g folgt $g_0 = g$ und somit die Behauptung.

Probleme treten auf, wenn man, um ein Faktum herzuleiten, mehrere Regeln benutzen konnte oder es für eine Regel mehrere Substitutionen, die zum Ziel führten, gab. Ist dies nicht der Fall, so liegt eine wesentliche Vereinfachung vor.

Satz 3.2.32 *Sind die Herleitungen für alle $a \in C(DB)$, eindeutig, das heißt, es gibt für jedes $a \in M(DB)$ genau ein i, genau eine Regel r mit $m(r) = l_1, \ldots, l_n \Longrightarrow l_{n+1}$ und genau eine Substitution σ, so daß $a \in M_i(DB)$, $a \notin M_{i-1}(DB)$, $a = l_{n+1}\sigma$ und $l_j\sigma \in M_{i-1}$ f.a. $1 \leq j \leq n$, so sind die Elemente von $G^+(a)$ einelementig.*

Der Beweis dieses Satzes folgt direkt aus obigem Beweis. In der nächsten Definition wird die erste Verallgemeinerung auf Mengen von positiven Literalen vorgenommen.

Definition 3.2.33 (Gru^+). *Sei Σ eine Signatur, $DB = (DB^a, DB^d, DB^c)$ eine Datenbasis, $kbed \in DB^c$ eine Konsistenzbedingung, $C(DB) \cup \{kbed\}$ inkonsistent und $\overline{U} \subseteq At_\Sigma$ ein Ursachenkandidat. Dann ist $Gru^+(U)$ definiert als*
$$Gru^+(U) := RED(\{G^+(a) | a \in U\})$$

Satz 3.2.34 *Sei Σ eine Signatur, $DB = (DB^a, DB^d, DB^c)$ eine Datenbasis, $kbed \in DB^c$ eine Konsistenzbedingung, $C(DB) \cup \{kbed\}$ inkonsistent und $\overline{U} \subseteq At_\Sigma$ ein Ursachenkandidat. Dann enthält $Gru^+(U)$ alle und nur die minimalen Mengen $g \subseteq Lit_\Sigma$ für die gilt: Für alle $a \in U$ ist $C(DB \circ_G g) \not\models a$.*

Nachdem den Ursachen, die aus positiven Literalmengen bestehen, in ausreichendem Maße nachgegangen wurde, werden nun negative Literalmengen als Ursachen betrachtet. Diesen sind aber entschieden einfacher Gründe zuzuordnen. Gilt für ein $a \in At_\Sigma$, $C(DB) \not\models a$, so ist sicherlich $\{\neg a\}$ ein Grund. Für alle Regeln, deren Köpfe mit a unifizierbar sind, ist sicherlich die Menge aller nicht ableitbaren Prämissen ein Grund. Diese Idee rekursiv fortsetzend, sieht die Definition von G^- wie folgt aus:

Definition 3.2.35 (G^-). *Sei Σ eine Signatur, $DB = (DB^a, DB^d, DB^c)$ eine Datenbasis und $a \in At_\Sigma$ mit $C(DB) \not\models a$. Dann ist $G^- : Lit_\Sigma \longrightarrow \mathcal{P}(\mathcal{P}(Lit_\Sigma))$ wie folgt definiert:*
$$G^-(\neg a) := \bigcup_i G_i^-(\neg a)$$
$$G_0^-(\neg a) := \{\{\neg a\}\}$$
$$G_{i+1}^-(\neg a) := RED(G_i^-(\neg a) \cup \{\bigcup_{1 \leq j \leq n, M(DB) \not\models l_j \sigma} g_i^-(\neg l_j \sigma) \mid r \in DB^d,\ m(r) =$$
$$l_1, ..., l_n \Longrightarrow l_{n+1},\ m(r)\sigma\ geschlossen,\ l_{n+1}\sigma = a,\ g_i^-(\neg l_j \sigma) \in G_i^-(\neg l_j \sigma)\})$$

Satz 3.2.36 (Korrektheit von G^-). *Sei Σ eine Signatur, $DB = (DB^a, DB^d, DB^c)$ eine Datenbasis, und $a \in At_\Sigma$ mit $C(DB) \not\models a$. Dann gilt für alle $g \in G^-(\neg a)$*

$$C(DB \circ_G g) \models a$$

Beweis 3.2.37 $g \in G^-(\neg a) \succ$ *es ex. ein minimales i mit $g \in G_i^-(\neg a)$. Bew. durch vollst. Ind.*

$i = 0$: $g \in G_0^-(\neg a) \succ g = \{\neg a\} \succ$ *Beh.*

$i + 1$: $g \in G_{i+1}^-(\neg a) \succ$ *ex. $r \in DB^d$ und $\sigma \in Subst$: $m(r) = l_1, ..., l_n \Longrightarrow l_{n+1}$, $m(r)\sigma$ geschlossen, $l_{n+1}\sigma = a$ und $g = \bigcup_{1 \leq j \leq n, M(DB) \not\models l_j \sigma} g_i^-(\neg l_j \sigma)$, wobei $g_i^-(\neg l_j \sigma) \in G_i^-(\neg l_j \sigma)$. Daraus folgt mit der Ind.-Hyp. die Beh.*

Satz 3.2.38 (Vollständigkeit von G^-). *Sei Σ eine Signatur, $DB = (DB^a,$ $DB^d, DB^c)$ eine Datenbasis, und $a \in At_\Sigma$ mit $C(DB) \not\models a$. Sei g eine Menge von Literalen. Dann gilt:*

$$C(DB \circ_G g) \models a, \; g \; minimal \prec\succ g \in G^-(a).$$

Beweis 3.2.39 $C(DB \circ_G g) \models a \succ$ *ex. min. i: $a \in M_i(DB \circ_G g)$. Bew. der Beh. durch vollst. Ind. nach i:*
$\succ$:

$i = 0 \quad \succ a \in g \succ g = \{\neg a\} \succ$ *Beh.*
$i + 1$: $r \in DB^d$ *und* $\sigma \in Subst$: $m(r) = l_1, ..., l_n \Longrightarrow l_{n+1}$, $m(r)\sigma$ *geschlossen,*
$l_{n+1}\sigma = a$, $l_j\sigma \in M_i(DB \circ_G g)$ *f.a.* $1 \leq j \leq n$. *Für alle* $l_j\sigma \notin M_i(DB)$ *existiert*
ein minimales $g_j \subseteq g$: $l_j\sigma \in M_i(DB \circ_G g_j)$. *Nach Induktionsvorausetzung*
gilt $g_j \in G_i^-(\neg l_j\sigma)$. *Also gibt es ein* $g^- \in G_{i+1}^-(\neg a)$, *so daß* $g^- = \bigcup_j g_j \subseteq g$.
Wegen der Korrektheit von g^- *und der Minimalität von* g *gilt* $g^- = g$, *woraus*
dann die Beh. folgt.

$\prec$: *Da die Korrektheit von G^- schon im vorangegangenen Satz bewiesen wurde,*
ist lediglich noch die Minimalität der Mengen in $g \in G^-$ zu zeigen. Dies geschieht
durch vollständige Induktion nach i, wobei i die kleinste natürliche Zahl ist, die
$g \in G_i^-$ *erfüllt.*

$i = 0 \quad \succ g = \{\neg a\} \succ$ *Beh.*
$i + 1 \quad \succ$ *ex. $r \in DB^d$ und $\sigma \in Subst$: $m(r) = l_1, ..., l_n \Longrightarrow l_{n+1}$, $m(r)\sigma$ ge-*
schlossen, $l_{n+1}\sigma = a$ und $g = \bigcup_{1 \leq j \leq n, M(DB) \not\models l_j\sigma} g_i^-(\neg l_j\sigma)$, wobei $g_i^-(\neg l_j\sigma) \in$
$G_i^-(\neg l_j\sigma)$. *Da jede Menge in $G_i^-(\neg l_j\sigma)$ minimal ist, folgt die Behauptung.*

Definition 3.2.40 (Gru^-). *Sei Σ eine Signatur, $DB = (DB^a, DB^d, DB^c)$*
eine Datenbasis, und $\overline{U} \subseteq At_\Sigma$ mit $C(DB) \not\models a$ f.a. $\neg a \in U$. Dann ist $Gru^-(U)$
definiert als $Gru^-(U) := \{gru | f.a. \neg a \in U, ex. g_{\neg a} \in G^-(\neg a) : g_{\neg a} \subseteq gru$ und
gru minimal mit dieser Eigenschaft$\}$.

Satz 3.2.41 *Vor. wie oben. Dann enthält $Gru^-(U)$ alle und nur die minimalen*
Mengen $g \subseteq Lit_\Sigma$ für die gilt: Für alle $a \in U$ ist $C(DB \circ_G g) \models a$.

Definition 3.2.42 (Gru). *Sei Σ eine Signatur, $DB = (DB^a, DB^d, DB^c)$ eine*
Datenbasis. Ist $kbed \in DB^c$, $C(DB) \cup \{kbed\}$ inkonsistent und $U \subseteq Lit_\Sigma$ eine
Ursache. Dann ist $Gru(U) : Lit_\Sigma \longrightarrow \mathcal{P}(\mathcal{P}(Lit_\Sigma))$ wie folgt definiert:
$Gru(U) := \{A \cup B | A \in Gru^+(U \cap At_\Sigma), B \in Gru^-(\overline{U} \cap At_\Sigma)\}$

Da die Mengen aus Gru^+ und Gru^- vereinigt werden und die Elemente
aus Gru^+ nur positive und diejenigen aus Gru^- nur negative Literale enthalten,
erhebt sich die Frage, ob $g \in Gru$ noch konsistent ist. Dies ist jedoch immer der
Fall, wie die folgende Überlegung zeigt. Es gilt nämlich für jedes $a \in g \in Gru^+$
$C(DB) \models a$ und für jedes $\neg a \in g \in Gru^-$ $C(DB) \not\models a$. Da $C(DB)$ konsistent
ist, ist somit auch Gru konsistent. Dieser Sachverhalt wird in folgendem Satz
festgehalten.

Satz 3.2.43 *Sei Σ eine Signatur, $DB = (DB^a, DB^d, DB^c)$ eine Datenbasis. Ist $kbed \in DB^c$, $C(DB) \cup \{kbed\}$ inkonsistent und $U \subseteq Lit_\Sigma$ eine Ursache. Dann ist jedes $g \in Gru(U)$ konsistent.*

Nun sind alle Vorbereitungen getroffen, um den Zusammenhang von Ursachenkandidaten und Grundkandidaten zu formulieren. Dies geschieht mittels zweier Sätze, von denen der folgende die größere Bedeutung hat, da er auf dem Weg von der verletzten Konsistenzbedingung zur Reparatur liegt. Die Behauptung des Satzes folgt sofort aus den obigen Überlegungen.

Satz 3.2.44 (*Ursache $\leadsto$ Grund*). *Sei Σ eine Signatur, $DB = (DB^a, DB^d, DB^c)$ eine Datenbasis und $DB^d \cup DB^c$ konsistent. Ist $kbed \in DB^c$, $C(DB) \cup \{kbed\}$ inkonsistent und $U \subseteq Lit_\Sigma$ ein Ursachenkandidat, so enthält $Gru(U)$ alle die Grundkandidaten g mit der Eigenschaft $C(DB \circ_G g) = C(DB) \circ_U U$.*

Es sei allerdings ausdrücklich darauf hingewiesen, daß $Gru(U)$ nicht nur Grundkandidaten enthält, sondern auch Literalmengen enthalten kann, die nicht alle Ursachen beheben. Dies geschieht dann, wenn zwei Ursachenliterale zusammen mit den Regeln etwas Gegenteiliges aussagen. Hierzu ein Beispiel:

Beispiel 3.2.45 $DB := (\{a\}, \{b \Longrightarrow a, b \Longrightarrow c\}, \{\neg a \wedge c\})$
Sei $U = \{a, \neg c\}$. Dann ist $G^+(a) = \{\{a\}\}$ und $G^-(\neg c) = \{\{\neg c\}, \{\neg b\}\}$. $Gru(U)$ ist dann $Gru(U) = \{\{a, \neg c\}, \{a, \neg b\}\}$. Es gilt $C(DB \circ_G \{a, \neg c\}) = \{\neg a, \neg b, c\}$, also $C(DB \circ_G \{a, \neg c\}) \neq C(DB) \circ_U U$.

Weiter gilt, daß es nicht immer einen Grundkandidaten für einen Ursachenkandidaten geben muß, wie folgendes Beispiel zeigt.

Beispiel 3.2.46 $DB := (\{a, b\}, \{a \wedge b \Longrightarrow c_1, a \wedge b \Longrightarrow c_2\}, \{a \wedge b \wedge c_1 \wedge \neg c_2\})$. *Dann ist $C(DB) = \{a, b, c_1, c_2\}$. Die Ursache ist $U = \{c_2\}$. Es gibt aber kein g, so daß $C(DB \circ_G k) \cup g$ konsistent ist. Es müßte die zweite Regel entfernt werden.*

Auf ein Hinzufügen von Regeln kann aber immer verzichtet werden, wie folgende Überlegung zeigt. $M(DB) \subseteq H(DB)$ (H = Herbranduniversum) und H(DB) ist endlich, also reicht eine endliche Menge von Fakten aus, um M(DB) zu repräsentieren. Dies ist aber unschön, wenn man bedenkt, daß bspw. eine transitive Hülle explizit angegeben werden muß.

Die umgekehrte Richtung, nämlich der Zusammenhang zwischen Grund und Ursache ist trivial, wie folgende Überlegung zeigt. Wird die Differenz zweier Mengen von Literalen wie folgt definiert, ergibt sich sofort der sich anschließende Satz.

Definition 3.2.47 *Sei Σ eine Signatur, $A, B \subseteq Lit_\Sigma$. $\Delta(A, B) := \{\bar{a} | a \notin A, a \in B\} \cup \{a | a \in A, a \notin B\}$.*

Satz 3.2.48 (*Grund $\leadsto$ Ursache*). *Sei Σ eine Signatur und $G \subseteq Lit_\Sigma$ eine Menge von geschlossenen Literalen. Dann gilt folgende Gleichung:*

$$C(DB) \circ_U \Delta(C(DB), C(DB \circ_G G)) = C(DB \circ_G G).$$

Als letzte offene Fragestellung für dieses Unterkapitel bleibt der Zusammenhang zwischen einer verletzten Konsistenzbedingung und der Ursache. Ist f die Matrix einer Konsistenzbedingung $\forall x_1, ..., \forall x_n f$, so liegt es nahe, alle Substitutionen σ zu betrachten, für die, bei gegebener Datenbasis DB, $C(DB) \not\models f\sigma$ gilt. Um dann von diesen Instantiierungen von f auf die Ursache der Konsistenzverletzung zu schließen, liegt es nahe, die disjunktive Normalform von $\bigwedge_\sigma f\sigma$ zu berechnen. Dies sei an folgendem Beispiel verdeutlicht.

Beispiel 3.2.49 *$DB := (\{a(t_1), a(t_2)\}, \emptyset, \{\forall x\ a(x) \implies b(x)\})$. Dann ist die Konsistenzbedingung für $x = t_1$ und für $x = t_2$ verletzt. Um die Konsistenzbedingung zu erfüllen, müßte also $(a(t_1) \implies b(t_1)) \wedge (a(t_2) \implies b(t_2))$ gelten. Die disjunktive Normalform dieser Formel lautet:*
$(\neg a(t_1) \wedge \neg a(t_2)) \vee (\neg a(t_1) \wedge b(t_2)) \vee (b(t_1) \wedge \neg a(t_2)) \vee (b(t_1) \wedge b(t_2))$.
Der Leser möge sich davon überzeugen, daß die Konsistenzverletzung in DB gerade die folgenden vier Ursachenkandidaten hat, nämlich:

- *$U_1 = \{a(t_1), a(t_2)\}$,*
- *$U_2 = \{a(t_1), \neg b(t_2)\}$,*
- *$U_3 = \{\neg b(t_1), a(t_2)\}$,*
- *$U_4 = \{\neg b(t_1), \neg b(t_2)\}$.*

Die Schwierigkeiten tauchen erst durch die Verwendung des Existenzquantors auf, da dort jedes $k \in K_\Sigma$ als mögliche Instantiierung für eine existenzquantifizierte Variable in Frage kommt.

Der Leser, der sich mit der Auswertung von Anfragen in deduktiven Datenbanksystemen beschäftigt hat, wird den Begriff der Bereichsbeschränktheit kennen und sich evtl. fragen, ob dieser nicht hier von Nutzen sein kann. Bevor ich dieser Frage nachgehe, gebe ich eine kurze Erläuterung des Problems für Anfragen. Anschließend folgt eine Definition für Bereichsbeschränktheit und die Menge der Restriktionsliterale. Die Bedeutung der letzteren für das oben angeführte Problem wird dann anhand von Beispielen erläutert.

Eine Anfrage wird üblicherweise wie folgt definiert.

Definition 3.2.50 (Anfrage). *Sei Σ eine Signatur, DB eine Datenbasis. Dann ist eine Anfrage eine nicht notwendigerweise geschlossene Formel $f \in For_\Sigma$. Die Antwort auf eine Anfrage ist definiert als die Menge aller Substitutionen $\sigma \in Subst$, die $C(DB) \models f\sigma$ erfüllen, wobei $f\sigma$ geschlossen ist.*

Es erhebt sich nun die Frage, wieviele solche σ es gibt und ob alle solchen σ eine sinnvolle Antwort darstellen. Zur Klärung des Sachverhaltes betrachte ich die folgende Beispieldatenbasis.

Beispiel 3.2.51 *Sei $DB = (\{p(a), p(b)\}, \emptyset, \emptyset)$ eine Datenbasis. Die Antwort auf die bereichsbeschränkte Anfrage $p(x)$ ist dann $\{[x \leftarrow a], [x \leftarrow b]\}$.*

Diese beiden Antworten erscheinen sinnvoll für die Anfrage. Das folgende Beispiel zeigt eine nicht bereichsbeschränkte Anfrage.

Beispiel 3.2.52 *Die Datenbasis sei die gleiche wie im vorangegangenen Beispiel. Die Anfrage lautet nun $\neg q(x)$. Die Antwort auf diese Anfrage umfaßt nun für alle $k \in K_\Sigma$ $[x \leftarrow k]$.*

Dies sind zum einen unendlich viele, zum anderen kommen aber auch Konstanten in der Antwort vor, die nicht in der Datenbasis vorkommen, das heißt auch keine Bedeutung für den Benutzer haben. Um dieses Problem zu beheben, ließe sich in diesem Beispiel die Anfrage zu $p(x) \wedge \neg q(x)$ umformulieren. nun erhielte man $\{[x \leftarrow a], [x \leftarrow b]\}$ als sinnvolle Antwort. Diese Anfrage ist wieder bereichsbeschränkt.

In Konsistenzbedingungen sind alle Variablen quantifiziert. Die folgende Definition der Bereichsbeschränktheit, in Anlehnung an [77], gewährleistet, daß allen Variablen in einer Konsistenzbedingung, die der Definition genügt, ein endlicher Bereich zugeordnet wird. Diesen bei der Auswertung der Konsistenzbedingung zur Instantiierung der Variablen zu berücksichtigen, ist dann ausreichend.

Definition 3.2.53 (Bereichsbeschränktheit, Restriktionsliterale). *Sei Σ eine Signatur, DB eine Datenbasis. Eine Konsistenzbedingung $f \in DB^c$ heißt bereichsbeschränkt, wenn sie folgende Bedingungen erfüllt:*

- *Jede $\forall$-quantifizierte Variable kommt in wenigstens einem negativen Literal in jeder Disjunktion der konjunktiven Normalform der Matrix von f vor. Die negativen Literale, in denen eine $\forall$-quantifizierte Variable vorkommt, heißen deren Restriktionsliterale.*
- *Für jede $\exists$-quantifizierte Variable, die in einem negativen Literal in der konjunktiven Normalform der Matrix von f vorkommt, gibt es eine Disjunktion in derselben, die nur positive Literale enthält, von denen jedes diese Variable als Argument hat. Die positiven Literale, in denen eine $\exists$-quantifizierte Variable vorkommt, heißen deren Restriktionsliterale.*

Wie sich herausstellt, gilt für die in der Praxis vorkommenden Konsistenzbedingungen, daß sie diesen Bedingungen genügen.

Betrachten wir nun folgendes Beispiel.

Beispiel 3.2.54 *Sei $DB = (\{p(a), q(a), p(b)\}, \emptyset, \{\exists x p(x) \wedge q(x) \wedge r(x)\})$ eine Datenbasis.*

Die Konsistenzbedingung ist bereichsbeschränkt, und eine naheliegende Ursache für die Konsistenzverletzung ist $\{r(a)\}$. Man könnte also behaupten, daß eine Instantiierung für eine $\exists$-quantifizierte Variable desto wahrscheinlicher ist, je mehr Restriktionsliterale sie erfüllt. Dies stellt sicherlich einen guten Ansatzpunkt für eine Heuristik zur Auswahl einer Instantiierung dar, löst aber keineswegs unser Ausgangsproblem. Weitere Ursachen sind nämlich $\{q(b), r(b)\}$ und

$\{p(c), q(c), r(c)\}$ für jedes $c \in K_\Sigma$. Insbesondere im Fall, daß es keine Instantiierung gibt, die auch nur ein Restriktionsliteral erfüllt, muß man alle in der Datenbasis vorkommenden Konstanten oder aber sogar auch alle nicht in der Datenbasis vorkommenden Konstanten aus K_Σ berücksichtigen. Ist dies der Fall, so sollten natürlich nicht alle, u.U. unendlich viele Ursachen an den Benutzer gegeben werden, sondern nur eine allgemeine Nachricht erfolgen, daß eine solche Konstante mit den entsprechenden Bedingungen eingefügt werden sollte. Dies geschieht über einen Konstantenplatzhalter für diese "vergessene" Konstante (vk). Es bleibt also festzuhalten, daß der Begriff der Bereichsbeschränktheit nicht das Ausgangsproblem löst, es muß noch ein Konstantenplatzhalter eingeführt werden, er stellt aber sehr wohl eine Hilfe bei der Auswahl einer Ursache dar.

Bevor ich eine Funktion definiere, die einer verletzten Konsistenzbedingung eine Menge von Ursachen zuweist, werden einige Hilfsfunktionen benötigt.

Definition 3.2.55 (DNF).   *Sei Σ eine Signatur, $f \in For_\Sigma$. Dann sei DNF(f) eine minimale disjunktive Normalform von f.*

Man kann sich DNF(f) als einen Operator vorstellen, der für eine gegebene Formel f eine minimale disjunktive Normalform berechnet. (Man vergleiche den Operator, der aus einer Formel in konjunktiver Normalform eine in disjunktiver Normalform herstellt, mit dem Operator *RED*.)

Definition 3.2.56 (setDNF).   *Sei Σ eine Signatur, $f \in For_\Sigma$ und*
$DNF(m(f)) = \bigvee_{1 \leq i \leq n} \bigwedge_{1 \leq j \leq m_i} r_{i,j}$.
Dann ist

$$setDNF(f) := \{\{r_{i,j} | 1 \leq j \leq m_i\} | 1 \leq i \leq n\}.$$

Bereits in der Definition einer Datenbasis wurde verlangt, daß die Konsistenzbedingungen widerspruchsfrei sind, da sonst die Definition der Konsistenz einer Datenbasis keinen Sinn macht. Leider ist dadurch noch nicht allen Anomalien vorgebeugt. Die Formel

$$\forall x \, (p(x) \Longrightarrow q(x)) \wedge (\neg q(a))$$

enthält eine Anomalie. Man betrachte dazu eine Faktenbasis, die $p(a)$ enthält. Der erste Teil der Konsistenzbedingung, die Implikation, ist somit verletzt. Ein Grundkandidat ist $q(a)$. Zufügen von $q(a)$ führt aber zu einem Widerspruch mit der zweiten Hälfte der Konsistenzbedingung. Betrachtet man die disjunktive Normalform dieser Formel, so sieht man die Anomalie deutlicher:

$$\forall x \, (\neg p(x) \wedge \neg q(a)) \vee (q(x) \wedge \neg q(a))$$

Man sieht, daß die zweite Disjunktion eine Instantiierung enthält, die einen Widerspruch darstellt, nämlich $q(a) \wedge \neg q(a)$. Dies veranlaßt die Definition der inhärenten Widerspruchsfreiheit.

Definition 3.2.57 (inhärenter Widerspruch). *Sei Σ eine Signatur und $f \in For_\Sigma$ eine Formel. Dann heißt f inhärent widersprüchlich (oder f enthält einen inhärenten Widerspruch), falls $setDNF(f)$ eine Menge s enthält, für die es eine Substitution σ gibt, so daß $s\sigma$ inkonsistent ist. Ist f nicht inhärent widersprüchlich, so heißt f inhärent widerspruchsfrei.*

Ich setze von nun an voraus, daß alle Konsistenzbedingungen inhärent widerspruchsfrei sind. Diese Bedingung ist nicht wesentlich, wie in Kapitel 5 nachgewiesen werden wird. Dort wird ein Mechanismus vorgestellt, mit dem diese Formeln einfach behandelt werden können.

Um die Bedeutung der oben genannten Funktion vk zu fassen, lege ich folgendes fest. Sei Σ eine Signatur und $vk : \bigcup_n K_\Sigma^n \longrightarrow K_\Sigma$ eine Abbildung, die für alle n, allen n-Tupeln aus K_Σ^n eine Konstante zuordnet. Wird in einer Formel eine Variable x durch einen Ausdruck der Form $vk(k_1, ..., k_n)$ ersetzt, so wird der Ausdruck durch den Wert der Funktion vk an der Stelle $(k_1, ..., k_n)$ ersetzt, bevor die Formel interpretiert wird. Es sei explizit darauf hingewiesen, daß vk nicht zum Objektvokabular der Sprache gehört. Man könnte sie von daher als Meta-Skolem-Funktion ([95]) betrachten.

Die folgende Definition faßt den unerfüllbaren Anteil einer verletzten Konsistenzbedingung. Das Resultat ist eine Formel, die mit Hilfe von $setDNF$ direkt auf eine Menge von Ursachen abgebildet werden kann.

Definition 3.2.58 ($Inst_{DB}$). *Sei Σ eine Signatur, DB eine Datenbasis, $kbed \in DB^c$, $C(DB) \cup \{kbed\}$ inkonsistent. Dann ist $Inst_{DB} : For_\Sigma \longrightarrow For_\Sigma$ bzw. $Inst_{DB} : For_\Sigma \times For_\Sigma \times Subst \longrightarrow For_\Sigma$ wie folgt definiert. $Inst_{DB}(kbed) := Inst_{DB}(kbed, kbed, \epsilon)$ und für $DNF(m(f)) = \bigvee_i \bigwedge_j r_{i,j}$ $Inst_{DB}(f, kbed, \theta)$*

$$:= \begin{cases} \bigvee_i \bigwedge_{j, C(DB) \not\models r_{i,j}} r_{i,j} & \text{falls } f = m(f) \\ \bigwedge_{\tau, C(DB) \not\models g\tau} Inst_{DB}(g, kbed, \theta\tau) & \text{falls } f = \forall x g \\ Inst_{DB}(g\tau(f, DB, kbed, \theta), kbed, \theta\tau(f, DB, kbed, \theta)) & \text{falls } f = \exists x g \end{cases}$$

Hierbei ist $\tau(f, DB, kbed, \theta) = [x \leftarrow vk(x_1, ..., x_n)\theta]$ falls $kbed = Q_1 x_1, ..., Q_n x_n f$ und $Q_i \in \{\forall, \exists\}$.

Der Beweis des entscheidenden Satzes (über den Zusammenhang zwischen verletzter Konsistenzbedingung und Ursache) erfordert folgendes Lemma: (Man vergleiche auch diese Konstruktion wieder mit den Operator RED.)

Lemma 3.2.59 *Sei Σ eine Signatur und die $f_i \in For_\Sigma$ Formeln mit $C(DB) \cup \{f_i\}$ inkonsistent. Dann gilt $setDNF(\bigwedge_i Inst_{DB}(f_i)) = \{d | ex.\ d_i \in setDNF(Inst(f_i)), d = \bigcup_i d_i\}$.*

Beweis 3.2.60 (Skizze). *Für $DNF(Inst_{DB}(f_i)) = \bigvee_s \bigwedge_t f_{s,t}(i)$ gilt*

$$setDNF(Inst_{DB}(f_i)) = \{\{f_{s,t}(i) | t\} | s\}.$$

Es folgt:

$setDNF(\bigwedge_i Inst_{DB}(f_i))$
$= setDNF(\bigwedge_i DNF(Inst(f_i)))$
$= setDNF(\bigwedge_i \bigvee_s \bigwedge_t f_{s,t}(i))$
$= setDNF(\bigvee_{d \in D} \bigwedge_{f \in d} f)$, *wobei* $D := \{d|\ f.a.\ i\ ex.\ s(i) : d_i = \{f_{s(i),t}(i)|t\}$
   und $d = \bigcup_i d_i\}$
$= \{d|d \in D\}.$

Es folgt die Behauptung.

Satz 3.2.61 (Konsistenzbedingung - Ursache). *Sei Σ eine Signatur, DB eine Datenbasis, $f \in DB^c$ eine inhärent widerspruchsfreie Konsistenzbedingung, $C(DB) \cup \{f\}$ inkonsistent. Dann gilt, daß $setDNF(Inst_{DB}(f))$ alle und nur solche Mengen $U \subseteq Lit_\Sigma$ enthält, die $C(DB) \circ_U U \models f$ erfüllen. Dabei muß und kann vk für ein gegebenes U passend gewählt werden.*

Beweis 3.2.62 *Beweis durch strukturelle Induktion über den Aufbau von f.*

$f = m(f)$ **geschlossen** *Sei $DNF(f) = \bigvee_i \bigwedge_j r_{i,j}$, dann folgt die Behauptung direkt aus der folgenden Beobachtung, der Minimalität von DNF und der inhärenten Widerspruchsfreiheit von f:*

   $C(DB) \models f$
   $\prec\!\succ C(DB) \models \bigvee_i \bigwedge_j r_{i,j}$
   $\prec\!\succ ex.\ i_0 : C(DB) \models \bigwedge_j r_{i_0,j}$
   $\prec\!\succ ex.\ i_0,\ f.a.\ j : C(DB) \models r_{i_0,j}$

$f = \forall x g$ *Seien $k_1,..,k_n \in K_\Sigma$ alle Elemente aus K_Σ, so daß $C(DB) \not\models g[x \leftarrow k_i]$. Es ist $n \geq 1$, da $C(DB) \not\models f$.*
Nach Induktionsvoraussetzung existieren $U_i \in setDNF(Inst_{DB}(g[x \leftarrow k_i]))$ mit $C(DB) \circ_U U_i \models g[x \leftarrow k_i]$, U_i minimal und $U_i \subseteq U$.
Da $C(DB) \circ_u \bigcup_i U_i \models f$, gilt wegen der Minimalität von U: $U = \bigcup_i U_i$ und aus dem Lemma folgt $U \in setDNF(Inst_{DB}(f))$. Auf der anderen Seite setzt sich aber jedes $U \in setDNF(Inst_{DB}(f))$ auf die im Lemma angegebene Art und Weise aus minimalen U_i zusammen, so daß $setDNF(Inst_{DB}(f))$ nur minimale solche Mengen enthält.

$f = \exists x g$ *Aus den beiden folgenden Zwischenbehauptungen folgt die Behauptung des Satzes:*

1. *f.a. $U \in setDNF(Inst_{DB}(f))$ und vk gilt: $\succ C(DB) \circ_U U \models f$ und U minimal. Dies folgt direkt aus der Induktionshypothese für g.*

2. *f.a. U mit $C(DB) \circ_U U \models f$ gilt: ex. vk : $U \in setDNF(Inst_{DB}(f))$. Dies sieht man folgendermaßen: Da $C(DB) \circ_U U \models \exists x g$ gilt, gibt es eine Konstante $k \in K_\Sigma$ für die $C(DB) \circ_U U \models g[x \leftarrow k]$ gilt. Da alle in der Definition von $Inst_{DB}$ benutzten Terme $vk(x_1,...,x_n)$ verschieden sind, kann $vk(x_1,...,x_n) = k$ gesetzt werden, und es folgt die Behauptung mit der Induktionshypothese.*

4. Algorithmen

Es ist an der Zeit, die Früchte der theoretischen Überlegungen des vorangegangenen Kapitels zu ernten. Dies wird in der Form mehrerer Algorithmen geschehen, die für eine durch eine Transaktion verursachte Inkonsistenz die möglichen Reparaturvorschläge liefern. Da die Aufgabe relativ komplex ist, wird sie in Teilaufgaben zerlegt; jede Teilaufgabe wird dann von einem Modul abgedeckt. Die Spezifikationen einiger Module orientieren sich an den Ergebnissen des vorangegangenen Kapitels. Um jedoch eine einheitliche Darstellung der Spezifikationen sämtlicher Moduln zu erreichen, werde ich die oben erwähnten Module neu, in einer einheitlichen Sprache formal spezifizieren. Diese Sprache orientiert sich an der für algebraische Spezifikation gebräuchlichen Notation. Einen Gesamtüberblick über das System, ebenso wie die Spezifikationen der Moduln liefert das erste Unterkapitel. Die weiteren Unterkapitel beschäftigen sich mit der Realisierung oder besser Algorithmisierung je eines nicht trivialen Moduls.

4.1 Gesamtüberblick und Spezifikation

Das Gesamtsystem wird durch Abbildung 4.1 dargestellt, wobei die Pfeile den Informationsfluß andeuten. Ich werde die Module in "bottom-up"-Reihenfolge besprechen. Zunächst jedoch einige Anmerkungen allgemeiner Art. Die einen Modul ausmachenden Funktionen haben Eingabeparameter und Funktionswerte. Um eine möglichst elegante Lösung zu gewährleisten, beschränke ich die dafür benutzten Typen auf ein Minimum. Mehr noch, falls irgendmöglich, beschränke ich die Eingabe auf eine Formel und eine Datenbasis und die Ausgabe auf Substitutionen. Die Typen Formel und Substitution werden als Grundtypen betrachtet, ebenso die Konstruktionen der Potenzmengenbildung und des Kreuzproduktes.

Der in Abbildung 4.1 mit "Verwaltung der Datenbasis" bezeichnete Modul stellt Funktionen zur Verfügung, um eine leere Datenbasis zu erzeugen, Fakten/Regeln/Konsistenzbedingungen in eine bestehende oder aus einer bestehenden Datenbasis ein- bzw. auszufügen. Die erstgenannte Funktion dient zur Systeminitialisierung. Die anderen Funktionen werden vom Modul Transaktionsverwaltung benutzt, um die Datenbasis in entsprechender Art und Weise gemäß einer Transaktion zu manipulieren. Eine weitere Funktion des Datenbasis-Moduls wird von der Anfragebearbeitung aufgerufen und liefert für ein Atom alle Substitutionen, für die gilt, daß die durch Anwenden der Substitutionen auf das Atom entstehenden Fakten in der Faktenbasis (DB^a) enthalten sind. Zwei wei-

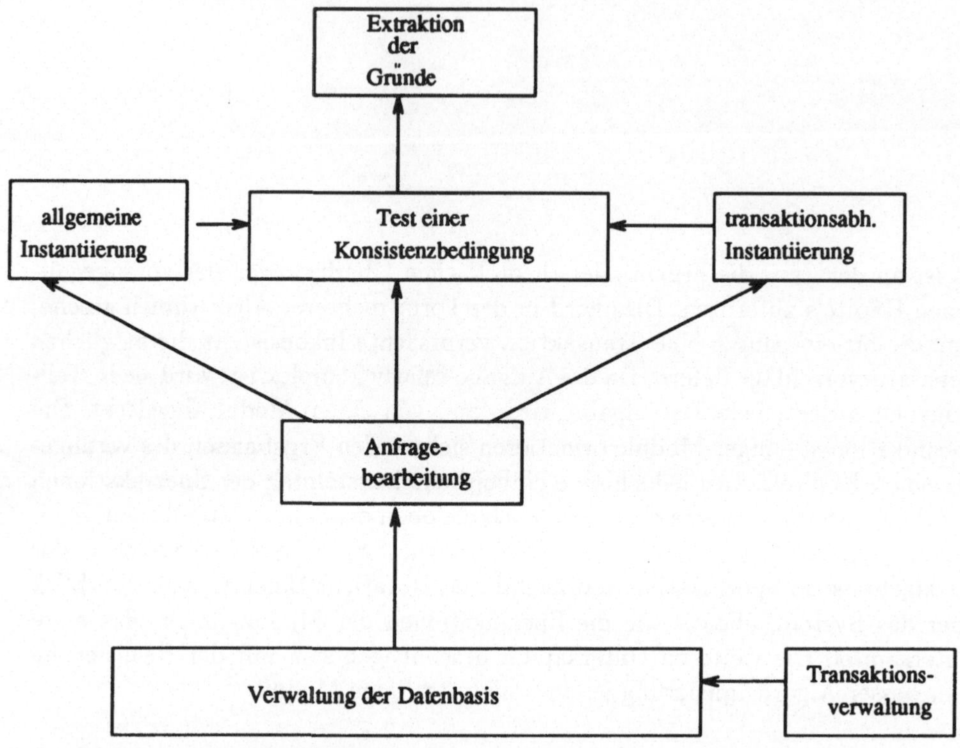

Abb. 4.1. Systemarchitektur

tere Funktionen dienen dem Lesen der Regeln und Konsistenzbedingungen aus DB^d und DB^c. Somit ergibt sich folgende Spezifikation des Datenbasisverwaltungsmoduls.

Spezifikation 4.1.1 (Verwaltung der Datenbasis).   *Sei Σ eine Signatur.*

$$
\begin{array}{lll}
\mathbf{begin} & & \\
empty & : & \longrightarrow Dbase_\Sigma \\
add^a & : Fak_\Sigma \times Dbase_\Sigma & \longrightarrow Dbase_\Sigma \\
del^a & : Fak_\Sigma \times Dbase_\Sigma & \longrightarrow Dbase_\Sigma \\
add^d & : Reg_\Sigma \times Dbase_\Sigma & \longrightarrow Dbase_\Sigma \\
del^d & : Reg_\Sigma \times Dbase_\Sigma & \longrightarrow Dbase_\Sigma \\
add^c & : Kbed_\Sigma \times Dbase_\Sigma & \longrightarrow Dbase_\Sigma \\
del^c & : Kbed_\Sigma \times Dbase_\Sigma & \longrightarrow Dbase_\Sigma \\
get^a & : At_\Sigma \times Dbase_\Sigma & \longrightarrow \mathcal{P}(Subst) \\
get^d & : At_\Sigma \times Dbase_\Sigma & \longrightarrow \mathcal{P}(Reg_\Sigma) \\
get^c & : Dbase_\Sigma & \longrightarrow \mathcal{P}(Kbed_\Sigma)
\end{array}
$$

with

$$
\begin{aligned}
empty() &:= (\emptyset, \emptyset, \emptyset) \\
add^a(a, (DB^a, DB^d, DB^c)) &:= (DB^a \cup \{a\}, DB^d, DB^c) \\
del^a((a, (DB^a, DB^d, DB^c)) &:= (DB^a \setminus \{a\}, DB^d, DB^c) \\
add^d(r, (DB^a, DB^d, DB^c)) &:= (DB^a, DB^d \cup \{d\}, DB^c) \\
del^d(r, (DB^a, DB^d, DB^c)) &:= (DB^a, DB^d \setminus \{d\}, DB^c) \\
add^c(c, (DB^a, DB^d, DB^c)) &:= (DB^a, DB^d, DB^c \cup \{c\}) \\
del^c(c, (DB^a, DB^d, DB^c)) &:= (DB^a, DB^d, DB^c \setminus \{c\}) \\
get^a(a, (DB^a, DB^d, DB^c)) &:= \{\theta | a\theta \in DB^a\} \\
get^d(a, (DB^a, DB^d, DB^c)) &:= \{r | m(r) = l_1, \ldots, l_n \Longrightarrow l_{n+1}, ex.\ \sigma : a = l_{n+1}\sigma\} \\
get^c((DB^a, DB^d, DB^c)) &:= DB^c
\end{aligned}
$$

end

Der jetzt zu betrachtende Modul ist leicht zu spezifizieren. Die Transaktionsverwaltung (vgl 3.1.12) stellt lediglich zwei Funktionen zur Verfügung. Die erste führt eine gegebene Transaktion auf einer ebenfalls gegebenen Datenbasis aus, die zweite macht die Wirkung einer durchgeführten Transaktion wieder rückgängig. Insgesamt ergibt sich folgende Spezifikation.

Spezifikation 4.1.2 (Transaktionsverwaltung). *Sei Σ eine Signatur.*
begin

$$
\begin{aligned}
execute &: Trans_\Sigma \times Dbase_\Sigma \longrightarrow Dbase_\Sigma \\
rollback &: Trans_\Sigma \times Dbase_\Sigma \longrightarrow Dbase_\Sigma
\end{aligned}
$$

with

$$
\begin{aligned}
execute(TA, DB) &:= TA(DB) \\
rollback(TA, DB) &:= DB',\ mit\ TA(DB') = DB
\end{aligned}
$$

end

Das nächste Modul, die Anfragebearbeitung, ist einfach zu spezifizieren, aber erheblich schwieriger zu implementieren. Es ist daher auch eines der Module, dessen Implementierung ein eigenes Unterkapitel (4.2) gewidmet ist. Die Aufgabe dieses Moduls ist es, Auskunft über M(DB) (s. Def. 3.1.3) zu erteilen. Es enthält also einen Inferenzmechanismus, um die Regeln zu bearbeiten. Genauer ist die Eingabe der einzigen Funktion dieses Moduls eine Menge von Atomen. Man stelle sich diese mit "und" verknüpft vor. Die Antwort ist dann eine Menge von Substitutionen, von denen jede Folgendes erfüllt: Für jedes Atom in der Eingabemenge ist das Ergebnis der Substitution angewandt auf dieses Atom in M(DB) enthalten. Formal liest sich dies wie folgt.

Spezifikation 4.1.3 (Anfragebearbeitung).
begin
$query : \mathcal{P}(At_\Sigma) \times Dbase_\Sigma \longrightarrow \mathcal{P}(Subst)$
with
$query(\{a_1, ..., a_n\}, DB) := \{\theta | a_j\theta \in M(DB), f.a.1 \leq j \leq n\}$
end

Die nächsten drei in Abbildung 4.1 auf einer Ebene dargestellten Module
(allgemeine Instantiierung, transaktionsorientierte Instantiierung und Test von
Konsistenzbedingungen) sind sehr eng miteinander verwoben, da sie dem einen
Zweck dienen, die Konsistenz einer Datenbasis (s. Def. 3.1.10) zu überprüfen.
Dabei wird die dritte der Äquivalenzen aus Satz 3.1.11 realisiert. Das Verständnis eines Moduls, ohne die beiden anderen zu kennen, wird dadurch erheblich
erschwert. Ich werde diese Module daher en bloc besprechen. Da die Form eines Textes Sequentialität erzwingt, muß mit einem Modul begonnen werden.
Ich werde mit dem Modul, der den Test von Konsistenzbedingungen realisieren
soll, beginnen und aus der Besprechung derselben die Notwendigkeit der beiden anderen Module herleiten. Diese Notwendigkeit besteht im wesentlichen aus
Effizienzgründen. Die nachstehende Datenbasis dient der Illustration.

Beispiel 4.1.4 $DB = (\{p(a), q(a,b), q(a,c), r(c)\}, \emptyset, \{\forall x \exists y\ p(x) \Longrightarrow q(x,y) \wedge r(y)\})$

Um die Konsistenz dieser Datenbasis zu gewährleisten, muß

$$C(DB) \models \forall x \exists y\ p(x) \Longrightarrow q(x,y) \wedge r(y)$$

gelten. Ein Blick in die Definition der Formelauswertung zeigt, daß dies wegen
der in der Definition der Interpretation geforderten Bijektivität äquivalent ist
zur Forderung für alle $k \in K_\Sigma$ gilt $C(DB) \models \exists y\ p(x) \Longrightarrow q(x,y) \wedge r(y)[x \leftarrow k]$.

Dies sind aber u.U. unendlich viele Konstanten, und somit ist ein solcher
Test nicht effektiv durchführbar. Glücklicherweise reicht es aber aus, diesen Test
auf alle in der Datenbasis vorkommenden Konstanten zu beschränken. Dies, da
die Konsistenzbedingung bereichsbeschränkt ist. Die obige Forderung ist somit
äquivalent zu: $C(DB) \models \exists y\ p(x) \Longrightarrow q(x,y) \wedge r(y)[x \leftarrow k]$, f.a. $k \in \{a, b, c\}$.

Aber auch hier wird noch zuviel getestet. Die Matrix der Konsistenzbedin-
gung kann nur verletzt sein, falls es ein k_0 gibt, so daß $\forall y\ p(k_0) \wedge (\neg q(k_0, y) \vee \neg r(y))$
gilt. Es genügt also, die k auf alle Konstanten zu beschränken, die, eingesetzt
in das Restriktionsliteral, dieses aus der Datenbasis ableitbar machen, also die
$DB \models p(x)[x \leftarrow k]$ erfüllen. In diesem Fall genügt lediglich a dieser Bedingung.
Somit ist die Datenbasis konsistent genau dann, wenn $C(DB) \models \exists y\ p(x) \Longrightarrow$
$q(x,y) \wedge r(y)[x \leftarrow a]$ gilt. Da die Gültigkeit von $p(a)$ bereits geklärt ist, kann
dieses Literal ebenfalls entfallen, und man erhält: $C(DB) \models \exists y\ q(a,y) \wedge r(y)$.

Auch hier ist es nicht notwendig alle Instantiierungen für y zu testen, um
eine zu finden, die der Konsistenzbedingung genügt. Man kann, wie oben, die
Restriktionsliterale für y ausnutzen, um als einzige Substitution $[y \leftarrow c]$ herzuleiten. Nach Streichen der erfüllten Restriktionsliterale erhält man die leere
Konjunktion, die immer erfüllt ist. Somit ist die Datenbasis konsistent.

Das hier beschriebene Verfahren, das Heraussuchen der Restriktionsliterale,
Ableiten der Substitutionen und Zusammenstreichen der Konsistenzbedingung
ist Aufgabe des Moduls allgemeine Instantiierung (Unterkapitel 4.3). Diese wird
erweitert, indem man sich nicht auf eine Variable beschränkt, sondern immer

gleich Gruppen von Variablen mit gleichem Quantor betrachtet. Dazu ein Beispiel.

Beispiel 4.1.5 *Sei folgende Datenbasis gegeben:*
$$DB = (\{p(a,b), p(c,d), q(a,b), q(c,d)\}, \emptyset, \{\forall x \forall y \; p(x,y) \Longrightarrow q(x,y)\})$$

Das Modul allgemeine Instantiierung erkennt also zunächst, daß hier zwei $\forall$-Quantoren direkt hintereinander stehen. Quantifiziert werden die Variablen x und y. In einem zweiten Schritt werden die Restriktionsliterale berechnet. In diesem Beispiel gibt es nur eins, nämlich $p(x,y)$. Im dritten Schritt wird nun die Anfragebearbeitung aufgefordert, alle ableitbaren Instantiierungen dieses Literals zu liefern. Dies ergibt $\{[x \leftarrow a, y \leftarrow b], [x \leftarrow c, y \leftarrow d]\}$ und die vereinfachte Konsistenzbedingung $q(x,y)$. Das betrachtete Restriktionsliteral konnte dabei aus der Konsistenzbedingung gestrichen werden, da es bereits als ableitbar erkannt wurde.

Mit diesem Ergebnis könnte man zufrieden sein. Man kann $\forall$– und $\exists$– Quantoren gleichermaßen effizient bearbeiten. Es sei daran erinnert, daß man sich sowohl in DATALOG als auch in Prolog auf $\forall$–Quantoren beschränkt hat.

Es ist aber eine weitere Verbesserung der Effizienz möglich, da in der hier untersuchten Anwendung die Transaktion als Verursacher der Inkonsistenz bekannt ist. Dazu greife ich das obige Beispiel wieder auf, gebe aber zusätzlich eine Transaktion an, die die Konsistenz der Datenbasis verletzt.

Beispiel 4.1.6 *Seien folgende Datenbasis*
$$DB = (\{p(a), q(a,b), q(a,c), r(c)\}, \emptyset, \{\forall x \exists y \; p(x) \Longrightarrow q(x,y) \wedge r(y)\})$$

und folgende Transaktion
$$TA = add(p(b))$$
gegeben.

Die allgemeine Instantiierung liefert für die Datenbasis TA(DB) die Substitutionen $[x \leftarrow a]$ und $[x \leftarrow b]$. Es ist aber offensichtlich, daß lediglich $C(TA(DB)) \models \exists y \; p(x) \Longrightarrow q(x,y) \wedge r(y)[x \leftarrow b]$ geprüft werden muß, da die Datenbasis vor der Ausführung der Transaktion TA konsistent war, kein Faktum der Form q(...) oder r(...) gelöscht wurde und nur p(b) hinzugefügt worden ist.

Ein erstes Verfahren, das Rückschlüsse von der Transaktion auf die notwendigen Instantiierungen zu ziehen erlaubt, wurde für relationale Datenbasen in [77] vorgestellt. Basierend auf diesem Verfahren gibt es zwei Erweiterungen für deduktive Datenbasen, nämlich [62] und [52]. Doch beide Verfahren weisen Ineffizienzen auf, die in einem weiteren Verfahren ([71]), einem Hybrid aus [62] und [52], beseitigt werden konnten. Da eine Beschreibung dieses Verfahrens sehr umfangreich ist, wurde auch der transaktionsabhängigen Instantiierung ein eigenes Unterkapitel (4.4) eingeräumt.

Die Spezifikationen der allgemeinen und der transaktionsorientierten Instantiierung sehen wie folgt aus.

Spezifikation 4.1.7 (allgemeine Instantiierung). *Sei $f = Q_1 x_1 ... Q_n x_n f' \in$
For_Σ eine Formel, bei der die Quantoren $Q_1 = ... = Q_n$ erfüllen. Die Restriktionsliterale der Variablen $x_1, ..., x_n$ seien mit $r_1, ..., r_m$ bezeichnet. f'' entstehe aus
f' durch Streichen der Restriktionsliterale in der Matrix. Dann ist die allgemeine
Instantiierung wie folgt definiert:*
begin
$$get - inst : Kbed_\Sigma \longrightarrow \mathcal{P}(Subst) \times For_\Sigma$$
with
$$get - inst(f) := (\{[x_1 \leftarrow t_1, ..., x_n \leftarrow t_n] | DB \models r_j[x_1 \leftarrow t_1, ..., x_n \leftarrow t_n], f.a.1 \leq j \leq m\}, f'')$$
end

Die transaktionsabhängige Instantiierung ist schwer exakt formal zu spezifizieren. Es sei hier auf das entsprechende Unterkapitel verwiesen. Vorerst genügt:

Spezifikation 4.1.8 (transaktionsabhängige Instantiierung).
*Seien f, f', $f'' \in For_\Sigma$ Formeln, DB eine Datenbasis und TA eine Transak-
tion. Es gelte $f = \forall x_1 ... \forall x_n f'$ und f'' entstehe aus f' durch Entfernen der
Restriktionsliterale. $\Theta \subseteq Subst$ sei die "kleinste" Menge für die gilt: $TA(DB)$
$\models f \prec\succ TA(DB) \models \bigwedge_{\theta \in \Theta} f'' \theta$. Dann ergibt sich für die transaktionsabhängige
Instantiierung nachstehende Spezifikation:*
begin
$$trans - inst : Kbed_\Sigma \times Trans_\Sigma \times Dbase_\Sigma \longrightarrow \mathcal{P}(Subst) \times For_\Sigma$$
with
$$trans - inst(f, TA, DB) := (\Theta, f'')$$
end

Wie wir sehen werden, bezieht sich der Zusatz "klein" nicht auf die reine
Größenordnung der Menge, sondern auch auf die möglichst einfache Berechnung
von Θ und einfache Entscheidung, ob $C(TA(DB)) \models f'' \theta$. Es ist also eher ein
rechenorientiertes Leistungsmaß. Das Optimum kann aber nicht erreicht werden.
Dies sollte aus dem entsprechenden Unterkapitel klar werden.

Zusammenfassend möchte ich an dieser Stelle noch einmal kurz das Zusammenspiel der bis jetzt spezifizierten Module erläutern. Dazu gehe ich von einer
gegebenen Datenbasis DB aus. Der Benutzer modifiziert nun diese Datenbasis. Dazu gibt er eine Transaktion an die Transaktionsverwaltung, die mit Hilfe
der Datenbasisverwaltung die Datenbasis entsprechend der Operationen in der
Transaktion modifiziert. Nachdem diese Modifikation geschehen ist, muß die Konsistenz der Datenbasis überprüft werden. Für jede Konsistenzbedingung werden
mit Hilfe der transaktionsorientierten Instantiierung für die erste Gruppe von
$\forall$-quantifizierten Variablen die zu betrachtenden Instantiierungen berechnet. Da
hierdurch nicht unbedingt alle Variablen instantiiert werden können (beispielsweise keine $\exists$-quantifizierten (s.u.)), müssen anschließend die Instantiierungen
der nicht berücksichtigten Variablen berechnet werden. Dies geschieht mit Hilfe

der allgemeinen Instantiierung. Das Ergebnis dieses Schrittes sind nun Matrizen m und Substitutionen σ für die dort vorkommenden Variablen, so daß $m\sigma$ geschlossen ist. Kann für alle m und σ $C(DB) \models m\sigma$ gezeigt werden, so ist die Datenbasis konsistent. Dies zu überprüfen ist eine Aufgabe des Moduls Test von Konsistenzbedingungen (s.u.).

Eine weitere Bemerkung sei an dieser Stelle angeführt. Diese betrifft die Tatsache, daß in einer Konsistenzbedingung f nur $\forall$–quantifizierte Variablen instantiiert werden, die nicht im Wirkungsbereich eines $\exists$-Quantor stehen. Hier liegt eine prinzipielle Schwäche aller Methoden, die von der Konsistenzbedingung auf die Instantiierungen einer Konsistenzbedingung schließen. Einige sehr einfache Beispiele erläutern, warum dies so ist.

Beispiel 4.1.9 $DB = (\{p(a)\}, \emptyset, \{\exists x\ p(x)\})$ *und* $TA = add(p(b))$

Die Konsistenzbedingung bleibt hier unberührt.

Beispiel 4.1.10 $DB = (\{p(a), p(b)\}, \emptyset, \{\exists x\ p(x)\})$ *und* $TA = del(p(b))$

Auch hier bleibt die Konsistenz der Datenbasis unberührt. Es gilt aber nicht: $C(TA(DB)) \models \exists x\ p(x) \prec\!\!\succ C(TA(DB)) \models p(x)[x \leftarrow b]$. Dies wäre die analoge Behandlung der $\exists$-Quantoren.

Das letzte Beispiel zeigt aber sehr wohl Ansatzpunkte zur Optimierung der Überprüfung von Konsistenzbedingungen mit $\exists$-Quantoren. Es zeigt, daß es sinnvoll sein kann, sich zu merken, welche Konstanten, in eine Konsistenzbedingung eingesetzt, diese erfüllen. Denn dann ist lediglich zu prüfen, ob die Aussagen über diese Konstanten durch die Transaktion betroffen wurden. Im obigen Beispiel hieße dies, a und b können vor Ausführung der Transaktion für x in $\exists x\ p(x)$ eingesetzt werden, da sowohl p(a) als auch p(b) gelten. Nach Ausführung der Transaktion gilt nicht länger $C(TA(DB)) \models p(b)$, also schrumpft die Menge der einsetzbaren Konstanten auf $\{a\}$ zusammen. Diese ist aber nicht leer, es gilt also immer noch $\exists x\ p(x)$, und somit besteht weiterhin Konsistenz.

Eine Idee, wie man welche redundante Daten zu halten und zu verwenden hat, um Konsistenztests effizienter durchzuführen zu können, ist in [15] enthalten. Hier werden bei relationalen Datenbasen Minima und Maxima über Attributwerte der Relationen gehalten, um Existenzbedingungen schnell zu testen. Eine weitere Methode für den schnellen Test von Existenzbedingungen wird in [33] vorgestellt, wobei man sich dort jedoch auf zu existierende Abhängigkeiten in relationalen Datenbasen beschränkt. Ich werde darauf nicht weiter eingehen. Meines Wissens gibt es kein Verfahren in der Literatur bei dem redundante Daten benutzt werden, um die Effizienz für den Test von Konsistenzbedingungen in deduktiven Datenbasen zu verbessern.

Nach diesem Durchlauf durch die beiden Instantiierungsmodule nun wieder zurück zum Test von Konsistenzbedingungen. Die einzige von diesem Modul exportierte Funktion bekommt als Eingabe eine Konsistenzbedingung, eine Transaktion und eine Datenbasis. Das Ergebnis besteht in erster Näherung aus einer

Teilformel f' der eingegebenen Konsistenzbedingung und einer Menge von Substitutionen σ, die genau die freien Variablen der Teilformel instantiieren, so daß $C(TA(DB)) \not\models f'\sigma$ gilt.

Das Aussehen und die Deutung der Teilformel f' und der Substitutionen hängt von den Quantoren der Konsistenzbedingung und von der Erfüllbarkeit der einzelnen Restriktionsliterale ab.

Zur Einführung in die Materie werden einige Beispiele dienen. Zunächst der einfachste Fall.

Beispiel 4.1.11 $DB := (\{p(a,a), p(b,b), q(a), q(b)\}, \emptyset, \{\forall x \forall y\; p(x,y) \implies q(x)\})$
und
$TA := add(p(c,c))$

Hier sind beide und somit alle Variablen $\forall$–quantifiziert. Dadurch treten keine Probleme auf. Die Prüfung der Konsistenzbedingung hat folgendes Ergebnis: $(q(x), [x \leftarrow c, y \leftarrow c])$.

Lediglich das Vorkommen von Existenzquantoren in der Konsistenzbedingung erschwert die Prüfung bzw. kompliziert das Ergebnis derselben. Die Beobachtungen sind hier ähnlich denen, die im vorangegangenen Kapitel gemacht wurden.

Dazu wieder ein Beispiel:

Beispiel 4.1.12   *Es werden drei Datenbasen definiert:*

$$DB_1 := (\{q(a), q(b), p(c), p(d), r(a,c), r(a,d), r(b,c)\},$$
$$\emptyset,$$
$$\{\exists x \forall y\; p(y) \implies q(x) \wedge r(x,y)\}),$$
$$DB_2 := (\{q(a), q(b), q(e), p(c), p(d), r(a,c), r(a,d), r(b,c), r(e,d)\},$$
$$\emptyset,$$
$$\{\exists x \forall y\; p(y) \implies q(x) \wedge r(x,y)\}),$$
und
$$DB_3 := (\{q(a), p(c), p(d), r(a,c), r(a,d), r(b,c)\},$$
$$\emptyset,$$
$$\{\exists x \forall y\; p(y) \implies q(x) \wedge r(x,y)\}).$$

DB_2 unterscheidet sich von DB_1 nur in den Fakten $q(e)$ und $r(e,d)$. DB_3 ist gleich DB_1 ohne $q(b)$. Die einzige hier definierte Transaktion lautet:
$TA := del(q(a)).$

Im Falle von DB_1 enthält die Ergebnissubstitution des Konsistenztests eine Substitution $[x \leftarrow b]$, da dies die einzige Konstante ist, die das Restriktionsliteral von x mit $C(TA(DB_1)) \models q(x)[x \leftarrow b]$ erfüllt. Dieses b kann man als "probiert" bezeichnen in dem Sinne, daß, um die Konsistenzbedingung zu erfüllen, eine Konstante k gefunden werden muß mit $C(TA(DB_1)) \models \forall y\; p(y) \implies q(x) \wedge$

$r(x,y)[x \leftarrow k]$ und lediglich b in Frage kommt, da nur $q(b)$ aus $C(TA(DB_1))$ ableitbar ist. Weiter ist $[y \leftarrow d]$ in der Substitution enthalten, da $C(TA(DB_1)) \not\models r(b,d)$. Dieses d hängt von $[x \leftarrow b]$ ab.

Betrachtet man DB_2, so sieht man, daß zusätzlich $C(TA(DB_2)) \models q(e)$ gilt. Es gilt aber nicht $C(TA(DB_2)) \models r(e,c)$. Somit ist eine weitere Möglichkeit für x die Substitution $[x \leftarrow e]$. Da aber $C(TA(DB_2)) \not\models p(y) \Longrightarrow q(x) \wedge r(x,y)[x \leftarrow e][y \leftarrow c]$ ist die Konsistenzbedingung auch für $[x \leftarrow e]$ nicht erfüllt.

Es läßt sich also, abhängig von der Substitution für x, eine andere Substitution für y finden, so daß die mit den beiden Substitutionen für x und y instantiierte Matrix der Konsistenzbedingung nicht ableitbar ist. Das Ergebnis des Tests der Konsistenzbedingung ist in einem solchen Fall eine Menge von Paaren, wobei die erste Komponente die "probierte" Substitution für x ist und die zweite eine Menge von Substitutionen für y, bei denen die Matrix der Konsistenzbedingung nicht erfüllt ist. Konkret lautet das Ergebnis hier: $\{([x \leftarrow b], \{[y \leftarrow d]\}), ([x \leftarrow e], \{[y \leftarrow c]\})\}$.

Die Menge der für x zu überprüfenden Substitutionen kann auch leer sein, wie DB_3 zeigt. Hier erfüllt keine Konstante k die Bedingung $C(TA(DB_3)) \models q(x)[x \leftarrow k]$.

Dieser hier vorliegende Sachverhalt erinnert an die Abbildung vk aus dem vorangegangenen Kapitel, als es um den Zusammenhang von verletzter Konsistenzbedingung und Ursache ging. Auch dort wurde bereits festgestellt, daß man für vk(x) (für eine Variable x) verschiedene Möglichkeiten hatte, diesen Funktionswert zu wählen. Es wurden dort insbesondere zwei Möglichkeiten unterschieden. Zum einen war der Funktionswert vk(x) eine Konstante k, die, eingesetzt in die Restriktionsliterale für x, diese folgerbar machten, und solche Funktionswerte, für die dies nicht der Fall ist, also im Prinzip jede Konstante aus K_Σ als Wert für vk(x) in Frage kommt. Diese Möglichkeit, die immer existiert, werde ich im Hinterkopf behalten, jedoch nicht explizit in der Definition des Ergebnisses des Tests von Konsistenzbedingungen berücksichtigen. Daß heißt, es werden nur Konstanten (mittels Substitutionen) zurückgegeben, die alle Restriktionsliterale erfüllen. Diese evtl. leere Menge von Instantiierungen kann sowohl vom System als auch von Benutzer erweitert werden, wenn es darum geht, Reparaturen zu finden (s. Kapitel 4.6).

Hier interessiere ich mich vielmehr für alle folgerbaren Instantiierungen τ (für x) der Restriktionsliterale einer Konsistenzbedingung $\exists x \forall y\ f'$ und die Substitutionen σ für y, so daß $C(TA(DB)) \not\models f'\tau\sigma$ gilt. Je kleiner diese Menge der Instantiierungen ist, desto effizienter kann der Konsistenztest durchgeführt werden. Auch hier werde ich wieder Gruppen von gleichen, aufeinander folgenden Quantoren zusammenfassend behandeln.

Bevor der Test von Konsistenzbedingungen formal spezifiziert werden kann, muß noch eine Datenstruktur, die in der das Ergebnis repräsentiert wird, definiert werden.

Definition 4.1.13 ($\mathcal{B}(Kbed_\Sigma, Subst)$). *$\mathcal{B}(Kbed_\Sigma, Subst)$ sei die Menge aller Bäume, die die folgenden Eigenschaften erfüllen:*

1. *Die Knoten sind mit $\forall$ oder $\exists$ und einer Formel aus $Kbed_\Sigma$ markiert.*
2. *Die Kanten sind mit Substitutionen aus Subst markiert.*
3. *Seien (Q, f) die Markierung eines Knotens b, $b_1, ..., b_n$ die Söhne von b, (Q_i, f_i) die Markierung des Sohnes b_i und σ_i die Markierung der Kante von b zu b_i Dann müssen folgende Bedingungen erfüllt sein:*

- $Q \neq Q_i$ *f.a.* i

- $Q_i = Q_j$ *f.a.* i,j

- $f = Q_1 x_1 ... Q_n x_n f'$

- $\sigma_i = [x_1 \leftarrow k_1^h, ..., x_n \leftarrow k_n^h]$ *für* $k_j^h \in K_\Sigma$

- $f_i = f' \sigma_i$

Ist eine wie in 3 beschriebene Situation vorhanden, so schreibe ich für diesen Teilbaum mit Wurzel b: $(Q, f, \{\sigma_1 \rightarrow b_1, ..., \sigma_n \rightarrow b_n\})$.

Nun kann der Modul für den Test von Konsistenzbedingungen spezifiziert werden.

Spezifikation 4.1.14 (Test von Konsistenzbedingungen). *Sei die Menge* $\mathcal{B}(Kbed_\Sigma, Subst)$ *wie oben definiert.*
begin
$test : Kbed_\Sigma \times Trans_\Sigma \times Dbase_\Sigma \longrightarrow \mathcal{B}(Kbed_\Sigma, Subst)$
with
$test(f = \forall x_1...\forall x_n f', TA, DB) := (\forall, f, \{test(f'\sigma, TA, DB) | C(TA(DB)) \not\models f'\sigma\})$

$test(f = \exists x_1...\exists x_n f', TA, DB) := (\exists, f, \{test(f'\sigma, TA, DB) |$ *r Restriktionslite-*
ral eines x_j in $f \succ C(TA(DB)) \models r\sigma\})$
$test(f) = (c, f, \emptyset)$ *sonst.*
end

Als letztes bleibt die Spezifikation des Moduls "Extraktion der Gründe" übrig. Wir beschränken uns hier auf Herleitung der Gründe und bilden keine Reparaturen, da erstens der Zusammenhang zwischen Grund und Reparatur trivial ist und zweitens zunächst noch aus den Grundmöglichkeiten oder sogar den Grundkandidaten der dem Benutzer genehmste Grund ausgewählt werden soll.

Dem aufmerksamen Leser wird sicherlich nicht entgangen sein, daß sich aus dem Ergebnis des Tests von Konsistenzbedingungen sehr einfach die Ursachen ableiten lassen. Die in $Inst_{DB}$ (Def. 3.2.58) benötigten Substitutionen τ sind nämlich gerade die Kantenmarkierungen im Ergebnisbaum eines Konsistenztests. Um einem Algorithmus für die Extraktion der Gründe die Chance zu geben, dieses Wissen zu berücksichtigen, spezifiziere ich diesen wie folgt:

Spezifikation 4.1.15 (Extraktion der Gründe).
begin
$extr\_gr : Kbed_\Sigma \times \mathcal{B}(Kbed_\Sigma, Subst) \longrightarrow \mathcal{P}(\mathcal{P}(Lit_\Sigma))$
with $extr\_gr(f, b) := setDNF(Inst_{DB}(f))$
end

4.2 Anfragebearbeitung

4.2.1 Einleitung

Das primäre Ziel dieses Kapitels ist es, einen Algorithmus zur Anfragebearbeitung zu beschreiben. In der Literatur existieren hierzu zahlreiche Vorschlägen existiert, ist es unabdingbar, diese Vorschläge zu sondieren. Ein Großteil der dazu notwendigen Arbeit wurde bereits in [10] erbracht. Auf diese Arbeit, die die damals bereits entdeckten Algorithmen kategorisiert und deren Effizienz untersucht, werde ich dementsprechend häufig zurückgreifen.

Eine Möglichkeit, ein solches Problem der Untersuchung von Algorithmen auf Tauglichkeit in einer bestimmten Anwendung anzugehen, ist es, einen Kriterienkatalog zu erstellen, anhand dessen man die Verfahren einordnet und bewertet. Es stellt sich aber heraus, daß die Kriterien selbst ebenso zahlreich sind wie die Verfahren, also ebenfalls einer Kategorisierung und Bewertung bedürfen, um überschaubar zu bleiben. Tabelle 1 beinhaltet einen möglichen Kriterienkatalog.

Tabelle 1

1. allgemeine Eigenschaften

   - top-down / bottom-up

   - interpretierend / übersetzend

   - rekursiv / iterativ

   - tupel-orientiert / mengenorientiert

   - Auswertung / Anfrageoptimierung

   - Symmetrisches Verhalten

     - Korrektheit unabhängig von der Regelformulierung
     - Terminierung unabhängig von der Regelformulierung
     - Effizienz unabhängig von der Regelformulierung

   - Benutzt Konsistenzbedingungen zur Optimierung

   - Benutzt redundante Daten zur Optimierung

   - Benutzt Heuristiken zur Optimierung

2. Funktionalität

   - Funktionen erlaubt

   - Regeln sind nicht rekursive / linear rekursive / allgemeine Hornklauseln

   - Korrektheit

   - Vollständigkeit

   - Terminierung

3. Leistung

   - Laufzeiten bei Standardbeispielen (ancestor, same generation)

   - worst-case–Abschätzungen

- Redundanz
    - leitet unnötige Fakten ab
    - löst Teilprobleme mehrfach
    - unnötige Regelanwendungen
- Anzahl der Zugriffe auf Faktenbasis
- Anzahl der Regelanwendungen
- Speichereffizienz

Eine willkommene Problemreduktion bei der Bewertung der verschiedenen existierenden Verfahren bietet die folgende Feststellung, ebenfalls aus [10]. Viele veröffentlichte Verfahren sind dieselben, lediglich in verschiedenen Notationen oder auf verschiedenen Abstraktionsniveaus beschrieben. Faßt man die äquivalenten Verfahren zu Klassen zusammen und wählt jeweils einen Repräsentanten heraus, so schrumpft die Anzahl der in Betracht zu ziehenden Algorithmen bereits erheblich.

Noch weiter schrumpft sie, wenn man, wie ich hier, ein festes Anwendungsgebiet im Auge hat. Das Wort Anwendungsgebiet bezieht sich hier nicht auf die Anwendung der deduktiven Datenbank, sondern auf den speziellen Typ einer deduktiven Datenbank, wie er hier in Kapitel 3 beschrieben worden ist. Die für dieses Teilkapitel wichtige Eigenschaft ist, daß ein Deduktionsalgorithmus benötigt wird, der die Bearbeitung von rekursiven Horn-Klauseln erlaubt. Faßt man die verbliebenen Repräsentanten in Klassen von Algorithmen zusammen, die auf der gleichen Idee beruhen und nur Varianten darstellen, so ergibt sich eine weitere Reduktion. Die folgende Beschreibung der in der Literatur vorhandenen Verfahren bewegt sich etwa auf diesem Abstraktionsniveau.

Ich möchte die Bezüge der Verfahren untereinander und zu den beiden Teilgebieten, deren Wissen zu der Entwicklung der Algorithmen für deduktive Datenbasen beigetragen hat, nämlich Anfragebearbeitung in relationalen Systemen und automatisches Beweisen, herstellen. In erster Linie heißt dies, die Evolution der Verfahren darzustellen. Vom Datenbankstandpunkt aus betrachtet, wurden bestehende Algorithmen zur Bearbeitung und Optimierung von Anfragen in relationalen Datenbanken schrittweise auf deduktive Datenbanken erweitert, indem die Klasse der erlaubten Regeln erweitert wurde. Vom Standpunkt des automatischen Beweisens aus gesehen, wurde die Resolutionsmethode spezialisiert und an die Bedürfnisse im Datenbankbereich angepaßt.

An dieser Stelle möchte ich noch kurz folgende Sprechweise einführen. Ein Verfahren ist ein bottom-up–Verfahren, wenn mit Hilfe der Regeln aus den Fakten neue gewonnen werden und mit Hilfe der Regeln aus den neugewonnnenen Fakten wiederum neue usw. und anschließend die richtigen (evtl. hergeleiteten) Fakten zur Beantwortung der Anfrage herausgepickt werden. Im Gegensatz dazu heißt ein Verfahren top-down–Verfahren, wenn mit Hilfe der Regeln aus der Anfrage Unteranfragen erzeugt werden, und dies fortgesetzt, solange bis die Teilanfragen durch die reine Faktenbasis beantwortet werden können. Die Antwort auf eine Anfrage wird dann aus den Teilantworten zusammengesetzt.

Es fällt auf, daß Papiere, die mehr Datenbankbezug haben, den bottom-up–Verfahren den Vorzug geben, während die mehr von der Seite des automatischen Beweisens geprägten Papiere die top-down–Verfahren bevorzugen.

Zunächst wird nun die Evolution der mehr von der Datenbankseite geprägten Algorithmen betrachtet. Im Bereich relationaler Datenbanksysteme wird die Anfragebearbeitung üblicherweise in vier Schritte zerlegt:

1. Die Benutzeranfrage (bspw. in SQL) wird in eine interne Repräsentation (bspw. Ausdruck im relationalen Kalkül) überführt.
2. Eine Reihe von logischen Transformationen wird auf den in 1) erhaltenen Ausdruck angewandt, um die Anfrage zu standardisieren (bspw. disjunktive Normalform) und zu optimieren (bspw. Erkennen von Semi-Joins).
3. Die transformierte Anfrage wird in eine Reihe alternativer Sequenzen von Operatoren (bspw. der relationalen Algebra) übersetzt.
4. Mittels eines Kostenmodells wird die günstigste Sequenz ermittelt und ausgeführt.

Eine Übersicht über die Techniken zur Anfragebearbeitung in relationalen Datenbanksystemen bietet [42].

Auf diesem Grundstock von Methoden und Ideen aufbauend, wird das relationale Modell erweitert; die Bedingung $DB^d = \emptyset$ wird aufgegeben. Einen ersten Schritt in diese Richtung unternahm Reiter in seinem Papier [82]. Die Idee des dort vorgeschlagenen Verfahrens ist es, die Anfrage und die Hornklauseln der Datenbasis solange miteinander zu resolvieren, bis Klauseln übrigbleiben, deren Prädikate mittels der Faktenbasis extendiert werden können. Anschließend wird für jedes Blatt des Beweisbaumes eine Anfrage generiert, die mit einem relationalen DBMS beantwortet werden kann. Die Antwort auf die ursprüngliche Anfrage ist nun die Vereinigung der Einzelantworten. Dieses Verfahren funktioniert offensichtlich nur dann, wenn die Menge der Horn-Klauseln nicht rekursiv ist.

Im nächsten Schritt wird auch diese Einschränkung fallengelassen. Damit gewinnt man an Ausdrucksstärke, denn in der relationalen Algebra ist es nicht möglich, Rekursion auszudrücken. Die Menge der relationalen Operatoren ist also nicht mehr ausreichend, um alle Anfragen korrekt darzustellen. Man erweitert also diese Menge der Operatoren um den Fixpunktoperator.

Zur Realisierung des Fixpunktoperators wurden verschiedene Verfahren vorgeschlagen. Unter anderem das naive Verfahren und das semi-naive Verfahren. In beiden Verfahren werden die Hornklauseln als Vorwärtsregeln benutzt, um aus bereits gegebenen oder berechneten Fakten neue zu erhalten. Die Regeln werden fortlaufend angewandt, bis sich keine neuen Fakten mehr ableiten lassen. Offensichtlich werden durch ein solches Verfahren Fakten berechnet, die nicht zur Beantwortung der Anfrage notwendig sind, denn diese bleibt zunächst einmal völlig unberücksichtigt.

Die Vorteile der top-down–Verfahren, nämlich das Bilden von Teilzielen und die damit verbundene Propagierung der in der Anfrage enthaltenen Konstanten, nutzen wollend, kam man auf die Idee, dieselben Hornklauseln, die in den

top-down–Verfahren als Rückwärtsregeln verwendet werden, in äquivalente Horn-
klauseln umzuformen, die sich zur Vorwärtsberechnung in bottom-up–Verfahren
eignen ([90]). (Man vergleiche diese Transformation mit der in [75].) Daraus entwickelten sich die magic-set– und counting–Verfahren ([9]). Da auch diese Verfahren noch effizienter zu gestalten waren bzw. zu restriktiv bezüglich ihres Anwen-
dungsgebietes, wurden sie weiterentwickelt zu noch komplizierteren und unüber-
sichtlicheren Verfahren. Diese sind beispielsweise generalized-counting und magic-
counting ([14, 92, 93]). Probleme gibt es bei einigen dieser Verfahren für zyklische
Datenbasen und nichtlineare Hornklauseln. Alle Verfahren erfordern einen hohen
Implementierungsaufwand. Ich werde sie daher nicht mehr betrachten.

Das Resolutionsprinzip ([88]) ist das im automatischen Beweisen verbreitet-
ste Verfahren. Nach einer anfänglichen Euphorie sah man jedoch ein, daß der
Suchraum zu groß wurde. Man dachte dann sehr schnell über Strategien nach,
die die Auswahl der nächsten zu resolvierenden Klauseln und der Literale, auf
denen resolviert werden sollte, einschränken. Eine der entwickelten Strategien
ist die lineare Resolution, bei der das Ergebnis einer Resolution wieder in die
nächste eingeht. Durch Hinzunahme einer Selektionsfunktion zur Auswahl des
Literals, auf dem resolviert werden soll, Einschränkung auf definite Hornklauseln und Hinzunahme von "negation as failure" ([24]) enstanden die SL- ([51]),
die SLD- ([40]) und die SLDNF-Beweisverfahren. Der letztgenannte Ableitungs-
mechanismus liegt Prolog zugrunde. Seit einiger Zeit bemüht man sich, Prolog
als Anfragesprache für relationale Datenbanken zu verwenden, um den eingebau-
ten Deduktionsmechanismus nutzen zu können. Ein zweiter Ansatz geht in die
Richtung, die Performanz von Prologsystemen zu verbessern, indem man die Verwaltung der Fakten und Regeln durch ein relationales Datenbanksystem versucht.
Während es sinnvoll ist, die Performanz von Prologsystemen zu verbessern, ist
es unangebracht, den Deduktionsmechanismus von Prolog im Datenbankbereich
zu verwenden, wie die Untersuchungen in [10] deutlich zeigen. Hier ist Prolog je
nach Beispiel um den Faktor 100 bis 10000 langsamer als die besten hier untersuchten Verfahren. Ich werde somit Prolog aus den folgenden Untersuchungen
auf der Suche nach einem effizienten Deduktionsmechanismus ausschließen.

Verfahren, die ebenfalls auf der Resolutionsmethode beruhen und die Anfrage durch die Verwendung der Konsistenzbedingungen optimieren (s. etwa [20]),
scheiden hier von vornherein aus, da sie davon ausgehen, daß die Konsistenzbedingungen erfüllt sind. Diese Voraussetzung gilt hier nicht, da die Anfragebearbeitung dazu benutzt wird, die Gültigkeit der Konsistenzbedingungen nach einer
Transaktion zu überprüfen.

Zwei weitere Algorithmen, die den top-down–Verfahren zuzuordnen sind, erzeugen ebenfalls, ähnlich SLDNF, je Literal in der Anfrage eine Unteranfrage
durch Anwendung der Hornklauseln. Diese Verfahren sind Apex ([65]) und QSQR
([108]). Während Apex die Unteranfragen unabhängig voneinander behandelt,
werden diese in QSQR nacheinander abgearbeitet. Dazu wählt die Selektionsfunktion das nächste Literal aus, dieses wird ausgewertet und die ermittelten
Konstanten werden propagiert. Dadurch ist es effizienter als Apex. Leider ist es
auch unvollständig; es werden nicht immer alle Antworten gefunden. Ein Gegen-

beispiel findet man in [76]. Dort wird auch ein verbessertes Verfahren angegeben, das sowohl vollständig ist als auch mindestens so effizient wie die anderen Verfahren.

Ein hierzu äquivalentes Verfahren, das ohne Regelmanipulationen auskommt werde ich im nächsten Teilkapitel beschreiben. Dieses Verfahren wird angereichert, um eine Selektionsfunktion (im Sinne von [67, 110]), die im Ggs. zu [76] die Literale in einer Klausel nicht strikt von links nach rechts auswerten läßt, sondern nach bestimmten Kriterien Optimierungen vornimmt. Daß dies wünschenswert ist, wird im nächsten Unterkapitel an einem Beispiel demonstriert.

4.2.2 Einführung in den Algorithmus

Nach [10] bestimmt Redundanz das Leistungsverhalten eines Verfahrens zur Anfragebearbeitung. Betrachtet man die zwei folgenden Arten von Redundanz,

- Herleitung von Fakten, die für eine Anfrage nicht benötigt werden,
- Mehrfachbeantwortung von gleichen Teilanfragen,

so sieht man, daß es zwei Arten von Informationen geben muß, um diese Redundanzen zu vermeiden. Dazu gehört eine möglichst genaue Beschreibung der zur Anfragebeantwortung benötigten Fakten und eine Beschreibung der zu bearbeitenden Teilziele. Da diese Informationen aber selbst nur durch Deduktion erarbeitbar sind, sich also erst durch die Anfragebearbeitung ergeben, liegen sie erst am Ende dieses Prozesses vor. Trennt man die Berechnung dieser Informationen in zwei unabhängige Teile, so erhält man bei der Berechnung in der Reihenfolge Fakten-Teilziele ein "bottom-up"–Verfahren und in der Reihenfolge Teilziele-Fakten ein "top-down"–Verfahren. Ein Verfahren kann nur dann effizient funktionieren, wenn diese beiden Schritte der Berechnung der relevanten Fakten und der Berechnung der Teilziele zeitlich miteinander verwoben sind.

Ich werde das Verfahren an einigen Beispielen einführen und anschließend in voller Allgemeinheit beschreiben. Zur Dokumentation der Beispiele wird eine Datenstruktur benötigt, die die beiden oben erwähnten Arten von Informationen erfaßt. Hier gibt es zwei Möglichkeiten. Als erste, eine getrennte Datenstruktur für die hergeleiteten Fakten und eine für die Teilziele zu benutzen. Diese Möglichkeit wurde in [76] gewählt. Die andere Möglichkeit benutzt eine Datenstruktur für beides. Dies motiviert man wie folgt. Die für die Anfragebeantwortung benötigten Fakten sind Instanzen der zu bearbeitenden Teilziele, denn sonst wären sie für die Anfragebearbeitung nicht relevant. Es macht also Sinn, den Teilanfragen die hergeleiteten relevanten Fakten zuzuordnen. Diese nenne ich Teilantworten. Diese Möglichkeit wähle ich hier. Die zugrundegelegte Datenstruktur ist also in erster Näherung eine Menge (genannt TZTA (Dies leitet sich aus Teilziel und Teilantwort ab.)) von Tupeln, von denen das erste Element ein Teilziel ist und das zweite Element eine Menge von Fakten, die aus der Datenbasis folgerbare Instantiierungen des Teilziels sind. Die Notation dieser Menge TZTA sei an einem Beispiel verdeutlicht.

$$\{(p(a,x),\{p(a,b),p(a,c)\}),$$
$$(q(x,b),\{q(a,b)\})\}$$

Den Umgang mit dieser Datenstruktur demonstriert folgendes Beispiel. Es gibt damit auch eine Einführung in den Algorithmus zur Anfragebearbeitung.

Beispiel 4.2.1 *Die Datenbasis lautet:*

$$DB = (\{p(a,b),p(b,c)\},$$
$$\{\forall x \forall y\, p(x,y) \Longrightarrow q(x,y),\ \forall x \forall y \forall z\, p(x,y), q(y,z) \Longrightarrow q(x,z)\},$$
$$\emptyset).$$

Die betrachtete Anfrage lautet $q(a,x)$.

In einem ersten Schritt wird die Menge TZTA mit $\emptyset$ initialisiert. Da nichts dagegen spricht, die eigentliche Anfrage auch als zu bearbeitende Anfrage zu betrachten, wird diese zunächst einmal in TZTA eingefügt. Da aber keine Fakten bekannt sind, die Antworten auf diese Anfrage sind, ist die zweite Komponente des Tupels die leere Menge. Damit erhält man für TZTA $\{(q(a,x),\emptyset)\}$.

Als nächstes sind alle verfügbaren Regeln auf das Teilziel $q(a,x)$ anzuwenden. Die Anwendung der ersten Regel generiert ein neues zu bearbeitendes Teilziel $p(a,x)$. Dieses kann mittels Nachschlagen in der Datenbasis gelöst werden. Trägt man das Teilziel $q(a,x)$ zusammen mit der Antwort in TZTA ein, so ergibt sich

$$\{(q(a,x),\emptyset),$$
$$(p(a,x),\{p(a,b)\})\}.$$

Jetzt kann die erste Regel als Regel zur Generierung von Teilantworten benutzt werden. Das Einsetzen von $p(a,b)$ in die erste Regel liefert $q(a,b)$ als Ergebnis. TZTA lautet nun

$$\{(q(a,x),\{q(a,b)\}),$$
$$(p(a,x),\{p(a,b)\})\}.$$

Alsdann ist die zweite Regel auf das Teilziel $q(a,x)$ anzuwenden, um neue Teilziele zu erhalten, aus deren Antworten man Antworten für $q(a,x)$ erhalten kann. Man erhält zunächst einmal $p(a,x)$ als Teilziel. Dieses ist aber schon einmal beantwortet worden. Somit kann man diese Antwort in die Regel einsetzen und erhält als nächstes Teilziel $q(b,z)$. Dieses ist neu. Zur Beantwortung sind wieder beide Regeln anzuwenden. Die erste liefert als weiteres Teilziel $p(b,z)$, als Antwort hierzu $p(b,c)$ und generiert ebenfalls die Antwort $q(b,c)$. Die zweite Regel generiert das neue Teilziel $q(c,z)$, für das es keine Antwort gibt. Der Anfrageprozeß endet somit mit TZTA gleich

$$\{(q(a,x),\{q(a,b),q(b,c)\}),$$
$$(p(a,x),\{p(a,b)\}),$$
$$(p(b,z),\{p(b,c)\}),$$
$$(q(c,z),\emptyset)\}.$$

Schon bei diesem einfachen Beispiel fällt es schwer, die Übersicht über noch anzuwendende Regeln zu behalten. Es muß also auch hier ein Buchhaltungsmechanismus gefunden werden, der diese Aufgabe übernimmt. Analysiert man den Sachverhalt näher, so fällt auf, daß die Regeln zweimal verwendet werden, einmal, um aus einem Teilziel neue, zur Beantwortung dieses Teilziels relevante Teilziele abzuleiten (Anwenden der Regeln im backward-chaining–Modus), und zum anderen, um aus den Antworten dieser Teilziele die Antworten zum übergeordneten Teilziel herzuleiten. (Anwenden der Regeln im forward-chaining–Modus.) Es wird also ein Buchhaltungsmechanismus benötigt, der zum einen die noch zur Generierung von Teilzielen zu bearbeitenden Regeln und zum anderen die noch zur Generierung von Teilantworten anzuwendenden Regeln verwaltet. Ersteres läßt sich einfach dadurch bewerkstelligen, daß man mit jedem Teilziel eine Menge noch abzuarbeitender Regeln zur Generierung von Teilzielen assoziiert (BR = backward rules). Dies muß nicht unbedingt explizit geschehen. Die Verwaltung der noch zur Generierung von Fakten anzuwendenden Regeln ist nicht ganz so einfach. Bedenkt man, daß zur Generierung von Teilantworten schon hergeleitete Teilantworten benötigt werden und diese rekursiv voneinander abhängen können, so ist klar, daß die Teilantworten zum Zeitpunkt der Anwendung der Regeln zur Generierung von Fakten noch nicht vollständig vorliegen. Sie sind Teilantworten im wörtlichen Sinne. Es ist darüber hinaus Buch zu führen, welche Fakten einer Teilantwort schon in welcher Regel zur Generierung von Teilantworten benutzt wurden. Dies geht am einfachsten, wenn man mit jeder Teilantwort die Menge (FR = forward rules) der anzuwendenden Regeln assoziiert, dies sind genau jene, die das Teilziel generiert haben, und mit jeder Regel assoziiert man einen Zeiger, der auf ein Faktum in der Teilantwortenliste zeigt. Dies mit der Bedeutung, daß alle schon bearbeiteten Fakten vor bis einschließlich diesem Zeiger liegen, die noch zu bearbeitenden aber hinter dem Zeiger.

Um den Buchhaltungsmechanismus darzustellen, werde ich die Tupel in TZTA um zwei Komponenten (BR,FR) erweitern. Die dritte Komponente ist eine Menge (BR) von Regeln, die noch zur Teilzielgenerierung anzuwenden sind, die vierte Komponente ist eine Menge (FR) von Regeln, zusammen mit einem Zeiger ($\uparrow$) in die Liste der bereits hergeleiteten Antworten. Man beachte, daß, obwohl die Menge der Teilantworten als Liste betrachtet wird, dies noch keine Festlegung auf eine bestimmte Abarbeitungsstrategie bedeutet, da nicht festgelegt ist, wo in diese Liste neu hergeleitete Fakten eingetragen werden. (Jedoch nicht links eines Zeigers!) Ich werde im Beispiel die neuen Fakten immer am Ende der Liste eintragen.

Dies sei an einem Beispiel verdeutlicht. Dazu nehme ich die gleiche Datenbasis wie im obigen Beispiel, aber eine andere Anfrage.

Beispiel 4.2.2 *Die Datenbasis lautet:*

$$DB = (\{p(a,b), p(b,c)\},$$
$$\{\forall x \forall y\, p(x,y) \Longrightarrow q(x,y),\ \forall x \forall y \forall z\, p(x,y), q(y,z) \Longrightarrow q(x,z)\},$$
$$\emptyset).$$

Die betrachtete Anfrage lautet $q(x, c)$.

Nach einer entsprechenden Initialisierung ergibt sich für TZTA:

$$\{(q(x, c), \emptyset, \emptyset, \emptyset)\}$$

In einem ersten Schritt sind nun alle auf das Teilziel $q(x, c)$ anzuwendenden Regeln zu ermitteln und in TZTA einzutragen, dabei lasse ich die Quantoren weg. Dazu werden die Regelköpfe mit diesem Teilziel unifiziert.

$$\{(q(x, c), \emptyset, \{p(x, y) \implies q(x, y),$$
$$p(x, y), q(y, z) \implies q(x, z)\}, \emptyset)\}$$

Nach Anwendung der ersten Regel ergibt sich nun folgendes Bild. Man beachte, daß nun die Regel $p(x, c) \implies q(x, c)$ zur Generierung von Fakten als noch nicht abgearbeitet eingetragen wird. Das Literal, dessen Antworten gerade hergeleitet werden, markiere ich in der Regel in FR durch Unterstreichen.

$$\{(q(x, c), \emptyset, \{p(x, y), q(y, z) \implies q(x, z)\}, \emptyset),$$
$$(p(x, c), \emptyset, \emptyset, \{\underline{p(x, c)} \implies q(x, c) : \uparrow\})\}.$$

Die Anfrage $p(x, c)$ kann direkt durch Nachschlagen in der Faktenbasis beantwortet werden. Dies ergibt:

$$\{(q(x, c), \emptyset, (\{p(x, y), q(y, z) \implies q(x, z)\}, \emptyset),$$
$$(p(x, c), \{p(b, c)\}, \emptyset, \{\underline{p(x, c)} \implies q(x, c) : \uparrow\})\}.$$

Man beachte hier, daß die Auswahl, welcher Schritt als nächstes gemacht wird, völlig willkürlich ist. In der Tat kann man sogar viele Schritte parallelisieren.

Meine Schrittauswahl fällt als nächstes auf die Anwendung der Regel $p(x, c) \implies q(x, c)$ als Generierungsregel für Fakten. Hier sind noch nicht alle Teilantworten für $p(x, c)$ bearbeitet. Es ergibt sich:

$$\{(q(x, c), \{q(b, c)\}, \{p(x, y), q(y, z) \implies q(x, z)\}, \emptyset),$$
$$(p(x, c), \{p(b, c)\}, \emptyset, \{\underline{p(x, c)} \implies q(x, c) : \uparrow p(b, c)\})\}.$$

Soweit liest es sich alles recht einfach. Als nächstes ist die Regel $p(x, y), q(y, c) \implies q(x, c)$ zur Generierung von Teilzielen anzuwenden. Da hier zwei Literale zur Auswahl anstehen, nämlich $p(x, y)$ und $q(y, c)$, ist eine Entscheidung zu treffen. Hierzu wird im allgemeinen die Existenz einer Selektionsfunktion ([67, 110]) vorausgesetzt. Im einfachsten Falle lautet diese: "Wähle das linke Literal". Dies ist hier aber ungeschickt, da $q(y, c)$ bereits teilweise instantiiert ist. Ich werde daher dieses Literal auswählen. Weitere Auswahlkriterien werde ich weiter unten anführen.

Mit dem Beschluß $q(y, c)$ als nächstes Teilziel zu betrachten, ist aber noch nicht geklärt, wo die Regel einzufügen ist. Das Problem ist hier, daß die Antworten von $q(y, c)$ nicht direkt benutzt werden können, um Teilantworten für $q(x, c)$ zu generieren, da noch zusätzlich das Literal $p(x, y)$ berücksichtigt werden muß. Es liegt also nahe, festzulegen, daß, solange noch weitere Literale im

Rumpf der Klausel vorhanden sind, diese für jede Teilantwort noch keine Fakten generieren, sondern weitere Teilanfragen. Da das Teilziel $q(y, c)$ bereits von der schon vorhandenen Teilanfrage $q(x, c)$ subsumiert wird, muß lediglich die Regel $p(x, y), q(y, c) \Longrightarrow q(x, c)$ als Generierungsregel eingetragen werden. Dies ergibt:

$$\{(q(x, c), \{q(b, c)\}, \emptyset, \{p(x, y), \underline{q(y, c)} \Longrightarrow q(x, c) : \uparrow\}),$$
$$(p(x, c), \{p(b, c)\}, \emptyset, \{p(x, c) \Longrightarrow q(x, c) : \uparrow p(b, c)\})\}.$$

Da bereits Teilantworten für $q(x, c)$ erarbeitet wurden, können diese gleich benutzt werden. Es wird also das neue Teilziel $p(x, b)$ generiert. Die Antwort hierzu kann wieder durch einfaches Nachschauen in der Faktenbasis gefunden werden.

$$\{(q(x, c), \{q(b, c)\}, \emptyset, \{p(x, y), \underline{q(y, c)} \Longrightarrow q(x, c) : \uparrow q(b, c)\}),$$
$$(p(x, c), \{p(b, c)\}, \emptyset, \{\underline{p(x, c)} \Longrightarrow q(x, c) : \uparrow p(b, c)\}),$$
$$(p(x, b), \{p(a, b)\}, \emptyset, \{\underline{p(x, b)} \Longrightarrow q(x, c) : \uparrow\})\}.$$

Mittels der zu FR in $p(x, b)$ gehörigen Regel wird nun die Teilantwort $q(a, c)$ hergeleitet und eingetragen.

$$\{(q(x, c), \{q(b, c), q(a, c)\}, \emptyset, \{p(x, y), q(y, c) \Longrightarrow q(x, c) : \uparrow q(b, c)\}),$$
$$(p(x, c), \{p(b, c)\}, \emptyset, \{p(x, c) \Longrightarrow q(x, c) : \uparrow p(b, c)\}),$$
$$(p(x, b), \{p(a, b)\}, \emptyset, \{p(x, b) \Longrightarrow q(x, c) : \uparrow p(a, b)\})\}.$$

Der Zeiger der Regel des ersten Teilziels $q(x, c)$ steht noch nicht am Ende der Antwortliste. Ein nächster Schritt ergibt:

$$\{(q(x, c), \{q(b, c), q(a, c)\}, \emptyset, \{p(x, y), q(y, c) \Longrightarrow q(x, c) : \uparrow q(a, c)\}),$$
$$(p(x, c), \{p(b, c)\}, \emptyset, \{p(x, c) \Longrightarrow q(x, c) : \uparrow p(b, c)\})$$
$$(p(x, b), \{p(a, b)\}, \emptyset, \{p(x, b) \Longrightarrow q(x, c) : \uparrow p(a, b)\}),$$
$$(p(x, a), \emptyset, \emptyset, \{p(x, a) \Longrightarrow q(x, c) : \uparrow\})\}.$$

Da hierfür keine Antworten generiert werden können und alle Regeln angewendet worden sind, bricht hier die Berechnung ab. Die Antwort auf die ursprüngliche Anfrage ist der Antwortmenge des entsprechenden Teilziels in TZTA zu entnehmen.

Es ist klar, daß nicht alle hier explizit gehaltenen Informationen tatsächlich so gehalten werden wie angedeutet. Dies geschah lediglich zur Verdeutlichung des Algorithmus. Welche Informationen explizit verwaltet werden müssen, hängt im wesentlichen davon ab, mit welcher Strategie man die Reihenfolge der Abarbeitung der Schritte bestimmt.

4.2.3 Formalisierung des Algorithmus

In diesem Teilkapitel werde ich den Algorithmus formalisieren und die Korrektheit beweisen. Dazu beginne ich mit einer formalen Definition der Menge TZTA.

Definition 4.2.3 (TZTA). *Eine Menge TZTA ist eine endliche Menge von Viertupeln der Form (g, A, BR, FR). Dabei ist g ein Atom, A eine Liste $[f_1, ..., f_k]$ von Fakten, BR eine Menge von Regeln und FR eine Menge von Ausdrücken der Form $r \uparrow$ bzw. $r \uparrow f$ für ein Faktum f und eine markierte Regel r. Eine Regel heißt markiert, falls ein Literal der Prämissen durch einen Unterstrich markiert ist. Zusätzlich muß (g, A, BR, FR) folgende Bedingungen erfüllen:*

1. $\forall f \in A \exists\, \sigma \in Subst\ g\sigma = f$
2. $\forall r \in BR, m(r) = r_1, ..., r_n \Longrightarrow r_{n+1}\ \exists \sigma \in Subst\ r_{n+1}\sigma = g\sigma$
3. $\forall r \uparrow f \in FR\ f \in A$

Des weiteren setze ich die Existenz einer Selektionsfunktion *select* voraus, die, angewandt auf eine Regel, genau ein Literal der Prämisse als Ergebnis liefert. Damit können jetzt die Aktionsschemata für den Algorithmus definiert werden.

Definition 4.2.4 (Aktionsschemata). *Es sei eine Datenbasis $DB = (DB^a, DB^d, DB^c)$, eine Menge TZTA und ein Tupel $t = (g, A, BR, FR) \in TZTA$ gegeben. Dann werden folgende Aktionsschemata definiert:*

1. *% Nachschlagen der benötigten Fakten und Regeln in der Datenbasis*

   Vorbedingung: *t ist von der Form $(g, \emptyset, \emptyset, FR)$ und noch nicht markiert. Die Markierung dient hier dazu, endlose Anwendungen von Aktionsschema 1 zu vermeiden, falls keine Fakten für das Teilziel vorhanden sind und auch keine Regeln anwendbar.*

   Aktion: *Ersetze t durch*

   $(g,$
      $\{f \in DB^a | \exists \sigma \in Subst\ g\sigma = f\},$
      $\{r \in DB^d | m(r) = r_1, ..., r_n \Longrightarrow r_{n+1}, \exists \sigma \in Subst\ r_{n+1}\sigma = g\sigma\},$
      $FR).$

   Markiere dieses Tupel.

2. *% Anwenden einer Regel aus BR*

   Vorbedingung: *Es existiert eine Regel r in BR mit $m(r) = r_1, ..., r_n \Longrightarrow r_{n+1}$, $select(r) = r_i$, $1 \leq i \leq n$, und $\sigma = mgu(r_{n+1}, g)$.*

   Aktion: *(a) Streiche r aus BR.*

   *(b) IF $(\exists t' = (g', A', BR', FR') \in TZTA\ \exists \sigma' \in Subst\ g'\sigma' = r_i\sigma)$
   THEN füge $(r_1, ..., \underline{r_i}, ..., r_n \Longrightarrow r_{n+1})\sigma \uparrow$ in FR' ein.
   ELSE*

   - *Füge $s = (r_i\sigma, \emptyset, \emptyset, \{(r_1, ..., \underline{r_i}, ..., r_n \Longrightarrow r_{n+1})\sigma \uparrow\})$ in TZTA ein.*
   - *Für alle $(g'\tau, A', BR', FR')$ mit $\exists \sigma'\ r_i\sigma\sigma' = g'$:*
     - *entferne (g', A', BR', FR') aus TZTA.*
     - *Füge A' redundanzfrei der 2. Komponente von s hinzu. % Nicht nötig, aber für Optimierungszwecke brauchbar.*

> *— Füge FR′ der 4. Komponente von s hinzu.*
>
> *Wobei τ eine Variablenumbenennung vornimmt, so daß alle in TZTA enthaltenen Teilziele zueinander und zu allen Regeln variablenfremd sind.*

3. *% Anwenden einer Regel aus FR*

Vorbedingung: $t = (g, [a_1, ..., a_n], BR, FR) \in TZTA$, $r \uparrow a_j \in FR$, $0 \leq j < n$. *(Einen Ausdruck der Form $r \uparrow$ deute ich als $r \uparrow a_0$ mit einem virtuellen, schon bearbeiteten Element a_0.)*

Aktion: (a) *Ersetze $r \uparrow a_j$ in FR durch $r \uparrow a_{j+1}$.*

(b) *IF $m(r) = \underline{r_1} \Longrightarrow r_2$*
THEN $\sigma := mgu(r_1, a_{j+1})$
% Dann ist $r_2\sigma$ geschlossen, da r bereichsbeschränkt ist.
Für $s = (g', A', BR', FR') \in TZTA$, mit $\exists \tau \in Subst\ g'\tau = r_2\sigma$ und $r_2\sigma \notin A'$, füge $r_2\sigma\ A'$ zu.
% Es gibt genau ein solches s
ELSE % $m(r) = r_1, ..., \underline{r_i}, ..., r_n \Longrightarrow r_{n+1}$, $n > 1$
Setze r' gleich r ohne das markierte Literal.
$r_j := select(r')$
Markiere in r' r_j und setze das Ergebnis gleich r''.
$\sigma := mgu(r_i, a_{j+1})$
IF $(\exists s = (g', A', BR', FR') \in TZTA\ \exists \tau \in Subst\ r_j\sigma = g'\tau)$
THEN Füge $r''\sigma \uparrow$ in FR′ ein.
ELSE Füge $(r_j\sigma\tau, \emptyset, \emptyset, \{r''\sigma \uparrow\})$ in TZTA ein, wobei τ eine Variablenumbenennung vornimmt, so daß alle in TZTA enthaltenen Teilziele zueinander und zu allen Regeln variablenfremd sind.

Der betrachtete Algorithmus lautet wie folgt. Man beachte, daß er indeterministisch ist.

Für ein Atom q definiere:
$QP(q)$
begin
$TZTA := \{(q, \emptyset, \emptyset, \emptyset)\}$.
Solange noch eine Vorbedingung eines Aktionsschemas erfüllt ist, führe die zugehörige Aktion aus.
end

Es gilt:

Satz 4.2.5 (Terminierung). *Der Algorithmus zur Anfragebearbeitung terminiert immer.*

Dies sieht man wie folgt: Das erste Aktionschema kann aufgrund der Markierung nur einmal pro Tupel angewandt werden. Da aber mit den Konstanten und Prädikatsymbolen der Datenbasis nur endlich viele Atome gebildet werden können, kann es auch nur endlich viele Tupel in TZTA geben. Dies wegen der Subsumption (s. AS 2,3) beim Einfügen neuer Tupel. Aktionsschema 2 kann nur nach Anwendung von Aktionsschema 1 angewandt werden. Dann streicht es eine Regel nach der anderen aus BR heraus. Ist die leere Menge errreicht, so kann es nicht mehr angewandt werden. Neue Regeln können auch nicht eingetragen werden, da dies Tupel schon durch Aktionsschema 1 markiert wurde und andere Aktionsschemata BR nicht vergrößern. Da es aber nur endlich viele Tupel in TZTA geben kann, kann Aktionsschema 2 auch nur endlich oft angewandt werden. Da die Antwortliste eines Tupels in TZTA immer endlich ist und auch die Anzahl der Tupel in TZTA endlich ist, muß, um die Terminierung zu gewährleisten, nur noch gezeigt werden, daß nur endlich viele FR-Komponenten erzeugt werden können. Da die Anwendung von Aktionsschema 3 auf eine FR-Komponente nur endlich viele FR-Komponenten erzeugt (eine pro Antwort in der Antwortliste), folgt, da die Prämissen der FR-Komponenten immer kürzer werden, die Terminierung. (vgl. König's Lemma).

Die jetzt zu untersuchenden Eigenschaften sind die Korrektheit und die Vollständigkeit, das heißt, es ist zu festzustellen, ob dieser Algorithmus auch nur Antworten liefert, die aus der Datenbasis folgen, und ob er alle diese Antworten liefert. Dazu die beiden folgenden Sätze:

Satz 4.2.6 (Korrektheit). *Sei DB eine Datenbasis und TZTA eine Menge die durch Anwenden der Aktionsschemata auf eine Menge* $TZTA_0 = \{(q, \emptyset, \emptyset, \emptyset)\}$ *hervorgeht. Dann gilt zu jedem Zeitpunkt:*
Sei $t = (g, A, BR, FR) \in TZTA$ *und* $f \in A$. *Es folgt* $DB \models f$.

Der Beweis dieses Satzes erfolgt durch einfache Induktion nach der Anzahl der Anwendungen der Aktionsschemata.

Im Beweis des nachfolgenden Satzes wird von einer Invarianzeigenschaft Gebrauch gemacht. Diese besagt, daß Anwendungen der Regelschemata auf eine Menge TZTA keine Verluste für bereits hergeleitete Antworten und Regelkomponenten der Elemente aus FR erzeugen.

Genauer:

Es gehe $TZTA''$ durch Regelanwendungen aus $TZTA'$ hervor, und $TZTA'$ wiederum durch Regelanwendungen aus $TZTA$. Für ein Tupel $t = (g, A, BR, FR) \in TZTA$, ein Tupel $t' = (g', A', BR', FR') \in TZTA'$ mit g' subsumiert g und eine Menge $S \subseteq Subst$ von Substitutionen gelte:

1. Für alle Substitutionen $\delta \in S$, die $DB \models g\delta$ und $g\delta$ geschlossen erfüllen, gilt $g\delta \in A'$.

2. Die Regelanteile der Elemente aus FR sind in den Regelanteilen der Elemente aus FR' enthalten.

Dann gibt es auch ein Typel $t'' = (g'', A'', BR'', FR'') \in TZTA''$ mit g'' subsumiert g für das die folgenden Bedingungen gelten:

1. Für alle Substitutionen $\delta \in S$, die $DB \models g\delta$ und $g\delta$ geschlossen erfüllen, gilt $g\delta \in A''$.

2. Die Regelanteile der Elemente aus FR sind in den Regelanteilen der Elemente aus FR'' enthalten.

Diese Eigenschaft sei als Invarianz bezeichnet.

Satz 4.2.7 (Vollständigkeit). *Sei DB eine Datenbasis. Es gehe $TZTA'$ durch fortlaufende Anwendung der Aktionsschemata aus $TZTA$ hervor. Kein Aktionsschema sei auf die Tupel aus $TZTA'$ anwendbar. Seien g und g' zwei Atome, variablenfremd zueinander und zu allen Regeln. Dann gilt folgendes: Für jedes Tupel $t = (g, \emptyset, \emptyset, FR) \in TZTA$ gibt es genau ein Tupel $t' = (g', A', BR', FR') \in TZTA'$, mit g' subsumiert g. Dieses besitzt die Eigenschaften:*

1. *Für alle Substitutionen δ, die $DB \models g\delta$ und $g\delta$ geschlossen erfüllen, gilt $g\delta \in A'$.*
2. *Die Regelanteile der Elemente aus FR sind in den Regelanteilen der Elemente aus FR' enthalten.*

Beweis 4.2.8 *Sei $g\delta \in M_k(DB)$ und k minimal mit dieser Eigenschaft. Dann erfolgt der Beweis durch vollständige Induktion nach k.*

$k = 0$ *$g\delta \in M_0(DB) \succ g\delta \in DB^a$. Auf $(g, \emptyset, \emptyset, FR)$ kann das erste Aktionsschema angewendet werden. Dies liefert ein Tupel (g, A, BR, FR), und es gelten alle oben geforderten Bedingungen, insbesondere $g\delta \in A$. Es folgt die Behauptung aus der Invarianzeigenschaft.*

$k > 0$ *$g\delta \in M_k(DB)$*
$\succ$ ex. $r \in DB^d$, $m(r) = r_1, ..., r_n \Longrightarrow r_{n+1}$ und
ex. $\sigma \in Subst$ mit $\forall j : r_j\sigma \in M_{k-1}$ und $r_{n+1}\sigma = g\delta$
Damit existiert auch $\sigma_1 := mgu(r_{n+1}, g)$ (g und r_{n+1} sind als variablenfremd angenommen), und es ergibt das erste Aktionsschema angewandt auf $t = (g, \emptyset, \emptyset, FR)$:
$t_1 = (g, A_1, BR_1, FR_1)$, mit $r \in BR_1$.
Im weiteren Verlauf wird das 2. Aktionsschema mit $select(r) =: r_i$ angewandt. Dadurch erhält man ein Tupel $t_2 = (g_2, A_2, BR_2, FR_2)$, das folgende Bedingungen erfüllt.

1. *Eine markierte Version von $r\sigma_1$ ist in FR_2 enthalten.*
2. *Es ex. $\sigma_2 \in Subst$: $g_2\sigma_2 = r_i\sigma_1$, d.h. $r_i\sigma_1$ wird von g_2 subsumiert.*
3. *Die Regelanteile von FR_1 sind in denen von FR_2 enthalten.*

Durch Anwenden der Induktionshypothese kann man o.B.d.A. $r_i\sigma \in A_2$ annehmen.
Ich beweise eine Zwischenbehauptung, die an dieser Stelle benötigt wird:

Zwischenbehauptung *Auf dem Weg von $TZTA$ zu $TZTA'$ wird ein $t_3 = (g_3, A_3, BR_3, FR_3)$ erzeugt, das folgende Bedingungen erfüllt.*

1. *ex. $1 \leq l \leq n$ ex. σ_3: $(r_l \Longrightarrow r_{n+1})\sigma_3$ ist in FR_3 enthalten.*
2. *ex. τ_3: $g_3\tau_3 = r_l\sigma_1$, und damit ex. τ_3': $g_3\tau_3\tau_3' = r_l\sigma$.*

3.   ex. σ_3': $r_l\sigma = r_l\sigma_3\sigma_3'$

Beweis der ZB.:   *Der Beweis erfolgt durch vollständige Induktion nach der Anzahl n der Prämissen von r.*

$n = 1$:   *Dann ist $m(r) = r_1 \implies r_{n+1}$. Setze $\sigma_3 = \sigma_1$. Dann erfüllt bereits t_2 die geforderten Bedingungen, denn 1) und 2) folgen direkt aus den Bedingungen für t_2 und 3) aus der Definition von σ_1.*

$n > 1$:   *Sei $m(r) = r_1, ..., r_n \implies r_{n+1}$, r_i das markierte Literal, r' entstehe aus r durch Streichen desselben, $r_j := select(r')$ und markieren von r_j in r' ergebe r''. Setze $\sigma_3 := mgu(r_i\sigma_1, r_i\sigma)$. Durch Anwenden des 3. Aktionschemas auf t_2, mit $r\sigma_1$ und $a_{j+1} = r_i\sigma$, entsteht ein Tupel $t_2' = (g_2', A_2', BR_2', FR_2')$, das folgende Bedingungen erfüllt.*

1. $r''\sigma_1\sigma_3$ ist in FR_3 enthalten.

2. g_2' subsumiert $r_j\sigma_1\sigma3$.

3.   ex. σ_3': $r_j\sigma = r_j\sigma_1\sigma_3\sigma_3'$.

Durch Anbringen der Induktionsvoraussetzung folgt die Behauptung.

Aus dieser Zwischenbehauptung erhält man nun durch die Induktionshypothese ein Tupel $t_4 = (g_4, A_4, BR_4, FR_4)$, das $(r_l \implies r_{n+1})\sigma_3$ als Regel in FR_4 enthält und $r_l\sigma$ in A_4. Das 3. Aktionsschema erzeugt somit $r_{n+1}\sigma$, welches dem aus t durch Anwenden der Aktionssschemata erhaltenen Tupel $t_5 = (g_5, A_5, BR_5, FR_5)$, mit g_5 subsumiert g, in die Antwortliste A_5 hinzugefügt wird. Es folgt die Behauptung.

Nach Beendigung des Vollständigkeitsbeweises noch einige Anmerkungen zur Selektionsfunktion. Die Selektionsfunktion ist ein wesentlicher Faktor zur Kostenreduktion bei der Anfragebearbeitung. Ich möchte daher an dieser Stelle einige Heuristiken zur Auswahl des nächsten zu bearbeitenden Literals anführen.

1.   Zuerst isolierte Teilanfragen beantworten. (Prämissenliterale, die nur Variablen enthalten, die nicht im Regelkopf vorkommen ([110]).
2.   Wissen über Zugriffspfade ausnutzen.
3.   Statistiken über die zu erwartende Größe der Antwortmenge berücksichtigen.
4.   Literalen mit den wenigsten freien Variablen den Vorzug geben.
5.   Schon ausgewertete Prädikate bevorzugen.
6.   Basisprädikate bevorzugen.
7.   Nach Möglichkeit keine Teilziele einfügen, die vorhandene subsumieren.

Die Betrachtung der 2. Heuristik kann dazu führen, daß nur bestimmte Bindemuster für ein Prädikat erlaubt sind. Reduziert man dann das Selektionsproblem darauf, eine Reihenfolge der Teilzielauswertung zu finden, in der nur erlaubte Bindemuster auftreten, so ist dieses bereits EXP-TIME-vollständig ([104]). Ist die Stelligkeit der Prädikate nach oben beschränkt, so gibt es einen polynomialen Algorithmus ([72]).

4.3 Allgemeine Instantiierung

In der Spezifikation dieses Moduls wurde von einer Formel $f = Q_1 x_1 ... Q_n x_n f' \in$ For_Σ ausgegangen, die $Q_1 = ... = Q_n$ für die Quantoren erfüllt. Des weiteren wird eine Liste der Restriktionsliterale $r_1, ..., r_m$ für die Variablen $x_1, ..., x_n$ benötigt. Das Ergebnis der allgemeinen Instantiierung ist dann $get - inst(f) := (\{[x_1 \leftarrow t_1, ..., x_n \leftarrow t_n] | DB \models r_j[x_1 \leftarrow t_1, ..., x_n \leftarrow t_n], f.a. 1 \leq j \leq m\}, f'')$, wobei f'' aus f' durch Streichen der Restriktionsliterale $r_1, ..., r_m$ aus der Matrix hervorgeht.

Hierdurch ergibt sich in direkter Weise eine Einteilung der allgemeinen Instantiierung in fünf Schritte.

1. Suche die längste Anfangsfolge von gleichen Quantoren ($Q_1 = ... = Q_n$) in der Formel f, und sammle die quantifizierten Variablen ($x_1, ..., x_n$) auf.
2. Entnehme der Formel f die Restriktionsliterale $r_1, ..., r_m$ für die Variablen $x_1, ..., x_n$.
3. Bilde aus f die Formel f'' durch Streichen der ersten n Quantoren und Entfernen der Restriktionsliterale.
4. Setze $m := query(r_1, ..., r_m)$.
5. Gebe als Antwort das Tupel (m, f'') zurück.

4.4 Transaktionsorientierte Instantiierung

Wie im Teilkapitel 4.1 bereits nahegelegt, ist es sinnvoll, eine transaktionsorientierte Instantiierung der Konsistenzbedingungen vorzunehmen. Dieses Kapitel beschäftigt sich mit der Entwicklung einer solchen Methode.

Das Verfahren in [77] wurde entwickelt, um redundante Überprüfungen von Konsistenzbedingungen in relationalen Datenbanksystemen zu vermeiden, indem berücksichtigt wird, daß die Datenbasis vor der Ausführung der Transaktion konsistent war und die die Konsistenz verletzende Transaktion bekannt ist. Der Algorithmus von Nicolas beruht darauf, Konsistenzbedingungen zu instantiieren und somit einfacher zu überprüfende zu erhalten. Diese Methode wurde in [62] (demnächst als L/T zitiert) für deduktive Datenbasen erweitert. Dadurch, daß hier lediglich die Kopfliterale der Regeln berücksichtigt werden, wird allerdings eine Obermenge der benötigten Substitutionen berechnet. Dies kann dazu führen, daß durch die Anwendung dieser Methode nichts gewonnen wird. Eine weitere Methode, in der die Menge der nötigen Substitutionen exakt bestimmt wird, wurde in [52, 94] (demnächst als K/S zitiert) vorgestellt. Hier wird eine Erweiterung der SLDNF Beweisprozedur vorgenommen. Zu beiden Ansätzen lassen sich durch für das jeweilige Verfahren typische Kombinationen von Fakten, Regeln und Konsistenzbedingungen Ineffizienzen aufzeigen. Diese Ineffizienzen kann man vermeiden, indem man die Ideen von L/T und K/S in einem generelleren Ansatz verschmilzt. Die Kernidee der hier vorgestellten Methode ist es, daß das Verfahren zur Bestimmung der Instantiierungen nicht während des gesamten Prozesses fest sein soll, sondern bei jedem vorwärts gerichteten Ableitungsschritt (von der Transaktion zur Konsistenzbedingung) situationsangemessen entschieden wird, welche Taktik anzuwenden ist. Dies heißt, daß bei einer gegebenen expliziten oder impliziten Änderung der Faktenbasis entschieden wird, ob die Konsequenzen dieser Änderung exakt bestimmt werden sollen oder eine Obermenge dieser Konsequenzen. Wie sich zeigen wird, korrespondiert hier ein exakter Schritt zur in K/S vorgestellten Methode, während ein nicht exakter Schritt der Anwendung des Verfahrens von L/T entspricht. Weiter wird es möglich sein, Zwischenmöglichkeiten zu wählen. Die Entscheidung, was im nächsten Schritt zu tun ist, kann auf statistischer Information oder dem Wissen über Zugriffspfade beruhen.

Da ich davon überzeugt bin, daß die Regeln einer deduktiven Datenbasis im Hauptspeicher gehalten werden können, werde ich die Regeln in der Struktur eines Konnektionsgraphen ([50]) organisieren. Während der dort vorgeschlagene Algorithmus zur Deduktion bei jedem Schritt eine neue Klausel und neue Kanten einführt, wird das hier vorgeschlagene Verfahren lediglich mit Substitutionen hantieren.

Im nächsten Teilkapitel dieses Unterkapitels werden Beispiele für die Ineffizienzen der Methoden aus L/T und K/S gebracht. Danach wird das Verfahren entwickelt werden, zusammen mit einem Korrektheitsbeweis. Anschließend wird das neue Verfahren anhand der Beispiele erläutert.

4.4.1 Auswertung der existierenden Verfahren

Das Ziel dieses Teilkapitels ist es, die Für und Wider der Methoden L/T und K/S zu untersuchen. Hierzu werden drei Beispiele vorgestellt, von denen die ersten beiden jeweils die Vorteile des einen Verfahrens und die Schwächen des anderen Verfahrens beleuchten. Das dritte Beispiel zeigt die Möglichkeit, daß beide Verfahren gleichzeitig Ineffizienzen aufweisen.

Bevor ich die beiden Verfahren, soweit es für das Verständnis der Beispiele notwendig ist, vorstelle, möchte ich noch einige Definitionen anführen, die im Verlaufe des Kapitels den Formalismus vereinfachen.

Definition 4.4.1 *Sei Σ eine Signatur, $DB \in Dbase_\Sigma$ eine Datenbasis und $r_i \in DB^d$ eine Regel mit $m(r) = r_{i,1}, ..., r_{i,n} \Longrightarrow r_{i,n+1}$. Dann sind die Mengen r_i^+ und r_i^- definiert als $r_i^+ := \{r_{i,n+1}\}$ und $r_i^- := \{r_{i,1}, ..., r_{i,n}\}$.*

Da ich für Konsistenzbedingungen allgemeine geschlossene Formeln zulasse, sieht eine zu den Regeln analoge Strukturierung der Konsistenzbedingungen wie folgt aus.

Definition 4.4.2 *Sei Σ eine Signatur, $DB \in Dbase_\Sigma$ eine Datenbasis und $c_i \in DB^c$ eine Konsistenzbedingung. Dann sind die Mengen c_i^+ und c_i^- wie folgt definiert:*

$c_i^+ := \{l|\ l\ ist\ positives\ Literal\ in\ der\ konjunktiven\ Normalform\ von\ c_i\}$
$c_i^- := \{l|\ l\ ist\ negatives\ Literal\ in\ der\ konjunktiven\ Normalform\ von\ c_i\}$

Ich werde aber bei der Beschreibung der Verfahren, also in diesem und in den folgenden Unterkapiteln davon ausgehen, daß keine Existenzquantoren vorliegen. Falls welche vorliegen, so ist also darauf zu achten, daß die berechneten Substitutionen nur auf die $\forall$-quantifizierten Variablen angewendet werden, deren Quantoren vor einem Existenzquantor stehen.

Folgende Sprechweise erweist sich als hilfreich.

Definition 4.4.3 (gelöscht). *Sei Σ eine Signatur, $DB \in Dbase_\Sigma$ eine Datenbasis, $TA \in Trans_\Sigma$ eine Transaktion und $f \in Fak_\Sigma$ ein Faktum. Dann heißt f gelöscht, falls $DB \models f$ und $TA(DB) \not\models f$. f heißt explizit gelöscht, falls eine Operation der Form $del^a(f)$ in der Transaktion TA vorkommt. Ansonsten heißt f implizit gelöscht.*

Zur Veranschaulichung betrachte ich folgendes Beispiel:

Beispiel 4.4.4 *Sei*
$$DB := (\{a\}, \{a \Longrightarrow b\}, \emptyset) \ und$$
$$TA := del^a(a).$$
Dann ist a explizit gelöscht und b implizit.

Die Methode L/T Diese Methode beruht auf der Definition von Mengen $atom^i$. Hierbei enthält $atom^0$ alle explizit gelöschten Fakten und die $atom^i$ für $i > 0$ subsumierten jeweils implizit gelöschten Fakten. Diese Mengen sind nun wie folgt definiert.

Definition 4.4.5 (atom). *Sei Σ eine Signatur, $DB \in Dbase_\Sigma$ eine Datenbasis, $TA \in Trans_\Sigma$ eine Transaktion und $f \in Fak_\Sigma$ ein explizit gelöschtes Faktum. Dann wird wie folgt definiert:*

$$atom^0 \ :=\{f\}$$
$$atom^{k+1}:=\{r_{i,n+1}\theta \mid ex.\ r_i \in DB^d, r_{i,n+1} \in r_i^+, r_{i,j} \in r_i^-, f \in atom^k, j \in \{1,...,n\},$$
$$\theta \in Subst : \theta = mgu(r_{i,j}, f)\}.$$

Die Menge atom ist definiert als $atom := \bigcup_{k=0}^n atom^k$, wobei n die kleinste natürliche Zahl ist, so daß $atom^{n+1}$ von $\bigcup_{k=0}^n atom^k$ subsumiert wird. Nun wird die entscheidende Menge $S \subseteq atom$ so definiert, daß für alle $l \in atom$ ein $l' \in S$ existiert, mit $l'\theta = l$

Für das obige Beispiel ergibt sich $atom^0 = \{a\}$, $atom^1 = \{b\}$ und $S = \{a, b\}$. Der Konsistenztest bei der Methode L/T beschränkt sich dann darauf, für eine Konsistenzbedingung $c \in DB^c$ alle Instantiierungen $c\theta$ für
$$\theta \in \{mgu(l_1, l_2) \mid l_1 \in S, l_2 \in c^+\}$$
zu prüfen.

Die Beispiele folgen nach der Vorstellung des Verfahrens K/S.

Die Methode K/S   Diese Methode beruht auf einer Erweiterung der SLDNF-Beweisprozedur. Sie besteht aus 6 PROLOG-Regeln für das Prädikat Refute(s,u), wobei s eine Datenbasis ist und u ein eingefügtes oder gelöschtes Faktum. Dieses Prädikat evaluiert zu "wahr", falls die Datenbasis nach Ausführung der Transaktion nicht mehr konsistent ist. Da die folgenden Beispiele nur gelöschte Fakten betreffen, werden nur die Regeln R1, R2, R5 und R6 benötigt. Leicht modifiziert lauten sie wie folgt:

R1: Refute(s {})

R2: Refute(s c)←
    Select(l c) and
    In(d s) and
    Resolve(d c l r) and
    Refute(s r).

R5: Refute(DT∪IT $\{\neg l\}$)←
    In($\{a\} \cup b$ DT) and
    On($\neg l$ b) and
    Deleted(DT D a) and
    Refute(DT∪IT $\{\neg a\}$).

R6: Deleted(DT D a)←
    Refute(D $\{\neg a\}$) and
    NOT(Refute(DT $\{\neg a\}$)).

Hierbei ist D eine Datenbasis, korrespondierend zu $DB^a \cup DB^d$, DT entspricht $TA(DB)$, also der aktualisierten Datenbasis und IT ist die Menge der Konsistenzbedingungen in Klauselform, entspricht also DB^c. Die Hilfsprädikate haben folgende Bedeutung:

Select(l c)   wählt ein Literal l aus einer Klausel c aus.

Remove(c l r)   evaluiert zu "wahr", falls man durch Entfernen des Literals l aus der Klausel c die Klausel r erhält.

In(d s)   bedeutet, daß d eine Klausel in der Klauselmenge s ist.

On(l b)   bedeutet, daß das Literal l in der Klausel b vorkommt.

Resolve(d c l r)   evaluiert zu wahr, falls die Resolvente der Klauseln d und c auf dem Literal l die Klausel r ergibt.

Refute($DT \cup IT$ c)   evaluiert zu wahr, falls eine Konsistenzverletzung vorliegt. Dabei ist c eine Klausel.

Um nun für ein explizit gelöschtes Faktum f die Konsistenz der Datenbasis zu prüfen, wird $Refute(DT \cup IT\{\neg f\})$ aufgerufen. Nachdem die zum Verständnis der Beispiele benötigten Vorbereitungen getroffen sind, ist nur noch die Signatur festzulegen. Für alle Beispiele gilt:
$K_\Sigma := \{a, b, c, d, e, f, c_1, ..., c_{100}, f_1, ..., f_{100}\}$ und $P_\Sigma := \{p_1, p_2, q, r, s\}$.
    Das erste Beispiel betont die Vorzüge von K/S gegenüber L/T.

Beispiel 4.4.6 *Die Datenbasis enthält lediglich zwei Regeln:*

$$p_1(x,y) \wedge q(y,z) \Longrightarrow r(y,y)$$
$$p_2(x,y) \wedge r(y,z) \Longrightarrow q(x,z).$$

Die betrachtete Konsistenzbedingung lautet:

$$p_2(x,y) \Longrightarrow q(x,y).$$

Die angewendete Transaktion ist $del^a(p_2(b,a))$.

Mit L/T berechntet sich die Menge *atom* wie folgt:

$$atom^0 = \{p_2(b,a)\}$$
$$atom^1 = \{q(b,z)\}$$
$$atom^2 = \{r(b,b)\}$$
$$atom^3 = \{q(x,b)\}$$
$$atom^4 = \{r(x,x)\}$$
$$atom^5 = \{q(x,z)\}$$
$$atom^6 = \{r(x,x)\}$$

Man erhält für S:

$$S = \{p_2(b,a), q(x,z), r(x,x)\}$$

Für die Konsistenzbedingung erhalten wir also keine echte Instantiierung. Das heißt, die Konsistenzbedingung bleibt bis auf eventuelle Umbenennungen von Variablen unverändert. Als Konsequenz ist die ganze Datenbasis auf eine Verletzung zu untersuchen. Die Anwendung des L/T-Verfahrens liefert also keinen Gewinn. Man sieht also, daß dieses Verfahren u.U. zu grob arbeitet. Das Verfahren von K/S arbeitet entschieden feiner, in dem Sinne, daß es nur voll instantiierte Literale betrachtet. Dies erweist sich in diesem Beispiel als vorteilhaft:

Zur Anwendung des Verfahrens K/S enthalte die Datenbasis folgende Fakten:

$$
\begin{array}{lll}
p_1(a,b) & p_2(b,a) & r(a,a) \\
p_1(b,c) & p_2(c,b) & \\
p_1(c,d) & p_2(d,c) & \\
p_1(d,e) & p_2(e,d) &
\end{array}
$$

Mit den oben angegebenen Regeln für K/S erhält man folgende Ableitung:

$$\{\neg p_2(b,a)\}$$
$$\mid R5$$
$$\{\neg q(b,a)\}$$
$$\mid R5$$
$$\{\neg r(b,b)\}$$
$$\mid R5$$
$$\{\neg q(c,b)\}$$
$$\mid R2$$
$$\{\neg p_2(c,b)\}$$
$$\mid R2$$
$$\Box$$

Der Leser möge sich davon überzeugen, daß diese Ableitung ohne viel Suchen zustande kommt. Das zweite Beispiel zeigt nun, daß dies nicht immer der Fall ist und L/T angemessener als K/S erscheinen kann.

Beispiel 4.4.7 *Es wird folgende Datenbasis betrachtet:*

$$DB := (\{q(a,b) \quad p(a,b,c_1) \quad r(a,c_1) \quad s(a,c_{50})$$
$$p(a,b,c_2) \quad r(a,c_3)$$
$$p(a,b,c_3) \quad r(a,c_5)$$
$$\cdots \qquad \cdots$$
$$p(a,b,c_{100}) \quad r(a,c_{99})\},$$
$$\{\forall x \forall y \forall z \; p(x,y,z) \wedge q(x,y) \Longrightarrow r(x,z)\},$$
$$\{\forall x \forall z \; s(x,z) \Longrightarrow r(x,z)\}).$$

Die Transaktion $TA := del^a(q(a,b))$ *wird betrachtet.*

Offensichtlich verletzt die Transaktion die Konsistenzbedingung, d.h., $TA(DB)$ ist inkonsistent.

Die Anwendung von K/S erfordert den Aufruf Refute($TA(DB)$ $\neg q(a,b)$). Die einzige anwendbare Regel ist R5. Da nicht alle Instantiierungen von $r(a,z)$ gelöscht worden sind, müssen alle solchen ausfindig gemacht werden. Die ist u.U. eine extensive Suche. Hier sind bspw. alle $r(a,c_i)$ mit ungeradem i nicht gelöscht. Der zweite Schritt ist nun, alle gelöschten Instantiierungen von $r(a,z)$ daraufhin zu untersuchen, ob sie tatsächlich einen Widerspruch liefern. Zum Erfolg führt lediglich $r(a,c_i)$ für $i = 50$, und es wurde eine Menge Zeit für $i \neq 50$ verschwendet.

Ein weiterer Nachteil der Methode K/S ist es, daß sie alle wohlbekannten Ineffizienzen der SL-Resolution (s. [50]) einführt. Wohl deshalb wird in [52] bereits vorgeschlagen, einen Konnektionsgraphen zu benutzen. Leider führen die Autoren diese Idee nicht weiter aus.

Es ist an der Zeit, die Vorzüge des Verfahrens L/T zu demonstrieren. Angewandt auf obiges Beispiel erhalten wir:

$$atom^0 = \{q(a, b)\},$$
$$atom^1 = \{r(a, z)\} \text{ und}$$
$$atom^2 = \{\}.$$

Die Konsistenzbedingung vereinfacht sich also zu $\forall z\ s(a, z) \implies r(a, z)$. Da nur eine Möglichkeit besteht, $s(a, z)$ zu erfüllen, nämlich $s(a, c_{50})$, vereinfacht sich die Konsistenzbedingung weiter zu $r(a, c_{50})$. Dies sollte einfach zu überprüfen sein.

An den obigen Beispielen ist klar geworden, daß es nicht ratsam ist, sich auf eine der beiden Methoden festzulegen. Die exakte Menge der gelöschten Fakten zu bestimmen kann zu einem unnötig großen Suchaufwand führen, während die durch L/T bestimmte Obermenge so groß sein kann, daß sich keinerlei Vereinfachung mehr ergibt.

In folgendem Beispiel (einer Modifikation des ersten Beispiels) sind beide Verfahren ineffizient: Die Faktenbasis enthalte zusätzlich

$$q(a, f_{50}) \qquad r(a, f_1) \qquad \ldots \qquad r(a, f_{100}).$$

Da L/T die Fakten der Datenbasis unberücksichtigt läßt, erhält man dasselbe Ergebnis wie im ersten Beispiel, also keine Vereinfachung der Konsistenzbedingung.

Während sich mit K/S im ersten Beispiel ohne großen Aufwand die Inkonsistenz nachweisen ließ, ergibt sich jetzt ein großer Suchraum. Die Ineffizienzen beruhen auf der Tatsache, daß alle Literale $\{\neg q(b, f_i)\}$ einzeln betrachtet werden und so die letzten drei Regelanwendungen der K/S-Prozedur 100 mal wiederholt werden. Der Beweisbaum läßt sich wie folgt graphisch darstellen:

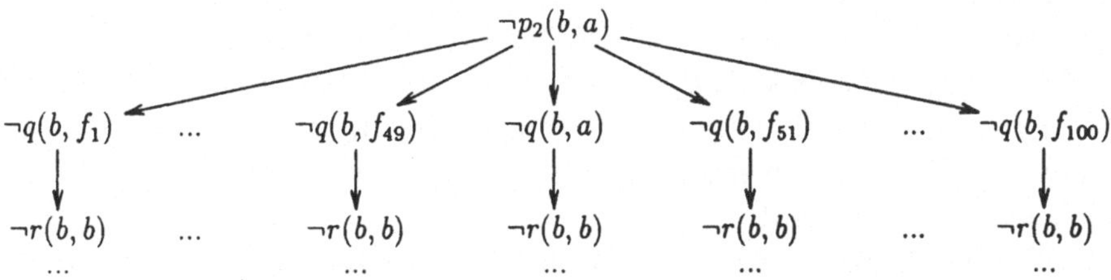

Dieses Beispiel motiviert eine der Verbesserungen, die vorgeschlagen werden. Für jeden Deduktionsschritt sollte unabhängig von den vorangegangenen und folgenden entschieden werden, ob die Menge der implizit gelöschten Fakten exakt bestimmt werden soll oder nur eine Obermenge hiervon.

Eine weitere Verbesserung, die hier nicht durch die obigen Beispiele motiviert wurde, resultiert aus folgender Beobachtung. Man stelle sich eine Regel mit Kopfliteral p(x,y) vor. Eine Aktualisierung betrifft nun die Prämissen der Regel, liefert aber keine Instantiierung für x oder y. Daher ergäbe sich durch L/T keine Instantiierung, und für K/S müßten alle Instantiierungen von sowohl x als auch y in Betracht gezogen werden. Nimmt man weiterhin an, daß es unterschiedlich viele Instantiierungen für x und y gibt, und dies ist durch vorhandenes statistisches Wissen über die Selektivität des Prädikates p bekannt, so ist es sinnvoll, alle Instantiierungen für x zu betrachten, aber y nicht zu instantiieren.

Der im folgenden Teilkapitel entwickelte Algorithmus unterstützt alle diese Forderungen.

4.4.2 Entwicklung des Verfahrens

Ich werde jetzt die neue Methode formal einführen. Für den Rest dieses Teilkapitels werden mit $f, f_i \in Fak_\Sigma$ geschlossene Atome, also Fakten, bezeichnet werden. Weiter sei $DB_{old} \in Dbase_\Sigma$ eine Datenbasis, $TA \in Trans_\Sigma$ eine Transaktion und $DB_{new} := TA(DB_{old})$. Es ist $\overline{\alpha(TA)}$ die Menge aller expliziten Änderungen ist.

Die Menge aller expliziten und impliziten Änderungen wird durch

$$\Delta A := \{f \,|\, DB_{old} \not\models f, DB_{new} \models f\} \cup \{\neg f \,|\, DB_{old} \models f, DB_{new} \not\models f\}$$

erfaßt.

Da offensichtlich $C(DB_{new}) = (C(DB_{old}) \cap C(DB_{new})) \cup \Delta A$ gilt, ist $M(DB_{new}) \cup DB^c$ inkonsistent genau dann, wenn es einen linearen Resolutionsbeweis mit einem Literal aus ΔA als oberste Klausel gibt, der die leere Klausel herleitet. Im allgemeinen ist diese Aussage nicht mehr richtig, wenn ΔA durch $\overline{\alpha(TA)}$ ersetzt wird, da dann die impliziten Änderungen unberücksichtigt bleiben.

Eine mögliche Idee ist, ΔA zu berechnen und dann jedes Element aus ΔA als oberste Klausel in einem linearen Resolutionsbeweis zu verwenden. Dies ist aber offensichtlich ineffizient. Trotzdem erhöht es das Verständnis des Folgenden, wenn man diese Idee im Hinterkopf behält und sich zunächst einmal ΔA näher anschaut.

Im Rest dieses Unterkapitels wird zunächst ΔA strukturiert. Dann in Analogie zu dieser Strukturierung definiere ich den Konnektionsgraphen (C^3G). Anschließend wird gezeigt, daß $M(DB_{new}) \cup DB^c$ genau dann konsistent ist, wenn alle Pfade in diesem Graphen einer bestimmten Bedingung genügen. Von den dabei bestehenden Möglichkeiten entsprechen zwei zu den Verfahren L/T und K/S, wie nachfolgend dargelegt wird.

A^i wird die Konsequenzen einer Änderung enthalten, die mit i Vorwärtsanwendungen der Regeln der Datenbasis berechnet werden können. Falls also

$$A^0 := \alpha(TA)$$

$$A^{k+1} := A^k \cup \{r_{i,j_2}\sigma\tau \,|\quad r_i \in DB^d, r_{i,j_1} \in r_i^-, r_{i,j_2} \in r_i^+, g \in A^k,$$
$$\sigma = mgu(|r_{i,j_1}|, g), \tau \in Subst, r_{i,j_2}\sigma\tau \text{ ground},$$

$$DB_{old} \not\models r_{i,j_2}\sigma\tau, DB_{new} \models r_{i,j_2}\sigma\tau\}$$
$$\cup \{\neg r_{i,j_2}\sigma\tau \mid \; r_i \in DB^d, r_{i,j_1} \in r_i^-, r_{i,j_2} \in r_i^+, g \in A^k,$$
$$\sigma = mgu(r_{i,j_1}, g), \tau \in Subst, r_{i,j_2}\sigma\tau \; ground,$$
$$DB_{old} \models r_{i,j_2}\sigma\tau, DB_{new} \not\models r_{i,j_2}\sigma\tau\}$$

definiert wird, gilt

$$\Delta A = \bigcup A^k.$$

Um die folgende Definition des Konnektionsgraphen zu verstehen, ist es hilfreich, diese an den Abbildungen 4.2 a) und b) im nächsten Teilkapitel nachzuvollziehen. Dort werden zwei Beispiele für einen solchen Konnektionsgraphen angeführt. Die unterste Zeile enthält den für das explizit gelöschte Faktum relevanten Teil von $\mathcal{L}_A$ (s.u.). Diese Literale stellen Eingangspunkte in den Graphen dar, mit denen die geänderten Fakten aus $\overline{\alpha(TA)}$ unifiziert werden müssen. Die oberste Zeile enthält die Konsistenzbedingung. Dazwischen sind die Regeln repräsentiert. Verbunden werden die Literale durch zwei verschiedene sogenannte Links. Diese sind der "R"- und der "S"-Link. Ein "S"-Link verbindet ein Literal einer Konsistenzbedingung mit einem Literal aus $\mathcal{L}_A$ oder mit einem Regelkopf, falls diese unifizierbar sind. "R"-Links verbinden je zwei unifizierte Literale mit unterschiedlichem Vorzeichen. Diese Links entsprechen den normalen Resolutionslinks, wie zum Beispiel in [16] näher erläutert.

Der Konnektionsgraph $C^3G \subseteq (\mathcal{L}_A \cup \mathcal{L}) \times \mathcal{L} \times \{R, S\}$ ist wie folgt definiert, wobei $\mathcal{L} \subseteq Lit_\Sigma$ mit $\mathcal{L} := \{r_{i,j}\} \cup \{c_{i,j}\}$ alle Literale enthält, die in einer Konsistenzbedingung oder Regel vorkommen. $\mathcal{L}_A$ ist definiert als $\mathcal{L}_A := |\mathcal{L}|$, also der Menge der Atome in $\mathcal{L}$. (Es ist sicherlich nützlich, "S" als "supports" und "R" als "resolves" zu lesen.)

$$C^3G_{\mathcal{L}_A,C+} := \{(l, c_{i,j}, S) | l \in \mathcal{L}_A, c_{i,j} \in c_i^+, ex. \; \theta \in \mathcal{S} : l\theta = c_{i,j}\theta\}$$
$$C^3G_{\mathcal{L}_A,C-} := \{(l, c_{i,j}, R) | l \in \mathcal{L}_A, c_{i,j} \in c_i^-, ex. \; \theta \in \mathcal{S} : l\theta = |c_{i,j}|\theta\}$$
$$C^3G_{\mathcal{L}_A,R-} := \{(l, r_{i,j}, R) | l \in \mathcal{L}_A, r_{i,j} \in r_i^-, ex. \; \theta \in \mathcal{S} : l\theta = |r_{i,j}|\theta\}$$
$$C^3G_{\mathcal{R}+,\mathcal{R}-} := \{(r_{h,l}, r_{i,j}, R) | r_{h,l} \in r_h^+, r_{i,j} \in r_i^-, ex. \; \theta \in \mathcal{S} : r_{h,l}\theta = |r_{i,j}|\theta\}$$
$$C^3G_{\mathcal{R}-,\mathcal{R}+} := \{(r_{i,j}, r_{i,h}, R) | r_{i,j} \in r_i^-, r_{i,h} \in r_i^+\}$$
$$C^3G_{\mathcal{R}+,C+} := \{(r_{h,l}, c_{i,j}, S) | r_{h,l} \in r_h^+, c_{i,j} \in C^+, ex. \; \theta \in \mathcal{S} : r_{h,l}\theta = c_{i,j}\theta\}$$
$$C^3G_{\mathcal{R}+,C-} := \{(r_{h,l}, c_{i,j}, R) | r_{h,l} \in r_h^+, c_{i,j} \in C^-, ex. \; \theta \in \mathcal{S} : r_{h,l}\theta = |c_{i,j}|\theta\}$$

$$C^3G \quad := C^3G_{\mathcal{L}_A,C+} \cup C^3G_{\mathcal{L}_A,C-} \cup C^3G_{\mathcal{L}_A,R-} \cup$$
$$C^3G_{\mathcal{R}-,\mathcal{R}+} \cup C^3G_{\mathcal{R}+,\mathcal{R}-} \cup C^3G_{\mathcal{R}+,C+} \cup C^3G_{\mathcal{R}+,C-}$$

Nachdem der Konnektionsgraph definiert ist, gebe ich eine Methode an, die diesen interpretiert. Im folgenden interessieren Pfade, die mit einem Literal in $\mathcal{L}_A$ beginnen und mit einem Literal in einer Konsistenzbedingung enden. Das heißt also, diese Pfade haben in den Abbildungen des nächsten Unterkapitels die globale Richtung von unten nach oben. Für ein Literal l aus $\overline{\alpha(TA)}$ beginnt ein Pfad p mit einem Element aus $\mathcal{L}_A$, das mit l unifizierbar ist. Für jedes Paar (l, p) wird $I(l, p)$ definiert werden. $I(l, p)$ selbst wird abhängen von den Entscheidungen, die entlang des Pfades von l zu einer Konsistenzbedingung getroffen werden, ob also bspw. ein L/T- oder ein K/S- Schritt angewendet wird. Es wird nachfolgend demonstriert, daß $\Theta_h = \emptyset$ mit L/T und $\Theta_h = \Theta^\pm$ mit K/S korrespondiert (bzgl. der Definition von Θ_h und $\Theta^\pm$ s.u.). Soweit ist die Definition von $I(l,p)$ also als nicht-deterministisch anzusehen, da sie von der Wahl der Θ_h abhängt.

Für fest gewählte Θ_h ist $I(l,p)$ ein Paar (A,B). Nur A, eine Menge von Substitutionen, wird im Detail interessieren. An der Menge B wird lediglich interessant sein, ob $B = \emptyset$ gilt oder nicht. Nachdem $I(l,p)$ berechnet sein wird, beschränkt sich der Konsistenztest darauf, alle Instantiierungen mittels der Substitutionen in A auf die Konsistenzbedingung, an der p endet, zu überprüfen. Bevor es jedoch möglich ist, $I(l,p)$ zu definieren, ist es nötig, formal festzulegen, was ein Pfad sein soll.

Für jedes f $(\neg f) \in \overline{\alpha(TA)}$ wird $p = (l_{i_0,j_0}, ..., l_{i_n,j_n})$ als Pfad von f $(\neg f)$ definiert, falls f mit $l_{i_0,j_0} \in \mathcal{L}_A$ unifizierbar ist und $(l_{i_{h-1},j_{h-1}}, l_{i_h,j_h}, z) \in C^3G$ für alle h=1,...,n gilt. Für eine Konsistenzbedingung c_i heißt $(l_{i_0,j_0}, ..., l_{i_n,j_n})$ ein Pfad von $f(\neg f)$ zu c_i, falls $(l_{i_{n-1},j_{n-1}}, l_{i_n,j_n}, R)$ $((l_{i_{n-1},j_{n-1}}, l_{i_n,j_n}, S)) \in C^3G$ gilt und es ein j gibt, das $l_{i_n,j_n} = c_{i,j}$ erfüllt. Für einen Pfad $p = (l_{i_0,j_0}, ..., l_{i_n,j_n})$ und ein $h \leq n$ werden Teilpfade $p_h := (l_{i_0,j_0}, ..., l_{i_h,j_h})$ definiert.

Für die Definition von I werden noch zwei weitere Definitionen benötigt. Mit $\delta(r_i)$ sei eine Substitution bezeichnet, die alle Variablen, die in r_i vorkommen, in neue Variablen umbenennt. Es gelte aber $\delta(c_i) = \epsilon$, für alle Konsistenzbedingungen c_i. (ϵ bezeichnet die leere Substitution.)

Für ein Literal l werden folgende zwei Mengen von Substitutionen definiert:

$$\Theta^+(l) := \{\theta | DB_{old} \not\models l\theta,\ DB_{new} \models l\theta\}$$
$$\Theta^-(l) := \{\theta | DB_{old} \models l\theta,\ DB_{new} \not\models l\theta\}.$$

Man bemerke die Analogie zwischen $\Theta^\pm$ und ΔA für den Fall, daß $l\theta$ in obiger Definition geschlossen ist. Ein Algorithmus zur effizienten Berechnung der Mengen $\Theta^\pm$ enthält das Unterkapitel "Δ-Anfragen".

Es sei $p := (l_{i_0,j_0}, ..., l_{i_n,j_n})$ ein Pfad für f $(\neg f)$, $l_{i_h,j_h} = r_{i_h,j_h}$ für $1 \leq h \leq n$ und δ eine Umbenennung. Dann wird $I(f, l_{i_0,j_0}) := I(\neg f, l_{i_0,j_0}) := (\{mgu(f, l_{i_0,j_0}\delta)\}, \emptyset)$ definiert und falls $(l_{i_{h-1},j_{h-1}}, l_{i_h,j_h}, R) \in C^3G_{\mathcal{R}^-,\mathcal{R}^+}$ $I(\neg f, p_h) := I(\neg f, p_{h-1})$. In allen anderen Fällen gilt für I Folgendes, wobei I_i die Projektion der i-ten Komponente bezeichnet.

$$
\begin{aligned}
I(f, p_h) \ := \ (&\{\sigma\sigma'\theta | \sigma' \in I_1(f, p_{h-1}),\ \delta_h = \delta(r_{i_h}), \\
&\sigma = mgu(r_{i_{h-1},j_{h-1}}\delta_{h-1}, r_{i_h,j_h}\delta_h), \\
&\theta \in \Theta_h \subseteq \Theta^+(r\delta_h\sigma),\ \theta = \epsilon\ if\ \Theta_h = \emptyset\ or \\
&l_{i_h,j_h} \in c_i\ for\ some\ i,\ r \in r_{i_h}^+\}, \\
&I_2(f, p_{h-1})\ \cup\ \{r\sigma | \Theta_h \neq \emptyset \wedge \Theta_h \neq \Theta^+\})
\end{aligned}
$$

$$
\begin{aligned}
I(\neg f, p_h) \ := \ (&\{\sigma\sigma'\theta | \sigma' \in I_1(\neg f, p_{h-1}),\ \delta_h = \delta(r_{i_h}), \\
&\sigma = mgu(r_{i_{h-1},j_{h-1}}\delta_{h-1}, r_{i_h,j_h}\delta_h), \\
&\theta \in \Theta_h \subseteq \Theta^-(r\delta_h\sigma),\ \theta = \epsilon\ if\ \Theta_h = \emptyset\ or \\
&l_{i_h,j_h} \in c_i\ for\ some\ i,\ r \in r_{i_h}^+\},
\end{aligned}
$$

$$I_2(\neg f, p_{h-1}) \cup \{r\sigma|\Theta_h \neq \emptyset \wedge \Theta_h \neq \Theta_-\})$$

Wird $\Theta_h = \emptyset$ gewählt, so entspricht dies einem L/T-Schritt, da lediglich der allgemeinste Unifikator von $r_{i_{h-1},j_{h-1}}$ und r_{i_h,j_h} in Betracht gezogen wird. Es liegt also ein nicht exakter Schritt vor, da nicht überprüft wird, ob wirklich alle Instantiierungen des Kopfliterals der Regel r_{i_h} gelöscht wurden. Wird auf der anderen Seite $\Theta_h = \Theta^\pm$ gewählt, so korrespondiert dies zu K/S, da genau die Substitutionen berücksichtigt werden, die angewandt auf das Kopfliteral ein Faktum liefern, welches gelöscht wurde.

In der Definition von I kann die Bedingung $\Theta_h = \Theta^\pm$ abgeschwächt werden zu Θ_h subsumiert $\Theta^\pm$, d.h., für jede Substitution $\theta \in \Theta^\pm$ gibt es Substitutionen $\sigma \in \Theta_h$ und $\tau \in S$, so daß $\theta = \sigma\tau$ gilt. Dies wurde im vorangegangenen Teilkapitel mit Zwischenmöglichkeit bezeichnet. Da die nachstehenden Beweise von dieser Verallgemeinerung nicht betroffen werden, ist somit auch die Korrektheit dieser Vorgehensweise gewährleistet.

Das folgende technische Lemma hat die Aussage, daß für jedes Literal $l \in \Delta A$ ein Literal $s_0 \in A^0$ und ein Pfad p für s_0 existieren, so daß das letzte Element im Pfad p mittels einer Substitution in $I_1(s_0, p)$ mit l unifizierbar ist.

Um eine kompaktere Schreibweise zu ermöglichen, werde ich "für alle" und "es existiert" mit $\forall$ bzw. $\exists$ abkürzen. Dies ist nicht mit den Quantoren der logischen Sprache zu verwechseln.

Lemma 4.4.8 $\forall k > 0 \, \forall l \in A^k, k\, minimal\, \exists r_i \in DB^d, r_{i,j_1} \in r_i^-, r_{i,j_2} \in r_i^+ \, \exists s_0 \in A^0, \exists s \in \mathcal{L}_A \, \exists\, Pfad\, p = (s,...,r_{i,j_2})\, \forall I(s_0,p), I_2(s_0,p) = \emptyset \, \exists \theta \in I_1(s_0,p) \exists \delta, \tau \in S : r_{i,j_2}\delta\theta\tau = |l|.$

Beweis 4.4.9 *Der Beweis wird durch vollst. Induktion nach k geführt.*

$\underline{k=1:}$ *Die Definition von A^1 ergibt:*

> $r_i \in DB^d, r_{i,j_1} \in r_i^-, r_{i,j_2} \in r_i^+,\ g \in A^0, \sigma, \tau \in Subst : |r_{i,j_2}|\sigma\tau = |l|, |r_{i,j_1}|\sigma = |g|.$
> *Weiter ist dann $p = (|r_{i,j_1}|, r_{i,j_1}, r_{i,j_2})$ ein Pfad für g. Für eine Umbenennung δ' wähle man $\sigma' \in Subst$ mit $r_i\sigma = r_i\delta'\sigma'$. Dann gilt $I(g, |r_{i,j_1}|) = (\{\sigma'\}, \emptyset)$. Für eine zweite Umbenennung δ'' wähle $\sigma'' \in Subst$, so daß $r_i\sigma' = r_i\delta''\sigma''$ gilt. Dann gilt entweder $I(g,p) = (\{\sigma''\sigma'\}, \emptyset)$ oder $I(g,p) = (\{\sigma''\sigma'\theta|\theta \in \Theta^\pm\}, \emptyset)$. In beiden Fällen folgt die Behauptung.*

$\underline{k+1:}$ *Die Definition von A^{k+1} liefert:*

> $r_i \in DB^d, r_{i,j_1} \in r_i^-, r_{i,j_2} \in r_i^+,\ g \in A^k, \sigma_1, \tau_1 \in Subst :$
> $|r_{i,j_1}|\sigma_1 = |g|, |r_{i,j_2}|\sigma_1\tau_1 = |l|.$

Die Induktionshypothese für g lautet: $\exists r_{i'} \in DB^d, r_{i',j_1'} \in r_{i'}^-,\ r_{i',j_2'} \in r_{i'}^+, s_0 \in A^0, s \in \mathcal{L}_A : \exists p' = (s,...,r_{i',j_2'})\, Pfad\, für\, s_0\, und$
$\forall I(s_0,p), I_2(s_0,p) = \emptyset \, \exists \theta' \in I_1(s_0,p), \exists \delta', \tau' \in Subst: r_{i',j_2'}\delta'\theta'\tau' = |g|$

Nun ist $p = (s, ..., r_{i',j'_2}, r_{i,j_1}, r_{i,j_2})$ ein Pfad für s_0, da r_{i',j'_2} und $|r_{i,j_1}|$ unifizierbar sind, weil sie eine gemeinsame Instanz $|g|$ haben. Insgesamt haben wir $(r_{i',j'_2}\delta'\theta')\tau' = |g|$, $|r_{i,j_1}\sigma_1| = |g|$ und $(r_{i,j_2}\sigma_1)\tau_1 = |l|$. Da g und l geschlossen sind, instantiieren σ_1 und τ_1 Variablen in r_i, und θ', τ' instantiieren solche in r'_i. Es sei δ eine Umbenennung für r_i, so daß alle Variablen in $r_i\delta$ verschieden sind von denen in r'_i, θ' und τ'. Sei $\sigma := mgu(r_{i',j'_2}\delta', |r_{i,j_1}|\delta)$. Dann existieren $\sigma'_1, \tau'_1 \in Subst$, so daß $r_{i,j_2}\delta\sigma\sigma'_1\tau'_1 = |l|$ gilt, und somit auch $r_{i,j_2}\delta\sigma\theta'\tau'\tau'_1 = |l|$. Zusammen mit der Definition von I folgt die Behauptung.

□

Der folgende Satz beinhaltet die Korrektheit der hier vorgeschlagenen Methode.

Satz 4.4.10   *Sei $c_i \in DB^c$.*

$C(DB_{new}) \cup \{c_i\}$ *inkonsistent*
  $\prec\succ$ $\exists l \in \overline{\alpha(TA)}\ \exists\ Pfad\ p\ von\ l\ nach\ c_i\ \exists\theta \in I_1(l, p), I_2(l, p) = \emptyset$:
    $C(DB_{new}) \cup \{c_i\theta\}$ *inkonsistent.*
  $\prec$ $\exists l \in \alpha(TA)\ \exists\ Pfad\ p\ von\ l\ nach\ c_i\ \exists\theta \in I_1(l, p),\ I_2(l, p) \neq \emptyset$:
    $C(DB_{new}) \cup \{c_i\theta\}$ *inkonsistent.*

Beweis 4.4.11
$C(DB_{new}) \cup \{c_i\}$ *inkonsistent* $\succ \exists\sigma_g \in Subst, c_i\sigma_g$ *geschlossen:*
$$\forall j : C(DB_{new}) \cup \{c_{i,j}\sigma_g\}\ inkonsistent.$$
$C(DB_{old}) \cup \{c_i\}$ *konsistent* $\succ C(DB_{old}) \cup \{c_i\sigma_g\}$ *konsistent*
  $\succ \exists j_0 : C(DB_{old}) \cup \{c_{i,j_0}\sigma_g\}$ *konsistent.*
Dies impliziert $\neg c_{i,j_0}\sigma_g \in \Delta A$.
Zusammen mit dem nächsten Lemma folgt die Behauptung. □

Lemma 4.4.12   *$\forall l \in \Delta A, |l| = |c_{i,j}|\sigma_g$, für $i, j \in \mathbf{N}$ und $\sigma_g \in Subst$ und falls $l, c_{i,j}$ entgegengesetztes Vorzeichen haben, $\exists s_0 \in A_0$*
$\exists p\ Pfad\ von\ s_0\ \forall I(s_0, p)\ mit\ I_2(s_0, p) = \emptyset\ \exists\theta \in I_1(s_0, p)\exists\sigma'_g \in \mathcal{S}: |l| = |c_{i,j}|\theta\sigma'_g$.

Beweis 4.4.13   *Ich zeige lediglich den Fall $l = \neg f$. ($l = f$ zeigt man analog.) Da l ein negatives Literal ist, ist ein $c_{i,j}$ positives. Das Lemma wird durch Induktion nach k gezeigt, wobei $l \in A^k$ gilt.*

<u>$k = 0$:</u>   *$p = (c_{i,j}, c_{i,j})$ ist ein Pfad für l, weil $(c_{i,j}, c_{i,j}, S) \in C^3G$ gilt. Mit $\sigma' := mgu(|l|, c_{i,j})$ gilt dann $I_1(l, p) = \{\sigma'\}$ und es folgt die Behauptung mit $s_0 = l$.*

<u>$k+1$:</u>   *Mittels dem obigen Lemma erhält man für ein Literal l einen Pfad $p = (l_{i_0,j_0}, ..., l_{i_n,j_n})$ für ein $s_0 \in A^0$. Weiter gibt es Substitutionen $\delta \in Subst, \theta \in I_1(s_0, p)$ und $\tau \in Subst$, die $l_{i_n,j_n}\delta\theta\tau = |l|$ erfüllen. Dann ist $p' = (l_{i_0,j_0}, ..., l_{i_n,j_n}, c_{i,j})$ ein Pfad für s_0, weil l_{i_n,j_n} und $c_{i,j}$ unifizierbar sind, und es ein $\theta' \in I_1(s_0, p')$ und ein $\tau' \in Subst$ gibt, so daß $c_{i,j}\theta'\tau' = |l|$ gilt. Daraus folgt die Behauptung.*

□

Falls $I_2(l,p) \neq \emptyset$ gilt, wurde Θ_h so gewählt, daß es sowohl ungleich der leeren Menge ist als auch ungleich $\Theta^{\pm}$. Man betrachte das zweite Beispiel. Da $q(a,b)$ gelöscht wurde, sind ebenfalls alle Instantiierungen von $r(a,z)$ mit $z \in \{c_2, c_4, ..., c_{100}\}$ gelöscht. Falls man nun nur für $\Theta_h = \{[z \leftarrow c_{22}], [z \leftarrow c_{44}], [z \leftarrow c_{88}]\}$ die Instantiierung $s(x,z) \implies r(x,z)[x \leftarrow a]\theta$ der Konsistenzbedingung prüft, kann keine Inkonsistenz nachgewiesen werden. Es gilt sogar, daß man solange keine Inkonsistenz nachweisen kann, wie nicht $[z \leftarrow c_{50}] \in \Theta_h$ gilt. Dies zeigt, daß die "$\succ$" Richtung im obigen Satz i.a. nicht gültig ist. Sie ist nur dann gültig, wenn Θ_h $\Theta^{\pm}$ subsumiert.

4.4.3 Demonstration der Leistungsfähigkeit

In diesem Kapitel werde ich die entwickelte Methode auf die Beispiele des ersten Teilkapitels anwenden. Der relevante Teil des C^3G-Graphen für das erste Beispiel ist in Abbildung 4.2 dargestellt. Die folgende Konsistenzprüfung mit $\Theta_h = \Theta^-$ in jedem Schritt simuliert die K/S-Methode. Ich gebe im folgenden die I-tupel für das gelöschte Faktum $p_2(b,a)$ an. Dabei bezeichnet I^i das entsprechende I-Tupel in einer Distanz von i Knoten von Startknoten $p_2(x,y)$. Die Umbenennungen δ_h sollten offensichtlich sein.

$$I^0 = (\{\{x_0 \leftarrow b,\ y_0 \leftarrow a\} =: \sigma_0\}, \emptyset) \qquad \sigma_0 = \{x_0 \leftarrow b, y_0 \leftarrow a\}$$
$$I^1 = (\{\{x_1 \leftarrow x_0, y_1 \leftarrow y_0, z_1 \leftarrow a\}\sigma_0 =: \sigma_1\}, \emptyset) \quad \sigma_1 = \{x_1 \leftarrow b, y_1 \leftarrow a, z_1 \leftarrow a\}$$
$$I^2 = (\{\{y_2 \leftarrow x_1, z_2 \leftarrow z_1\}\sigma_1 =: \sigma_2\}, \emptyset) \qquad \sigma_2 = \{y_2 \leftarrow b, z_2 \leftarrow a\}$$
$$I^3 = (\{\{x_3 \leftarrow c,\ y_3 \leftarrow y_2, z_3 \leftarrow y_2\}\sigma_2 =: \sigma_3\}, \emptyset) \quad \sigma_3 = \{x_3 \leftarrow c, y_3 \leftarrow b, z_3 \leftarrow b\}$$
$$I^4 = (\{\{x \leftarrow x_3,\ y \leftarrow z_3\}\sigma_3 =: \sigma_4\}, \emptyset) \qquad \sigma_4 = \{x \leftarrow c, y \leftarrow b\}$$

Falls die Konsistenzbedingung mit c bezeichnet wird, ist $c\sigma_4$ gleich $\{\neg\, p_2(c,b), q(c,b)\}$. Hieraus kann q(c,b) gelöscht werden, da als letzter Schritt ein $\Theta_h = \Theta^-$-Schritt gewählt wurde. $\{\neg p_2(c,b)\}$ führt mit dem in der Datenbasis vorhandenen Faktum $p_2(c,b)$ zu einem Widerspruch.

Die Variante des ersten Beispiels verursachte bei beiden Methoden erhebliche Schwierigkeiten. Falls zunächst ein $\Theta_h = \emptyset$-Schritt durchgeführt wird und anschließend nur noch $\Theta_h = \Theta^-$-Schritte, erhält man für die I^i folgende Ergebnisse.

$$I^0 = (\{\{x_0 \leftarrow b,\ y_0 \leftarrow a\} =: \sigma_0\}, \emptyset) \qquad \sigma_0 = \{x_0 \leftarrow b, y_0 \leftarrow a\}$$
$$I^1 = (\{\{x_1 \leftarrow x_0, y_1 \leftarrow y_0\}\sigma_0 =: \sigma_1\}, \emptyset) \qquad \sigma_1 = \{x_1 \leftarrow b, y_1 \leftarrow a\}$$
$$I^2 = (\{\{y_2 \leftarrow x_1, z_2 \leftarrow z_1\}\sigma_1 =: \sigma_2\}, \emptyset) \qquad \sigma_2 = \{y_2 \leftarrow b, z_2 \leftarrow z_1\}$$
$$I^3 = (\{\{x_3 \leftarrow c,\ y_3 \leftarrow y_2, z_3 \leftarrow y_2\}\sigma_2 =: \sigma_3\}, \emptyset) \quad \sigma_3 = \{x_3 \leftarrow c, y_3 \leftarrow b, z_3 \leftarrow b\}$$
$$I^4 = (\{\{x \leftarrow x_3,\ y \leftarrow z_3\}\sigma_3 =: \sigma_4\}, \emptyset) \qquad \sigma_4 = \{x \leftarrow c, y \leftarrow b\}$$

I^1 und I^2 unterscheiden sich von den vorherigen, aber σ_4 bleibt in dieser Variante unverändert. Daher erhält man dieselbe Effizienz wie im unmodifizierten Beispiel.

Abbildung 4.2 b) zeigt den C^3G-Graphen für das zweite Beispiel. Eine Simulation der L/T-Methode mit nur $\Theta_h = \emptyset$–Schritten liefert:

$$I_0 = (\{\{x_0 \leftarrow a, y_0 \leftarrow b\} =: \sigma_0\}, \emptyset) \qquad \sigma_0 = \{x_0 \leftarrow a, y_0 \leftarrow b\}$$
$$I_1 = (\{\{x \leftarrow x_0, z \leftarrow z_0\}\sigma_0 =: \sigma_1\}, \emptyset) \qquad \sigma_1 = \{x \leftarrow a, z \leftarrow z_0\}$$

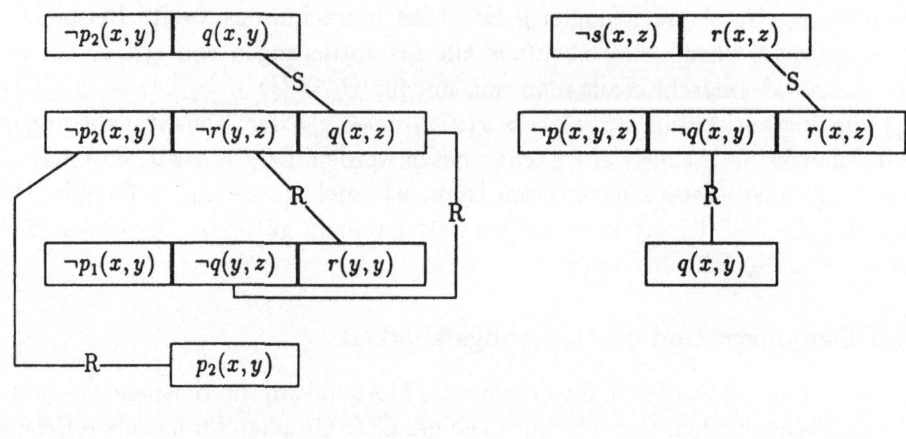

a   b

Abb. 4.2. Beispiele von $C^3G - Graphen$

Die ursprüngliche Konsistenzbedingung kann also zu $C\sigma_1 = \{\neg s(a, z_0), r(a, z_0)\}$ vereinfacht werden. Diese Instantiierung widerlegt man durch das in der Datenbasis vorhandene Faktum $s(a, c_{50})$ und durch den Nachweis der nicht Folgerbarkeit des Faktums $r(a, c_{50})$.

Es ist offensichtlich, daß die Effizienz des hier vorgeschlagenen Verfahrens wesentlich vom verfügbaren statistischen Wissen über die Anzahl der zu einem Prädikat gespeicherten Fakten und von der Selektivität der Prädikatargumente abhängt. Der Einsatz des statistischen Wissens zur Entscheidungsfindung (L/T- oder K/S-Schritt) soll hier noch einmal anhand eines der obigen Beispiele erläutert werden.

Ich betrachte die Variante des ersten Beispiels. Weiter setze ich voraus, daß folgendes Wissen bekannt ist. Es existiert lediglich eine kleine Anzahl (4) von Fakten für das Prädikat p_2, aber eine große Anzahl (100) für das Prädikat r. Wenn man weiter über das Wissen verfügt, daß die Selektivität des ersten Arguments des Prädikates r gering ist, so kann man die Entscheidungen, zunächst einen unexakten und dann nur noch exakte Schritte durchzuführen, wie folgt begründen.

Das Entfernen des Faktums $p_2(b, a)$ ergibt die Substitution $\sigma_0 = \{x_0 \leftarrow b, y_0 \leftarrow a\}$, und die zu betrachtende Instantiierung der oberen Regel in Abbildung 4.2 lautet $\{\neg p_2(b, a), \neg r(a, z_1), q(b, z_1)\}$. Man steht jetzt vor der Wahl, entweder mit $q(b, z_1)$ weiterzurechnen, oder mit allen Instantiierungen c für z_1, für die $q(b, c)$ ausgefügt worden ist, d.h., nicht mehr ableitbar ist, aber ableitbar war (vor Ausführen der Transaktion). Um die letzteren zu erhalten, ist es wahrscheinlich, viel Rechenzeit aufwenden zu müssen wegen der großen Anzahl von Fakten für das Prädikat r und der geringen Selektivität des ersten Arguments von r. Der erste Schritt wird also unexakt sein. Die Anwendung der anderen Regel liefert als Kopfliteral $r(b, b)$. Dies ist bereits vollständig instantiiert und kann somit leicht überprüft werden. Ausgehend von $r(b,b)$ erhält man in einem weiteren Schritt die Instanz $\{\neg p_2(x_3,b), \neg r(b,b), q(x_3,b)\}$ der oberen Regel. Es ist zu erwarten, daß die Anzahl der gelöschten Instantiierungen von $q(x_3,b)$ klein ist, da sie maximal gleich der Anzahl der Fakten für p_2 ($=4$) ist. Folgerichtig wird ein weiterer exakter Schritt durchgeführt, der nur eine Instanz für $p_2(x_3,b)$ in der Datenbasis findet. Auf diese Weise erhält man die nötigen Substitutionen, um die Konsistenz der Datenbasis zu widerlegen.

4.4.4 Δ-Anfragen

In diesem Abschnitt beschäftige ich mich mit der Bearbeitung von Δ-Anfragen. Dazu erst die folgende Definition:

Definition 4.4.14 (Δ-Anfrage).   *Eine Δ-Anfrage ist ein Literal.*

Weitaus entscheidender ist die Interpretation einer Δ-Anfrage.

Definition 4.4.15 (Antwort einer Δ-Anfrage).
Seien zwei Datenbasen DB_{old} und DB_{new} gegeben. DB_{new} gehe aus DB_{old} durch Ausführen einer Transaktion aus. Sei l eine Δ-Anfrage. Dann ist $Ans(l) :=$ $\{l\sigma | l\sigma \in \Delta(M(DB_{old}), M(DB_{new}))\}$ die Menge der Antworten zu l.

Die Existenz eines Algorithmus zur Beantwortung von Δ-Anfragen wird in mehreren Algorithmen zum Konsistenztest vorausgesetzt ([28, 52, 94]). Dabei wird jedoch entweder kein expliziter Algorithmus oder eine Variation der folgenden Verfahren angegeben:

1. Es wird die Anfrage $|l|$ in DB_{old} und DB_{new} gestellt, und dann wird die Differenz der beiden Antworten gebildet.
2. Die Differenz $\Delta(M(DB_{old}), M(DB_{new}))\}$ wird vollständig generiert, indem bottom-up die Fakten der Transaktion in die Regelrümpfe eingesetzt werden und dann die entsprechenden teilinstantiierten Regelköpfe als Δ-queries betrachtet werden und mit Verfahren 1) bearbeitet werden. Anschließend werden durch eine Selektion die für die Anfrage relevanten Fakten aussortiert.

Beide Verfahren beinhalten Ineffizienzen. Beim ersten Verfahren ist die Beantwortung von 2 Anfragen in zwei Datenbasen notwendig. Weiter sind die Antwortmengen dieser Anfragen an DB_{old} und DB_{new} größer als die Antwort auf die Δ-Anfrage. Die folgende Differenzbildung ist ebenfalls mit erheblichem Aufwand verbunden.

Das zweite Verfahren vermeidet in gewisser Weise die Ineffizienzen des ersten Verfahrens, da die Differenz bottom-up erzeugt wird und dadurch schon erarbeitetes Wissen ausgenutzt werden kann. Dafür wird aber ein entschieden zu großer Teil hergeleitet, nämlich ganz $\Delta(M(DB_{old}), M(DB_{new}))$.

Ich werde daher einen Algorithmus zur Beantwortung von Δ-Anfragen vorstellen, der sich rein vom formalen Äußeren nicht wesentlich vom Algorithmus zur Anfragebearbeitung unterscheidet. Dies untermauert die Ähnlichkeiten von Anfragebearbeitung und Konsistenzüberprüfung.

Die Modifikationen betreffen die Initialisierung der TZTA Datenstruktur und die Aktionsschemata. Folgende Überlegungen führen zu den Modifikationen:

Man stelle sich eine Δ-Anfrage der Form $\neg p(x, y)$ vor. Die Antwort beinhaltet also alle Instantiierungen von $p(x, y)$, die aus DB_{old} ableitbar sind, aber aus DB_{new} nicht. Gibt es in der Transaktion Anweisungen der Form $del(p(a, b))$, so ist $p(a, b)$ eine mögliche Antwort auf die Δ-Anfrage. Existiert eine Regel $l_1, ..., l_n \implies l_{n+1}$, deren Kopf l_{n+1} mit $p(x, y)$ unifizierbar ist, ist θ eine Substitution und sind $l_1\theta, ..., l_n\theta$ geschlossen, dann ist $l_{n+1}\theta$ eine mögliche Antwort, falls es ein i $(1 \leq i \leq n)$ gibt, so daß $l_i\theta$ eine Antwort auf die Δ-Anfrage $\neg l_i$ ist und gleichzeitig $l_1\theta, ..., l_{i-1}\theta, l_{i+1}\theta, ..., l_n\theta$ in DB_{old} ableitbar sind. Man bemerke, daß dies nur eine notwendige, aber keine hinreichend Bedingung ist. Es könnte nämlich eine zweite, von der Transaktion unberührte Ableitung von $l_{n+1}\theta$ geben, oder durch dieselbe Transaktion werden Fakten eingeführt, die eine neue Ableitung von $l_{n+1}\theta$ ermöglichen. Für unseren Zweck (Einsatz in der transaktionsorientierten Instantiierung) ist es allerdings auch nicht notwendig, nur die wirklich vernichteten Fakten zu bekommen, sondern es muß lediglich gewährleistet sein, daß diese vollständig erfaßt werden.

Ich komme jetzt zur Initialisierung der TZTA Datenstruktur. Die Analogie zwischen Anfragebearbeitung und der Bearbeitung von Δ-Anfragen wird offensichtlich, wenn man $\overline{\alpha(TA)}$ als Faktenbasis ansieht. Dies erklärt, warum ein Teil der Aktion des ersten Aktionsschemas der Anfragebearbeitung, nämlich das Einfügen der Fakten, bei der Bearbeitung von Δ-Anfragen bereits bei der Initialisierung geschieht.

Initialisierung 4.4.16   *Sei Q eine Menge von Δ-Anfragen. Dann ist $Q' \subseteq Q$ so definiert, daß jedes Literal aus Q von mindestens einem Literal in Q' subsumiert wird, und in Q' keine weiteren Subsumptionen möglich sind. Für eine gegebene Transaktion TA wird dann die TZTA Datenstruktur, die in den ersten beiden Komponenten jetzt auch negierte Atome bzw. Fakten enthalten kann, ausgehend von der leeren Menge, wie folgt initialisiert:*

1. *Für jedes Prädikat p der Stelligkeit n, das in einem Literal l in $\alpha(TA)$ auftaucht, wird $\overline{(sgn(l)p(x_1, ..., x_n)}, \emptyset, \emptyset, \emptyset)$ in TZTA eingefügt.*
2. *Für jedes Literal l in $\alpha^{-1}(TA)$, das von einer ersten Komponente eines Tupels in TZTA subsumiert wird, wird $\bar{l}$ in dessen zweite Komponente eingefügt.*
3. *Für jedes Literal q' aus Q', das nicht schon von einer ersten Komponente eines Tupels aus TZTA subsumiert wird, erweitere man TZTA um $(q', \emptyset, \emptyset, \emptyset)$.*

Die Aktionsschemata sind nun wie folgt definiert:

Definition 4.4.17 (Aktionsschemata für Δ-Anfragen).   *Seien die Datenbasen DB_{old} und DB_{new} zusammen mit einer initialisierten TZTA-Struktur gegeben. Sei $t = (g, A, BR, FR) \in TZTA$ ein Tupel aus TZTA.*

1. *% Nachschlagen der benötigten Regeln in der Datenbasis.*

   Vorbedingung: *t ist von der Form $(g, \emptyset, \emptyset, FR)$ und noch nicht als bearbeitet markiert.*

   Aktion: *Ersetze t durch:*

   $(g,$
   $\quad \emptyset,$
   $\quad \{r \in DB^d | r = l_1, ..., l_n \Longrightarrow l_{n+1}, \exists \sigma \in Subst\ l_{n+1}\sigma = |g|\sigma\},$
   $\quad FR).$

   Markiere dieses Tupel als bearbeitet.

2. *% Anwenden einer Regel aus BR:*

   Vorbedingung: *Es existiert eine Regel $r \in BR$, $r = l_1, ..., l_n \Longrightarrow l_{n+1}$, und $\sigma = mgu(l_{n+1}, |g|)$.*

   Aktion: *(a) Streiche r aus BR.*

      (b) Für jedes Prämissenliteral l_i:

      (c) IF $(\exists t' = (g', A', BR', FR') \in SQPA\ \exists \sigma' \in Subst\ |g'|\sigma' = |l_i|\sigma)$ and $sgn(g) = sgn(g')$
   THEN Füge $(r_1, ..., \underline{r_i}, ..., r_n \Longrightarrow r_{n+1})\sigma \uparrow$ zu FR' hinzu.
   ELSE

   - *Füge $s = (sgn(g)|l_i|\sigma\tau, \emptyset, \emptyset, \{(l_1, ..., \underline{l_i}, ..., l_n \Longrightarrow l_{n+1})\sigma \uparrow\})$ zu TZTA hinzu. Hierbei ist τ eine Variablenumbenennung, um gleiche Variablennamen in Regeln oder ersten Komponenten in Tupeln aus TZTA zu vermeiden.*

   - *Für jedes $(g', A', BR', FR') \in TZTA$ mit $\exists \sigma'\ |l_i|\sigma\sigma' = |g'|$ und $sgn(g) = sgn(g')$:*
     - *Streiche (g', A', BR', FR') aus TZTA*
     - *Vereinige A' mit der zweiten Komponente von s*
     - *Füge FR' der 4. Komponente von s hinzu.*

3. *% Anwenden einer Regel aus FR*

   Vorbedingung: *$t = (g, [a_1, ..., a_n], BR, FR) \in SQPA$, $r \uparrow a_j \in FR$, $0 \leq j < n$,*
   $r = l_1, ..., \underline{l_i}, ..., l_n \Longrightarrow l_{n+1}$, $\sigma := mgu(|a_j|, |l_i|)$, und
   $\Theta = \{\theta | DB_X \models |l_1|\sigma\theta, ..., |l_{i-1}|\sigma\theta, |l_{i+1}|\sigma\theta, ..., |l_n|\sigma\theta$, and $l_j\sigma\theta\,ground\}$.
   Hierbei ist X "old" falls $sgn(g) = \neg$ gilt, andernfalls "new".

   Aktion: *(a) Ersetze $r \uparrow a_j$ in FR durch $r \uparrow a_{j+1}$.*

      (b) Für jedes $\theta \in \Theta$, und $s = (g', A', BR', FR') \in TZTA$, wobei $|g'|$ $l_{n+1}\sigma\theta$ subsumiert, und $sgn(g) = sgn(g')$:
   Erweitere A' um $l_{n+1}\sigma\theta$.

Der Algorithmus lautet nun wie folgt:

Algorithmus 4.4.18 Δ-*QP*
begin

1. *Initialisiere TZTA*
2. *Solange noch eine Vorbedingung eines Aktionsschematas erfüllt ist, führe die zugehörige Aktion aus.*

end

Wie im Kapitel über die Anfragebearbeitung ergeben sich die folgenden analogen Sätze:

Satz 4.4.19 (Terminierung).   *Der oben angegebene Algorithmus terminiert immer.*

Wie in der Einleitung zu diesem Kapitel bereits angedeutet, kann nicht mit einer vollen Korrektheit gerechnet werden. Es ergibt sich somit nur folgender Satz:

Satz 4.4.20 (Korrektheit).   *Seien DB_{old} und DB_{new} Datenbasen, TA die zugehörige Transaktion und Q eine Menge von Δ-Anfragen. Der Algorithmus terminiere mit einer Menge $TZTA$. Weiter sei $t = (g, A, BR, FR) \in TZTA$ ein Tupel aus dieser Menge. Unter der Bedingung, daß sowohl DB_{old} als auch DB_{new} frei von Redundanzen sind, d.h., jedes ableitbare Faktum nur eine Ableitung hat, gilt folgendes:*
Falls es keine Tupel $t' = (g', A', BR', FR')$ und $t'' = (g'', A'', BR'', FR'')$ in $TZTA$ gibt, wobei g' und g'' entgegengesetztes Vorzeichen haben und es ein $a' \in A'$ und ein $a'' \in A''$ gibt mit $|a'| = |a''|$, dann gilt für jedes $a \in A$:

$$a \in \Delta(M(DB_{old}), M(DB_{new}))$$

Satz 4.4.21 (Vollständigkeit).   *Seien DB_{old} und DB_{new} Datenbasen, TA die zugehörige Transaktion und Q eine Menge von Δ-Anfragen. Der Algorithmus terminiere mit einer Menge $TZTA$. Dann gilt für jedes Tupel $t = (g, A, BR, FR) \in TZTA$: und für jede Substitution θ, für die $g\theta$ geschlossen ist und $g\theta \in \Delta(M(DB_{old}), M(DB_{new}))$ enthalten ist,*

$$g\theta \in A.$$

Das folgende Beispiel soll die Arbeitsweise des Algorithmus verdeutlichen.

Beispiel 4.4.22   *Es sei die folgende Datenbasis gegeben:*

$$DB_{old}^d = \{\ R1 : p_1(x, y) \rightarrow anc(x, y).$$
$$R2 : p_1(x, z), anc(z, y) \rightarrow anc(x, y).$$
$$R3 : sg(x, x).$$
$$R4 : p_2(z_1, x), p_2(z_2, y), sg(z_1, z_2) \rightarrow sg(x, y).\}$$
$$DB_{old}^c = \{CC : \{\underline{anc(x, y)}, \underline{sg(x, y)}\}\}$$

Die betrachtete Transaktion lautet:
$TA = \{add(p_2(a, c_2)\}$.

Die initiale Datenbasis DB_{old} ist konsistent, aber $DB_{new} := TA(DB_{old})$ ist inkonsistent. Zunächst betrachte ich die durch die Transaktion der Relation sg hinzugefügten Fakten. Dies geschieht mittels der Δ-Anfrage $sg(x, y)$. Die Initialisierung ergibt folgende TZTA-Menge:

$$\{ \ (p_2(x,y), \{p_2(a, c_2)\}, \emptyset, \emptyset)$$
$$(sg(x,y), \emptyset, \qquad \emptyset, \emptyset)\}$$

Die je einmalige Anwendung der Aktionsschemata 1 und 2 ergibt folgendes:

$$\{ \ (p_2(x,y), \{p_2(a, c_2)\}, \emptyset, \{ \ p_2(z_1, x), \underline{p_2(z_2, y)}, sg(z_1, z_2) \implies sg(x, y) \uparrow,$$
$$\underline{p_2(z_1, x)}, p_2(z_2, y), sg(z_1, z_2) \implies sg(x, y) \uparrow\})$$
$$(sg(x, y), \emptyset, \qquad \emptyset, \{ \ p_2(z_1, x), p_2(z_2, y), \underline{sg(z_1, z_2)} \implies sg(x, y) \uparrow\})\}$$

Mit Hilfe des Aktionsschemas 3 lassen sich nun die ersten 2 Antworttupel für die sg-Relation erzeugen.

$$\{ \ (p_2(x, y), \{p_2(a, c_2)\}, \emptyset, \{ \ p_2(z_1, x), \underline{p_2(z_2, y)}, sg(z_1, z_2) \implies sg(x, y) \uparrow p_2(a, c_2),$$
$$\underline{p_2(z_1, x)}, p_2(z_2, y), sg(z_1, z_2) \implies sg(x, y) \uparrow\})$$
$$(sg(x, y), \{sg(b_1, c_2), sg(b_2, c_2)\}, \emptyset,$$
$$\{p_2(z_1, x), p_2(z_2, y), \underline{sg(z_1, z_2)} \implies sg(x, y) \uparrow\})\}$$

4.5 Test von Konsistenzbedingungen

4.5.1 Algorithmisierung des Konsistenztests

Bedingt durch die Vorarbeit der vorangegangenen Teilkapitel und unter Ausnutzung der Funktionalität der dort vorgestellten Module ist es kein Problem, einen Algorithmus für den Konsistenztest anzugeben. Die Ausgangssituation sei noch einmal kurz geschildert. Es liegt eine Datenbasis vor, deren Konsistenz in Frage gestellt ist und somit überprüft werden soll. Dazu kann man zwei Fakten ausnutzen, erstens, daß die Datenbasis vor Ausführung der Transaktion konsistent war, und zweitens ist die Transaktion bekannt, die einzig für eine mögliche Konsistenzverletzung verantwortlich ist.

Daraus ergibt sich sofort folgende Einteilung des Konsistenztests in drei Schritte. Dabei wird zunächst von einer Konsistenzbedingung ausgegangen. Sind mehrere Konsistenzbedingungen vorhanden, so sind Schritt 2) und 3) für jede Konsistenzbedingung notwendig, die Berechnung des relevanten Teils von ΔA in 1) ist aber nur einmal notwendig, so daß es günstig ist, Schritt 1) für alle vorhandenen Konsistenzbedingungen zusammenfassend auszuführen, um so Mehrfacharbeit zu sparen.

1. Berechnung der transaktionsabhängigen Instantiierung für eine Konsistenzbedingung und Vereinfachen der Matrix.

2. Instantiierung der in 1) noch nicht instantiierten Variablen der Konsistenz-
    bedingung und weiteres Vereinfachen der Matrix.
3. Überprüfung der sich aus 2) ergebenden geschlossenen Instantiierungen der
    inzwischen vereinfachten Matrix der Konsistenzbedingung.

Die ersten beiden Schritte sind klar, da dort genau das verlangt wird, was
die beiden Module transaktionsabhängige Instantiierung und allgemeine Instantiierung zur Verfügung stellen.

Es stehen als letztes also lediglich noch Überlegungen zur Realisierung des
Schrittes 3) aus. Vereinfacht stellt sich das Problem wie folgt. Gegeben ist eine
voll instantiierte Matrix f einer Konsistenzbedingung. Es soll nun festgestellt
werden, ob $DB \models f$ gilt.

Betrachtet man den Aufbau einer beliebigen Matrix, so liegt es nahe, für
jeden erlaubten Konnektor ($\Longrightarrow, \vee, \wedge, \neg$) eine Prozedur zur Verfügung zu stellen,
die gerade eine Matrix mit äußerem Konnektor dieser Art überprüft. Eine solche
Prozedur möchte ich hier Methode nennen.

Jede dieser Methoden realisiert im Prinzip die Wahrheitstabelle für den gegebenen Konnektor. Als Beispiel betrachte ich hier die Implikation. Diese hat die

folgende Wahrheitstabelle:

$a \Longrightarrow b$	a	b
w	w	w
f	w	f
w	f	w
w	f	f

Hat man nun eine Matrix der Form $f' \Longrightarrow f''$ gegeben, so wird zunächst f'
mit der passenden Methode ausgewertet. Ist das Ergebnis "f", so ist das Ergebnis
der $\Longrightarrow$-Methode "w". Ist es "w", so ist das Gesamtergebnis gleich dem Ergebnis von f''. Die anderen Konnektoren ergeben in analoger Weise entsprechende
Methoden.

Zusätzlich zu den Methoden für die Konnektoren muß es eine Methode geben,
um für ein geschlossenes Atom l $DB \models l$ zu entscheiden. Hier gibt es prinzipiell
die Möglichkeit, die Anfrage l an die Anfragebearbeitung zu stellen. Dann gilt:
$DB \models l \prec\succ Antwort = \{\epsilon\}$ und $DB \not\models l \prec\succ Antwort = \emptyset$. Eine Bemerkung verdient noch die Methode zur Realisierung des $\neg$-Konnektors. Dieser hat

die Wahrheitstabelle

$\neg a$	a
f	w
w	f

. Entsprechend dieser Tabelle wird er implemen-

tiert, das heißt, für ein geschlossenes Atom a und den Aufruf der $\neg$-Methode
mit $\neg a$ wird w zurückgegeben, falls $DB \not\models a$. Dies entspricht der "negation-
as-failure"-Regel von Clark ([24]), die äquivalent ist mit der in der Definition
der vollständigen Extension geforderten "closed-world-assumption" von Reiter
([83]). Diese besagte, verbal beschrieben, daß alles, was nicht in der Datenbasis
steht (bzw. aus ihr ableitbar ist), als falsch angenommen wird.

Der Leser möge bemerken, daß sich die Instantiierungen voll in den Methodenbegriff integrieren lassen. Der Modul allgemeine Instantiierung stellt im
Prinzip zwei Methoden zur Verfügung, eine zur Behandlung von $\forall$-Quantoren

(bzw. deren Sequenzen) und eine zur Behandlung von $\exists$-Quantoren (bzw. deren Sequenzen). Dadurch ergibt sich leicht eine Implementierung einer verallgemeinerten Form einer Konsistenzbedingung, indem man auch nicht pränexe Formeln zuläßt.

Der Methodenbegriff weist aber noch weitere Vorteile auf. Diese im Hinblick auf mögliche Erweiterungen der zugrundegelegten Sprache. Er läßt sich anwenden auf die Definition von Prädikaten mit Standarddefinitionen (bspw. $<$ auf den natürlichen Zahlen) und auf benutzerdefinierte Prädikate. Neben der Methode des Aufsuchens eines Faktums in der Datenbasis gibt es dann vordefinierte und benutzerdefinierte Methoden, dieses Faktum zu prüfen. Bei einer Erweiterung der Sprache um Funktionssymbole läßt sich dieser Gedanke ebenfalls fortsetzen.

Eine weitere wichtige Möglichkeit ergibt sich durch geringe Erweiterung der $\Longrightarrow$-Methode. Läßt man auf der linken Seite als Regelrumpf nicht nur Konjunktionen von Atomen zu, sondern allgemeine Formeln, die gewissen Bedingungen genügen, um die Konsistenz der Datenbank zu gewährleisten, so ergibt sich in eleganter Weise eine Implementierung von "geschichteten Datenbasen" (stratified data bases ([60, 59])). Diese stellen das Optimum dar, wenn man auf der linken Seite der Regel Negation zulassen will. Dieses, da die Konsistenz der Regelmenge durch ein einfaches rein syntaktisches Kriterium gewährleistet wird. Jede hierüber hinausgehende Verallgemeinerung stößt auf Schwierigkeiten im Bereich Nichtmonotoner-Logiken, die sowohl theoretischer (Semantik?, Modell?) als auch praktischer (siehe TM-Systeme) Natur sind.

Damit wäre dem Konsistenztest genügegetan, wäre nicht die bis jetzt außer acht gelassene Forderung, die hier geleistete Arbeit auszuwerten und an den Modul Extraktion der Gründe zu überführen. Man erinnere sich daran, daß in der Spezifikation des Testmoduls als Ergebnis nicht nur "w" oder "f" zurückgegeben wurde, sondern ein Baum mit u.a. Formeln und Substitutionen. Dieser Aufgabenstellung widmet sich das nächste Unterkapitel.

Ich schließe dieses Unterkapitel mit einer Bemerkung über das Zusammenspiel zwischen Anfragebearbeitung und Test einer Konsistenzbedingung ab. Das Modul Test von Konsistenzbedingungen benutzt via des Moduls allgemeine Instantiierung das Modul Anfragebearbeitung, um für eine Menge von mit "und" verknüpften Atomen Instantiierungen zu bekommen. Es stellt sich sofort die Frage, ob nicht auch das Modul Test von Konsistenzbedingungen dem Modul Anfragebearbeitung behilflich sein kann. Die Antwort lautet ja. Bisher wurden lediglich Anfragen der Form $a_1 \wedge \dots \wedge a_n$ diskutiert. Es ist aber sicherlich wünschenswert, die Form der Anfragen zu verallgemeinern, um eine höhere Ausdrucksmächtigkeit zu erlangen.

Hierzu kann offensichtlich die Anfragebearbeitung behilflich sein. Instantiiert man zuerst die freien Variablen einer Formel f unter Verwendung des Moduls allgemeine Instantiierung, welches wiederum die bisherige Anfragebearbeitung benutzt, so erhält man eine Menge von potentiellen Antworten σ_i. Nun betrachtet man die Anfragen $f\sigma_i$ als Konsistenzbedingungen. Ist diese dann erfüllt, das heißt $DB \models f\sigma_i$, so ist σ_i eine Antwort.

Offensichtlich gilt sogar, daß, abgesehen von der transaktionsabhängigen

Instantiierung, das Testen einer Konsistenzbedingung kbed ein Spezialfall der Anfragebearbeitung ist. Denn es gilt: $DB \models kbed \prec\succ Antwort = \{\epsilon\}$ und $DB \not\models kbed \prec\succ Antwort = \emptyset$.

4.5.2 Die Protokollierung

Wie bereits festgestellt wurde, entspricht die Überprüfung einer Konsistenzbedingung der einer Anfrage. Das Ergebnis einer Anfrage in Form einer geschlossenen Formel, wie es die Konsistenzbedingungen sind, hat entweder die Form $\{\epsilon\}$ oder $\emptyset$, dies entspricht "w" oder "f".

Würde man sich mit diesem Ergebnis eines Konsistenztestes zufrieden geben, so hätte man lediglich die Information, welche Konsistenzbedingungen verletzt sind, für die Extraktion der Gründe zur Verfügung. Die ganze Ableitung hätte bei der Extraktion noch einmal geschehen müssen. Dies bedeutet einen erheblichen Effizienzverlust.

Eine andere Alternative ist es, sämtliche Informationen, die während des Testes erarbeitet wurden, aufzubewahren und an die Extraktion weiterzuleiten. Um dies näher zu erläutern, muß ich ein bißchen weiter ausholen.

Man erinnere sich, daß im vorherigen Teilkapitel als Methode zur Behandlung von Tests eines geschlossenen Atoms die Anfragebearbeitung verwendet wurde. Dies ist aber nicht zwingend notwendig. Ich möchte hier eine andere Möglichkeit (ähnlich SLDNF) vorstellen. Dies, da bei dieser Methode eine Protokollierung der Ableitungsschritte in einfacher Form möglich ist. Das Protokoll einer solchen Ableitung kann zusätzlich dazu verwendet werden, sogenannte "Why?" und "How?" Fragen, bekannt aus Erklärungskomponenten in Expertensystemen, zu beantworten.

Um zu prüfen, ob ein geschlossenes Atom l gilt, d.h. $DB \models l$, genügt es, dieses in der Faktenbasis zu finden ($l \in DB^a$) oder eine Regel $r \in DB^a$ und eine Substitution $\sigma \in Subst$ zu finden, so daß $m(r) = r_1, ..., r_n \implies r_{n+1}, r_{n+1}\sigma = l$, $m(r)\sigma$ geschlossen und $DB \models r_1\sigma, ..., DB \models r_n\sigma$ zu prüfen. Da irgendeine Substitution, die dieser Bedingung genügt, ausreicht, um l zu zeigen, kann die Bedingung $m(r)$ geschlossen fallengelassen werden. Dazu ist dann die Bedingung $l \in DB^a$ durch $\exists a \in DB^a, \sigma \in Subst : l\sigma = a$ zu ersetzen.

Ich definiere nun die zwei Methoden.

1. Eine Methode, um zu testen $\exists a \in DB^a \exists \sigma : l\sigma = a$. Dieses entspricht der Funktion get^a (s. Spezifikation in "Verwaltung der Datenbasis")
2. Eine Methode, um für eine Regel r, mit $m(r) = r_1, ..., r_n \implies r_{n+1}$, zu testen, ob $mgu(r_{n+1}, l)$ existiert, und wenn ja, alle solchen Regeln als Ergebnis zurückzugeben.

Setzt man diese beiden Methoden zusammen zu einer dritten Methode $test(a)$ für ein Atom a, die überprüft, ob es eine Substitution σ gibt, so daß $a\sigma$ geschlossen ist und $DB \models a\sigma$, so erhält man:

1. Aufruf von get^a.

2. Teste alle Regeln auf Anwendbarkeit, und überprüfe die Prämissen der anwendbaren Regeln.

Es ist jetzt möglich, den Aufruf der Anfragebearbeitung im Test einer Konsistenzbedingung durch einen Aufruf der 3. Methode zu ersetzen.

Nachdem der Test einer Konsistenzbedingung vollständig besprochen ist, möchte ich die Protokollierung eines Tests besprechen. Dazu ist zunächst zu klären, was von der Protokollierung verlangt werden soll. Dazu werde ich von einer vollständigen Protokollierung aller Schritte im Konsistenztest ausgehen.

Hält man sich vor Augen, daß der Test einer Konsistenzbedingung nur aus dem Anwenden von Methoden besteht und diese jeweils aktuelle Eingabeparameter haben und ein Ergebnis zurückliefern, so liegt es nahe festzuhalten, welche Methode von welcher mit welchen aktuellen Parametern aufgerufen wurde und welches Ergebnis zurückgeliefert wurde.

Standardmäßig wählt man als Datenstruktur zum Ablegen dieser Informationen einen gerichteten Graphen, in dem die Knoten die Aufrufinformation enthalten und die Kanten die Informationen über die Aufrufbeziehungen.

Die Struktur hierzu stellt sich dementsprechend folgendermaßen dar:

```
defstruct(protokollknoten
        aim       : {: fail,: succeed}
        goal      : For_Σ
        method    : {:ALL, :EX, :IMPL, :AND, :OR, :NOT,
                     :ATOM, :ATOM-LIST, :LOOK-UP, :APPLY-RULE}
        attributes : list of attributes
        connector: {:AND,:OR}
        subnodes: list of protokollknoten)
```

Diese Struktur wird wie folgt interpretiert. Um die gerade betrachtete Konsistenzbedingung abzuleiten, muß die unter "goal" gespeicherte Formel gezeigt werden, oder es muß ihre Nichtableitbarkeit nachgewiesen werden. Dazu folgendes Beispiel. Die betrachtete Konsistenzbedingung sei $\neg p(a, b)$. Der Wurzelknoten hat dann unter "aim" den Eintrag ":succeed" und unter "goal" $\neg p(a, b)$. Der Unterknoten enthält entsprechend ":fail" und $p(a, b)$.

Unter "method" findet man die auf die Formel unter "goal" angewandte Methode, um diese zu zeigen. Für ein "goal" $p(a, b)$ könnte diese beispielsweise ":LOOK-UP" sein, falls $p(a, b)$ in der Faktenbasis nachgewiesen werden soll, oder ":APPLY-RULE", falls eine Regel zur Anwendung kommen soll. Die angewandte Regel wird dann in der Attributliste unter dem Attribut ":applied-rule" abgelegt. Das Ergebnis der Anwendung wird ebenfalls als Attribut abgelegt. (Bsp.: ":found-in-factbase").

Für den Fall, daß eine Formel f der Form $f = \forall x\, f'$ betrachtet wird, werden unter dem Attribut ":fail-envs" alle Instantiierungen σ der Variablen x eingetragen, für die die Teilformel $f'\sigma$ nicht gilt, d.h. $DB \not\models f'\sigma$. Unter "connector" wird dann ":AND" eingetragen, da für alle Teilknoten ("goal" : $f'\sigma$) $f'\sigma$ ableitbar sein muß, damit $\forall x\, f'$ gilt. Dies spiegelt direkt die Definition von $Inst_{DB}$

(3.2.58) wider. Für eine Formel $f = \exists x \; f'$ verhält es sich analog. Hier wird der Konnektor ":OR" eingetragen, und die Instantiierungen für x, die nicht zum Ziel führen, werden unter dem Attribut ":tried-envs" abgelegt. Bei diesen Instantiierungen handelt es sich um die verschiedenen Möglichkeiten, vk zu definieren. Man vergleiche dies mit den Spezifikationen der Module Konsistenztest (Spez. 4.1.14) und Extraktion (Spez. 4.1.15).

Der Konnektor gibt die logische Beziehung an, in der die "goal"–Formeln der Unterknoten stehen müssen, damit das betrachtete "goal" erfüllt ist. Die Unterknoten selbst stehen in der Liste der Unterknoten unter "subnodes".

Die Datenstruktur für einen Protokollknoten ist redundant in dem Sinne, daß einige Einträge mittels anderer abgeleitet werden könnten. Beispielsweise impliziert der äußere Operator der Formel "goal" den Konnektor. Ebenso wird der Konnektor von der Methode impliziert. Durch die Information auf dem Pfad von der Wurzel zum betrachteten Knoten kann man dort den Eintrag für "aim" ableiten. Für diese Redundanzen gibt es zwei Gründe. Der wichtigere ist die explizite Darstellung der relevanten Information, um ein Protokoll einfacher lesbar und auswertbar zu machen. Der zweite Grund ist eine Einsparung von Rechenzeit.

Man sieht, daß man mit diesem Protokoll alle in einem Test erarbeiteten Informationen protokollieren werdem können. Es stellt sich die Frage, in wieweit dies sinnvoll ist.

Um eine Konsistenzbedingung zu erfüllen, muß eine bestimmte Menge l von Literalen folgerbar sein. Ist nun ein Literal aus dieser Menge l, so macht es für eine spätere Analyse einer etwaigen Inkonsistenz keinen Sinn, das Protokoll der Herleitung von l zu betrachten, falls es folgerbar ist.

Stellt man sich den Suchraum, um das Literal l abzuleiten, als Baum vor, der in Tiefensuche von links nach rechts abgesucht wird, so muß so lange protokolliert werden, bis die Ableitung von l gefunden wird, bzw. alle Pfade des Baumes müssen vollständig protokolliert werden, falls die Nichtfolgerbarkeit von l gezeigt werden soll. Stellt sich nun heraus, daß l ableitbar ist bzw. nicht ableitbar, so kann das ganze angelegte Protokoll wieder verworfen, d.h. dem Freispeicher zugeschlagen werden.

Ein Verfahren, das dementsprechend implementiert wurde, erwies sich als äußerst ineffizient. Protokolliert man statt dessen nur die Instantiierungen, d.h. die Anwendungen der $\forall$- und $\exists$-Methoden, so erreicht man hierdurch eine Geschwindigkeitssteigerung um den Faktor 5 - 10. Dies auch, da nur, falls kein vollständiges Protokoll erfordert wird, die Restriktionsliterale durch die Instantiierungsmethoden gestrichen werden können. Deshalb werden nur die Instantiierungen protokolliert.

4.6 Extraktion der Grundkandidaten

Dieses Unterkapitel widmet sich der Aufgabe der Extraktion der Gründe oder besser Grundkandidaten. Die Vorarbeit hierzu wurde bereits im vorangegangenen Unterkapitel geleistet.

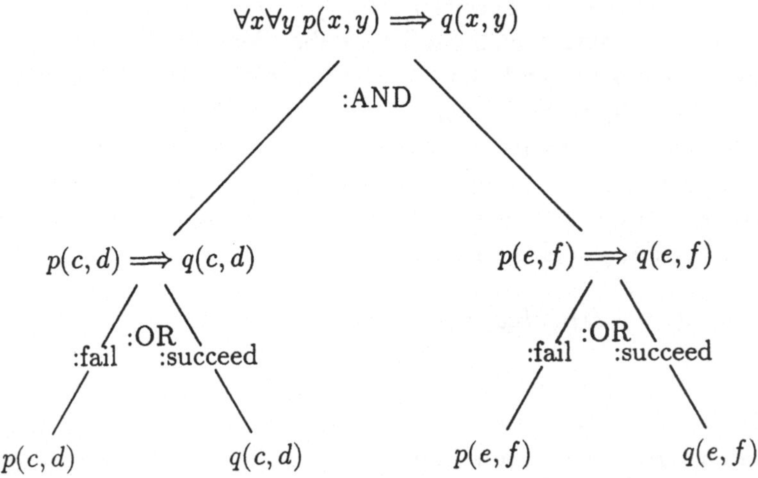

Abb. 4.3. Ein vereinfachtes Protokoll

Die Ausgangssituation ist ein unvollständiges Protokoll, in dem die Instantiierungen zur Verfügung stehen. Zunächst wird daher das Protokoll vervollständigt. Ein Knoten mit "goal" f wird eingefügt, falls eine der beiden folgenden Bedingungen erfüllt ist.

1. "aim" = :succeed und $DB \not\models f$
2. "aim" = :fail und $DB \models f$

Als nächstes ist die Transformation eines Protokolls in Gründe anzugeben. Gemäß der Sätze über die Zusammenhänge zwischen verletzter Konsistenzbedingung und Ursache bzw. zwischen Ursache und Grund teilt sich diese Transformation in zwei Schritte.

Der erste Schritt betrifft die Extraktion der Ursachen aus dem vervollständigten Protokoll. Dazu betrachte ich zunächst den Fall ohne Regeln an einem Beispiel.

Beispiel 4.6.1 *Sei folgende Datenbasis gegeben:*

$$DB = (\{p(a,b), p(c,d), p(e,f), q(a,b)\},$$
$$\emptyset,$$
$$\{f := \forall x\ \forall y\ p(x,y) \Longrightarrow q(x,y)\})$$

Das entsprechende Protokoll ist vereinfacht in Abbildung 4.3 dargestellt.

Liest man diesen Baum als Formel, wobei :succeed vor einem Literal eine Negation bewirkt und :fail nicht, so ergibt sich:

$$(: AND(: OR\ p(c,d)\ \neg q(c,d))(: OR\ p(e,f)\ \neg q(e,f)))$$

Man sieht, daß dies der Formel $Inst_{DB}(f)$ (Def. 3.2.58) entspricht. Die Menge der Ursachen ist aber gemäß des Satzes über den Zusammenhang von verletzter Konsistenzbedingung und Ursache gleich $setDNF$ (Def. 3.2.56) dieser Formel (Satz 3.2.61). Offensichtlich läßt sich dieses Verfahren auf alle Protokolle von Formeln ohne $\exists$-Quantoren anwenden.

Eine nähere Betrachtung verdienen die Existenzquantoren. Die Definition von $Inst_{DB}$ für den Fall, daß eine Konsistenzbedingung der Form $kbed = Q_1 x_1,$ $..., Q_n x_n \ f$, mit $f = \exists x g$ vorliegt, lautet:

$$Inst_{DB}(g\tau(f, DB, kbed, \theta), kbed, \theta\tau(f, DB, kbed, \theta)),$$

wobei $\tau(f, DB, kbed, \theta) = [x \leftarrow vk(x_1, ..., x_n)\theta]$ galt.

Hierbei wurde von einer gegebenen Abbildung vk ausgegangen, die die "richtige" Konstante lieferte, um $Inst_{DB}$ vollständig zu machen. Selbstverständlich kann nicht erwartet werden, daß diese Konstante und nur diese via Raten im Protokoll steht. Dort stehen unter dem Attribut ":tried-envs" lediglich solche Konstanten, die alle Restriktionsliterale der Konsistenzbedingung erfüllten und somit ausgezeichnete Kandidaten sind. Es kann aber vorkommen, daß die gesuchte Konstante nicht unter diesen Kandidaten ist oder diese Liste der Kandidaten leer ist, falls es keine Konstante gibt, die alle Restriktionsliterale erfüllt. Während es für den Konsistenztest sinnvoll ist, aus Effizienzgründen nur Konstanten zu berücksichtigen, die alle Restriktionsliterale erfüllen, liegt die Situation hier anders.

Um dem Benutzer mehr Kandidaten zur Verfügung zu stellen, mindestens einen, sollten die Restriktionsliterale hier getrennt nach Kandidaten, die diese erfüllen, durchsucht werden. Dabei ist sicher ein Kandidat um so vielversprechender, je mehr Restriktionsliterale er erfüllt. Ergibt sich so keine Konstante, die ein Restriktionsliteral erfüllt, und ist das Prädikat der Konsistenzbedingung kein Basisprädikat, so ist es möglich, das Restriktionsliteral durch die Prämissen einer greifenden Regel zu ersetzen. Hierdurch gewinnt man neue Restriktionsliterale.

Falls auf diese Art und Weise kein zufriedenstellender Wert für vk ermittelt werden konnte, bleibt eine weitere Möglichkeit, die u.U. dann weiterhilft, falls die gesuchte Konstante, der Wert für vk, in der Datenbasis enthalten und sinnvoll eingebunden ist. Was letzteres bedeutet, wird nachfolgend erläutert.

Für die folgende Überlegung setze ich voraus, daß man die Matrix einer Konsistenzbedingung als $a_1, ..., a_n \implies a_{n+1}, ..., a_{n+m}$ schreiben kann, wobei der Konnektor auf der linken Seite $\wedge$ und auf der rechten Seite $\vee$ oder $\wedge$ ist und die a_i Atome sind.

Da vorausgesetzt wurde, daß die Konsistenzbedingungen bereichsbeschränkt sind, gibt es k Restriktionsliterale $a_{n+i_1}, ..., a_{n+i_k}$ für eine betrachtete existenzquantifizierte Variable in einer Konsistenzbedingung mit obiger Matrix. Ist diese Konsistenzbedingung nun erfüllt, ebenso wie die Prämisse, so sind u.a. entsprechende Instantiierungen der Restriktionsliterale ableitbar. Existiert nun eine zweite Konsistenzbedingung mit Matrix $a'_1, ..., a'_{n'} \implies a'_{n'+1}, ..., a'_{n'+m'}$ und ist ein $a'_{i'}$ mit einem a_{n+i} mittels σ unifizierbar, so müssen gewisse Instantiierungen von $a'_{n'+1}, ..., a'_{n'+m'}$ ebenfalls ableitbar sein, denn sonst wäre die zweite Konsistenzbedingung nicht erfüllt. Aus diesen Literalen lassen sich dann neue Restriktionsliterale gewinnen, die ableitbare Instanzen haben. Diese ergeben dann neue Möglichkeiten für vk.

Bevor ich diesen Sachverhalt formal fasse, zunächst ein Beispiel.

Beispiel 4.6.2 *Gegeben sei die folgenden Datenbasis:*

$$
\begin{aligned}
DB = (\{ &isa(Pkw, Automobil), \\
&isa(Automobil, Vehikel), \\
&isa(Vehikel, Bew\_Obj), \\
&is(Ort, Attribut), \\
&ran(Ort, Koord), \\
&is(bmw, Automobil), \\
&is(bmwpos, Koord), \\
&is(Fahrrad, Vehikel), \\
&is(Fahrradpos, Koord), \\
&holds(Ort, bmw, bmwpos), \\
&holds(Ort, Fahrrad, Fahrradpos)\}, \\
\{ &\forall x \forall y\; isa(x,y) \implies isa^*(x,y), \\
&\forall x \forall y \forall z\; isa(x,y), isa^*(y,z) \implies isa^*(x,z), \\
&\forall x \forall y\; is(x,y) \implies is^*(x,y), \\
&\forall x \forall y \forall z\; is(x,y), isa^*(y,z) \implies is^*(x,z)\}, \\
\{ &\forall x \exists z\; is(x,at) \implies dom(x,z), \\
&\forall attr \forall x_1 \forall x_2 \forall z\; holds(attr, x_1, x_2) \land dom(attr, z) \implies is^*(x_1, z)\})
\end{aligned}
$$

Diese enthält die gleichen Fakten wie diejenige in 3.2.7, jedoch ohne das Faktum $dom(Ort, Vehikel)$, und zusätzlich die Konsistenzbedingung $\forall x\; \exists z\; is(x,at) \implies dom(x,z)$.

Man sieht sofort, daß die zusätzliche Konsistenzbedingung nicht erfüllt ist und es auch keine Instantiierung d für z gibt, so daß $dom(Ort, d)$ ableitbar ist. Das oben vorgeschlagene Verfahren sieht dann folgendermaßen aus:
Die erste Konsistenzbedingung lautet

$$\forall x \exists z\; is(x,at) \implies dom(x,z)$$

Gibt es nun ein d mit $dom(Ort, d)$, so muß auch (zweite Bedingung)

$$\forall x_1 \forall x_2\; holds(Ort, x_1, x_2) \implies is^*(x_1, d)\})$$

gelten.
Da die zwei Fakten

$$holds(Ort, bmw, bmwpos) \text{ und } holds(Ort, Fahrrad, Fahrradpos)$$

in der Faktenbasis enthalten sind, muß sowohl

$$is^*(bmw, d) \text{ als auch } is^*(Fahrrad, d)$$

gelten. Man erhält also die beiden neuen Restriktionsliterale $is^*(bmw, z)$ und $is^*(Fahrrad, z)$ für z.

Hierfür ergeben sich nun die beiden sinnvollen Instantiierungen

$$[z \leftarrow Vehikel] \text{ und } [z \leftarrow Bew\_Obj]$$

und damit die beiden Grundkandidaten

$$\neg dom(Ort, Vehikel) \text{ und } \neg dom(Ort, Bew\_Obj).$$

Das Verfahrens, das ausgehend von einem Restriktionsliteral, für das man keine ableitbaren Instantiierungen finden konnte, neue Restriktionsliterale gefunden werden, für die es evtl. ableitbare Instantiierungen gibt, kann iteriert werden. Dies solange, bis tatsächlich Instantiierungen gefunden werden oder keine neuen Restriktionsliterale mehr gewonnen werden.

Ein Schritt in diesem Verfahren wird wie folgt spezifiziert:

Definition 4.6.3 (neue Restriktionsliterale). *Sei Σ eine Signatur, DB eine Datenbasis und $f = \exists z f'$ eine geschlossene, bereichsbeschränkte Formel, l ein Restriktionsliteral für z in f. Für eine zweite geschlossene, bereichsbeschränkte Formel g mit von denen in f verschiedenen Variablen, $m(g) = a_1, ..., a_n \Longrightarrow a_{n+1}, ..., a_{n+m}$, a_j Atome, enthält die Menge $RN_{l,g}(a_{n+i})$ das Paar $(a_{n+i}\sigma\tau', z\sigma\tau)$, $\sigma, \tau, \tau' \in Subst$, falls es folgende Bedingungen erfüllt:*

1. $\sigma = mgu(l, a_{j_0})$ für ein j_0 mit $1 \leq j_0 \leq n$ und $\sigma|_z \neq \epsilon$
2. $a_j\sigma\tau$ geschlossen und $DB \models a_j\sigma\tau$ f.a. $j \neq j_0$ mit $1 \leq j \leq n$
3. $a_{n+i}\sigma\tau$ geschlossen und $DB \models a_{n+i}\sigma\tau$
4.   Falls $\sigma|_z = [z \leftarrow v]$, v Variable, und $\tau|_v = [v \leftarrow t]$, t Term, so entsteht τ' aus τ, durch Streichen von $[v \leftarrow t]$. Ansonsten gilt $\tau' = \tau$.

Es sei noch RN als $RN := \bigcup_{l,g,a_{k+i}} RN_{l,g}(a_{k+i})$ definiert. (Bedingung 2. kann gegebenenfalls entfallen.)

Gewichtet werden sollten die so gewonnenen Instanzen nach der Anzahl der $RN_{l,g}(a_{k+i})$, in denen sie in einem Tupel als zweite Komponente enthalten sind.

Da man aber immer noch nicht sicher sein kann, so auch wirklich den richtigen Kandidaten erhalten zu haben, führe ich noch den Platzhalter $vk(x_1, ..., x_n)\theta$ ein, um vollständig zu bleiben.

Enthält nun der Protokollknoten für $\exists x g$ für jede oben aufgeführte Konstante c, einschließlich $vk(x_1, ..., x_n)$, einen Unterknoten mit "goal" $g[x \leftarrow c]$, so kann man die obige Prozedur zur Extraktion der Formel für $Inst_{DB}$ anwenden und anschließend $setDNF$ darauf anwenden. Hierzu ein Beispiel:

Beispiel 4.6.4 *Sei folgende Datenbasis gegeben:*

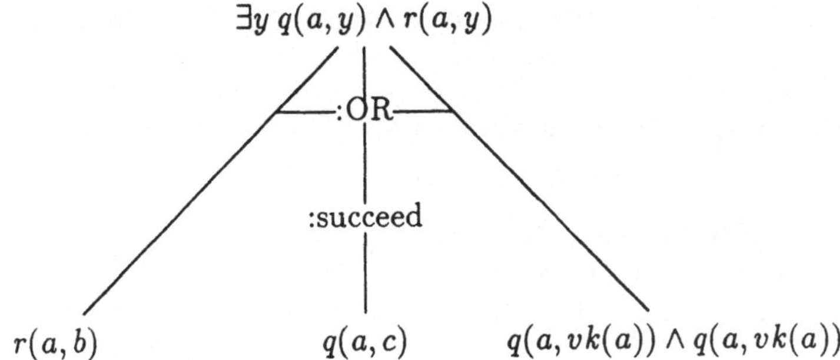

Abb. 4.4. Beispiel eines $\exists$-Protokolls

$$DB = (\{p(a), q(a,b), r(a,c)\},$$
$$\emptyset,$$
$$\{\forall x \exists y\, p(x) \Longrightarrow q(x,y) \wedge r(x,y)\})$$

Da es keine Konstante k gibt, die $q(a,y) \wedge r(a,y)[y \leftarrow k]$ erfüllt, ist die Liste der Instantiierungen für y unter ":tried-envs" leer. Einen im obigen Sinne vervollständigten Protokollknoten für $\exists y\, q(a,y) \wedge r(a,y)$ zeigt die folgende Abbildung 4.4.

Zum Abschluß dieses Schrittes noch ein kleines Beispiel mit Regeln. (vgl. Beispiel 3.2.7)

Beispiel 4.6.5
$$DB = (\{isa(Pkw, Automobil),$$
$$\qquad isa(Automobil, Vehikel),$$
$$\qquad isa(Vehikel, Bew\_Obj),$$
$$\qquad is(Ort, Attribut),$$
$$\qquad dom(Ort, Vehikel),$$
$$\qquad ran(Ort, Koord),$$
$$\qquad is(bmw, Pkw),$$
$$\qquad is(bmwpos, Koord),$$
$$\qquad is(Fahrrad, Vehikel),$$
$$\qquad is(Fahrradpos, Koord),$$
$$\qquad holds(Ort, bmw, bmwpos),$$
$$\qquad holds(Ort, Fahrrad, Fahrradpos)\},$$
$$\qquad \{\forall x \forall y\, isa(x,y) \Longrightarrow isa^*(x,y),$$
$$\qquad \forall x \forall y \forall z\, isa(x,y), isa^*(y,z) \Longrightarrow isa^*(x,z),$$
$$\qquad \forall x \forall y\, is(x,y) \Longrightarrow is^*(x,y),$$
$$\qquad \forall x \forall y \forall z\, is(x,y), isa^*(y,z) \Longrightarrow is^*(x,z)\},$$
$$\qquad \{\forall attr \forall x_1 \forall x_2 \forall d\, holds(attr, x_1, x_2) \wedge dom(attr, d) \Longrightarrow is^*(x_1, d)\})$$
$$TA := del^a(isa(Automobil, Vehikel))\, add^a(isa(Automobil, Bew\_Obj)).$$

Durch die Ausführung von TA wird die Konsistenzbedingung offensichtlich verletzt, da

$$holds(Ort, bmw, bmwpos) \wedge dom(Ort, Vehikel) \implies is^*(bmw, Vehikel)$$

in $TA(DB)$ nicht gilt.

Dementsprechend hat der Protokollknoten mit diesem "goal" Unterknoten mit den folgenden "goals":

1. :fail $holds(Ort, bmw, bmwpos)$
2. :fail $dom(Ort, Vehikel)$
3. :succeed $is^*(bmw, Vehikel)$.

Dies entspricht den drei Ursachenkandidaten.

Jetzt können aus den Ursachen die Gründe extrahiert werden. Dazu betrachte ich wieder das vorangegangene Beispiel. Um $DB \not\models holds(Ort, bmw, bmwpos)$ oder $DB \not\models dom(Ort, Vehikel)$ zu erreichen, genügt es, das entsprechende Faktum aus der Faktenbasis zu entfernen. Das heißt, hier überlappen sich Grund und Ursache. Weiter gilt, daß $\neg is^*(bmw, Vehikel)$ ebenfalls ein Grund ist. Aber es ist nicht der einzige.

Um die anderen Gründe zu bekommen, rufe man sich die Definition von G^- (Def. 3.2.35) noch einmal ins Gedächtnis zurück. Sie lautete:

$$G^-(\neg a) := \bigcup_i G_i^-(\neg a)$$
$$G_0^-(\neg a) := \{\{\neg a\}\}$$
$$G_{i+1}^-(\neg a) := G_i^- \cup \{\bigcup_{1 \leq j \leq n, M(DB) \not\models l_j\sigma} g_i^-(\neg l_j\sigma) \mid r \in DB^d, m(r) = l_1, ..., l_n \implies$$
$$l_{n+1}, m(r)\sigma \text{ geschlossen}, l_{n+1}\sigma = a, g_i^-(\neg l_j\sigma) \in G_i^-(\neg l_j\sigma)\}$$

Hier ist $a = is^*(bmw, Vehikel)$. Für G_0^- liefert die Definition die Menge $\{\neg is^*(bmw, Vehikel)\}$. Ich werde jetzt einen Teil von G^- herleiten. In der Definition von G_{i+1}^- wird die Vereinigung über alle anwendbaren Regeln und Substitutionen gebildet. Ich werde mich hier auf jeweils nur eine Regel und Substitution beschränken.

Als erstes wende ich die Regel (ich schreibe nur die Matrizen)

$$is(x, y), isa^*(x, z) \implies is^*(x, z)$$

an. Durch Unifizieren des Kopfes mit $is^*(bmw, Vehikel)$ erhält man

$$is(bmw, y), isa^*(y, Vehikel) \implies is^*(bmw, Vehikel).$$

In der Datenbasis ist $is(bmw, Pkw)$ enthalten. Dadurch erhalte ich als ein Element für G_1^- $isa^*(Pkw, Vehikel)$. Durch Anwenden der Regel

$$isa(x, y), isa^*(y, z) \implies isa^*(x, z)$$

erhält man auf analoge Art und Weise Nachfolgendes, wobei ich die teilinstantiierte Regel und das mit dieser gewonnene Element aus G_i^- angebe. Zur Verdeutlichung nehme ich obiges Ergebnis noch einmal mit in die Liste auf.

- $is(bmw, y), isa^*(y, Vehikel) \implies is^*(bmw, Vehikel)$
  $isa^*(Pkw, Vehikel) \in G_1^-$

- $isa(Pkw, y), isa^*(y, Vehikel) \implies isa^*(Pkw, Vehikel)$
  $isa^*(Automobil, Vehikel) \in G_2^-$
- $isa(Automobil, y), isa^*(y, Vehikel) \implies isa^*(Automobil, Vehikel)$
  $isa^*(Bew\_Obj, Vehikel) \in G_3^-$

Ein weiteres Anwenden der Regel ergibt

$$isa(Bew\_Obj, y), isa^*(y, Vehikel) \implies isa^*(Bew\_Obj, Vehikel),$$

und somit ist

$$\{isa(Bew\_Obj, c), isa^*(c, Vehikel)\} \in G_4^-$$

für alle Konstanten c. Dies, da es keine Konstante c gibt, für die $isa(Bew\_Obj, c)$ in der Datenbasis enthalten ist. Dieser Grundkandidat enthält somit zwei Elemente. Auch hierauf kann man diese Regel wieder anwenden, muß es sogar, wenn man vollständig bleiben will. Man erhält dadurch

$$\{isa(Bew\_Obj, c), isa(c, d), isa^*(d, Vehikel)\} \in G_5^-$$

für alle Konstanten c und d.

Dieses Vorgehen kann man beliebig fortsetzen. Es ist aber einsichtig, daß man auf diese Art und Weise Grundkandidaten bekommt, die immer länger und auch unwahrscheinlicher werden. Es macht also Sinn, diesen Prozeß abzubrechen. Dies geschieht, wenn es ein Teilziel gibt, mit freien Variablen, die nicht mehr instantiiert werden können. Denn dann beginnt das "Raten" von unbekannten Konstanten. Im obigen Falle wäre dies an der Stelle, wo

$$isa(Bew\_Obj, y), isa^*(y, Vehikel) \implies isa^*(Bew\_Obj, Vehikel)$$

bearbeitet wird und es keine Instantiierung c für y gibt, so daß $isa(Bew\_Obj, c)$ gilt.

Das Protokoll enthält für jeden Ursachenkandidaten einen Knoten der Methode :ATOM mit der Mißerfolgsmeldung in der Attributliste. Unter diesem Knoten gibt es nur noch die beiden Knoten für :LOOK_UP und :APPLY_RULE, die ebenfalls erfolglos blieben. Da ich zunächst keine Regelmanipulationen betrachte, sind nur die Protokollknoten der Methode :LOOK_UP interessant. Diese sind Blätter des Protokolls. Die Gründe erhält man nun, indem man nur diese Knoten des Protokolls betrachtet, und entsprechend den Konnektoren in den übergeordneten Knoten verbindet. Bringt man diese Formel anschließend in disjunktive Normalform und wendet die Funktion $setDNF$ an, so ergibt sich die Menge der Grundkandidaten.

Diese Menge der Grundkandidaten sieht für das obige Beispiel wie folgt aus. Um den obigen Abbruch zu vermerken, wird in die Liste der Grundkandidaten das Element

$$\{\neg isa(Bew\_Obj, y), \neg isa^*(y, Vehikel)\}$$

aufgenommen.

1. $\{holds(Ort, bmw, bmwpos)\}$
2. $\{dom(Ort, Vehikel)\}$
3. $\{\neg is^*(bmw, Vehikel)\}$
4. $\{\neg is(bmw, Vehikel)\}$
5. $\{\neg isa^*(Pkw, Vehikel)\}$
6. $\{\neg isa(Pkw, Vehikel)\}$
7. $\{\neg isa^*(Automobil, Vehikel)\}$
8. $\{\neg isa(Automobil, Vehikel)\}$
9. $\{\neg isa^*(Bew\_Obj, Vehikel)\}$
10. $\{\neg isa(Bew\_Obj, Vehikel)\}$
11. $\{\neg isa(Bew\_Obj, y), \neg isa^*(y, Vehikel)\}\}$

Bereits an diesem einfachen Beispiel sieht man, daß es eine große Menge von Grundkandidaten geben kann. Diese Menge kann dem Benutzer in vielen Fällen nicht einfach als Liste aufgeführt werden. Die Anzahl der Grundkandidaten sinnvoll zu reduzieren und aus ihnen Grundmöglichkeiten zu gewinnen ist das Anliegen des nächsten Kapitels.

5. Von Grundkandidaten zu Grundmöglichkeiten

Stellt man ein Resumée dessen, was bis jetzt erreicht wurde, zusammen, so stellt man fest, daß das System zu folgenden Leistungen in der Lage ist:

1. Manipulieren der Datenbasis
2. Beantworten von Anfragen
3. Überprüfen der Konsistenz der Datenbasis
4. Im Falle einer Konsistenzverletzung:

   (a) Angeben der verletzten Konsistenzbedingung

   (b) Feststellen der Anlässe

   (c) Aufstellen einer Liste von Ursachenkandidaten

   (d) Aufstellen einer Liste von Grundkandidaten

   (e) Aufstellen einer Liste von Reparaturkandidaten

Berücksichtigt man, daß der Benutzer an einer Reparaturmöglichkeit interessiert ist und sowohl die Liste der Grundkandidaten als auch die der Grundmöglichkeiten, aus denen die Reparaturmöglichkeiten direkt hervorgehen, sehr lang sein kann, ergeben sich sofort zwei weitere Leistungen, die das System erbringen sollte, um den Benutzer wirklich zu unterstützen und nicht zu verwirren.

1. Aufstellen einer Liste von Grundmöglichkeiten,
2. Reduzieren der Länge der angebotenen Listen.

Das Unterkapitel "Iteration" beschäftigt sich mit der Fragestellung der Gewinnung von Grundmöglichkeiten aus Grundkandidaten.

Verkürzen sollte man die Liste nur um vom Benutzer mit Sicherheit nicht akzeptierte Elemente. Dieser Aufgabe widmet sich das Unterkapitel "Reduktion". Durch Reduktionsbedingungen werden diese Kandidaten von vornherein ausgeschlossen.

Eine weitere Möglichkeit, der zweiten Forderung nachzukommen, ist es, die Liste der Grundkandidaten/Grundmöglichkeiten zu sortieren, und zwar so, daß das vom Benutzer akzeptierte bzw. beabsichtigte Element möglichst weit vorne steht. Mit dieser Sortierung von Grundmöglichkeiten beschäftigt sich ein weiteres Unterkapitel. Dort werden einfache Heuristiken angegeben, um Vorrangbeziehungen zwischen Grundmöglichkeiten aufzubauen.

Da das entwickelte System sicher nicht unfehlbar ist, d.h. die vom Benutzer akzeptierte Grundmöglichkeit und damit Reparatur nicht immer an vorderer

Stelle der Liste steht, kann man sich fragen, welche Schlüsse zu ziehen sind, falls
das System in diesem Sinne versagt, d.h. eine große Anzahl von gleichrangigen,
vielleicht sogar nicht relevanten Grundmöglichkeiten angibt. Hierfür können fehlende Reduktionsbedingungen und schlechte oder fehlerhafte Sortierheuristiken
die Ursache sein. Das Manipulieren dieser Reduktionsbedingungen und Heuristiken sollte dementsprechend vom System unterstützt werden, zumal eine Aufga-
benabhängigkeit, also Abhängigkeit dieser Bedingungen und Heuristiken von der
Anwendung, vorstellbar ist. Eine andere mögliche Interpretation eines System-
versagens stellt das nächste Unterkapitel vor.

5.1 Ein anderer Schluß aus einem Systemversagen

Das Ergebnis des in Kapitel 4 beschriebenen Moduls "Extraktion der Gründe"
ist eine Menge von Grundkandidaten, das heißt, daß diese nicht direkt in Reparaturmöglichkeiten münden, sondern nur in Reparaturkandidaten, also nur notwendige, aber nicht hinreichende Bedingungen für eine Wiederherstellung der
Konsistenz sind. Um einen Grundkandidaten oder eine Obermenge von diesem
als Grundmöglichkeit anzusehen, muß gewährleistet sein, daß keine Konsistenzbedingung nach Ausführen der entsprechenden Reparaturmöglichkeit verletzt ist.
Dies läßt die berechtigte Hoffnung wachsen, daß durch Konsistenztests die hohe
Anzahl der Grundkandidaten in eine geringe Anzahl von Grundmöglichkeiten
übergeht.

Umgekehrt ist aber auch eine lange Liste von Grundmöglichkeiten oft ein In-
diz für fehlende Konsistenzbedingungen. Es können demzufolge Lücken im Entwurf aufgedeckt werden. Dies ist besonders wichtig, da sich die Vollständigkeit
der Menge der Konsistenzbedingungen nicht zeigen läßt, aber für eine Datenbasis
von entscheidender Wichtigkeit sein kann.

Zur Illustration dieses Gedankenganges nehme ich das letzte Beispiel aus
dem vorangegangenen Kapitel wieder auf. Dort ergab sich eine Liste von Grundkandidaten (hier auch Grundmöglichkeiten, da nur eine Konsistenzbedingung
vorhanden ist), die unter anderem die folgenden drei Elemente enthielt:

$$\{\neg is(bmw, Vehikel)\}$$
$$\{\neg isa(Pkw, Vehikel)\}$$
$$\{\neg isa(Automobil, Vehikel)\}$$

Ich betrachte zunächst $\neg is(bmw, Vehikel)$. Der zugehörige Reparaturkandidat ist

$$add(is(bmw, Vehikel)).$$

Nach Ausführung dieser Transaktion enthielte die Faktenbasis u.a. die Elemente

1. $is(bmw, Vehikel)$ und
2. $is(bmw, Pkw)$.

Gilt nun in der modellierten Welt, daß ein Objekt direkt nur einem Typ zugehören kann, so sollte dies als Konsistenzbedingung formuliert sein. Wäre dies der Fall, ist $\{\neg is(bmw, Vehikel)\}$ kein Grundkandidat.

Fügt man $isa(Pkw, Vehikel)$ in die Faktenbasis ein, so ist die isa-Hierarchie kein Baum mehr, sondern nur noch ein gerichteter Graph. Dies, da die Fakten $isa(Pkw, Automobil)$, $isa(Automobil, Bew\_Obj)$ und $isa(Vehikel, Bew\_Obj)$ in der Datenbasis enthalten sind. Auch dieses könnte man durch eine Konsistenzbedingung verbieten. Dadurch fiele dann sowohl

$$\{\neg isa(Pkw, Vehikel)\}$$

als auch

$$\{\neg isa(Automobil, Vehikel)\}$$

als Grundkandidat aus.

Etwas schwächer könnte man fordern, daß isa redundanzfrei ist, d.h., es sollte kein Faktum $isa(a, b)$ existieren, für das auch ohne dasselbe $isa^*(a, b)$ ableitbar wäre. Dies würde $\{\neg isa(Automobil, Vehikel)\}$ als Grundmöglichkeit ausschließen, denn die Faktenbasis enthält bereits $isa(Automobil, Bew\_Obj)$ und $isa(Vehikel, Bew\_Obj)$.

Ebenso läßt sich $\{dom(Ort, Vehikel)\}$ als Grundmöglichkeit ausschließen, wenn man verlangt, daß jedes Attribut einen Domain hat.

5.2 Reduktion

Das letzte Beispiel aus dem vorherigen Kapitel zeigt, daß es eine Anzahl von Grundkandidaten geben kann, die vom Benutzer nicht akzeptiert werden. Dazu gehört beispielsweise $\neg is^*(bmw, Vehikel)$. Dies, da is^* ein rein intentionales Prädikat ist, das heißt lediglich durch Regeln aus anderen Prädikaten hervorgeht. Es sollten also nur diejenigen Fakten als Grundkandidaten angesehen werden, die Basisprädikate betreffen.

Des weiteren ist die Wissensbasis zu Beginn einer Anwendung sicherlich nicht leer, sondern enthält initiales Wissen, beispielsweise über vordefinierte Prädikate. Diese sind etwa is, dom, ran etc. Auch dieses Wissen sollte im Zuge einer Reparatur unangetastet bleiben. Dementsprechend werden auch die Fakten aus den Grundkandidaten gestrichen, die diese initiale Datenbasis berühren.

Die Liste der Grundkandidaten wird aus dem Protokoll gewonnen. Um die gewonnene Liste so kurz wie möglich zu halten, ist es sinnvoll, die Reduktion bereits in diesen Prozess der Extraktion der Grundkandidaten aus dem Protokoll zu integrieren und so nur die Grundkandidaten zu übernehmen, die nicht der Reduktion zum Opfer fallen.

5.3 Iteration

In diesem Unterkapitel soll geschildert werden, wie man von einer vollständigen Menge von Grundkandidaten zu einer vollständigen Menge von Grundmöglichkeiten gelangt. Die in diesem Zusammenhang wichtigen Aussagen sind die folgenden:

1. G Grundmöglichkeit $\succ$ ex. G' Grundkandidat: $G' \subseteq G$
2. G Grundkandidat $\not\succ$ ex. G' Grundmöglichkeit: $G \subseteq G'$

Bevor ich mit der Beschreibung mit der Iteration beginne, möchte ich noch einmal die Ausgangssituation schildern. Zunächst hat der Benutzer eine Transaktion TA^0 auf eine Datenbasis DB^0 angewandt. Dadurch erhielt er eine Datenbasis $DB^1 := TA^0(DB^0)$, die inkonsistent ist. Durch eine Analyse erhält man eine Menge GK^0 von Grundkandidaten und für jeden Grundkandidaten $gk^{i,0} \in GK^0$ einen Reparaturkandidaten $\alpha^{-1}(gk^{i,0})$. Jetzt können drei Aussagen über diesen Reparaturkandidaten gelten:

1. $\alpha^{-1}(gk^{i,0})(TA^1)$ ist konsistent. In diesem Fall ist $\alpha^{-1}(gk^{i,0})$ sogar Reparaturmöglichkeit, also auch $gk^{i,0}$ Grundmöglichkeit.
2. Der Grundkandidat $gk^{i,0}$ läßt sich zu einer Grundmöglichkeit fortsetzen, das heißt, es existiert eine Grundmöglichkeit $gm^{i,0}$ mit $gk^{i,0} \subseteq gm^{i,0}$.
3. Der Grundkandidat $gk^{i,0}$ läßt sich nicht zu einer Grundmöglichkeit fortsetzen.

Betrachtet man im zweiten Fall $TA^{i,0} := \alpha^{-1}(gk^{i,0}) \circ TA^0$ als eine Transaktion und wendet man diese auf DB^0 an, so ist $TA^{i,0}(DB^0)$ inkonsistent, und es können wiederum Grundkandidaten $gk^{j,i,0}$ ausfindig gemacht werden. Daraus erhält man dann Reparaturkandidaten $TA^{j,i,0}$ usw.

Damit ist der Iterationsschritt geklärt. Was jetzt noch benötigt wird, ist eine Abbruchbedingung. Hiervon gibt es, wie oben angedeutet, zwei: Der gerade betrachtete Grundkandidat ist ebenfalls eine Grundmöglichkeit. Damit kann er dem Benutzer angeboten werden. Die zweite Möglichkeit ist die, daß dieser Grundkandidat nicht zu einer Grundmöglichkeit fortgesetzt werden kann. Auf den ersten Blick sieht die Erkennung dieser Möglichkeit nicht einfach aus. Deshalb zunächst ein Beispiel.

Man betrachte noch einmal Beispiel 3.2.15. Dort war eine leere Faktenbasis gegeben zusammen mit den Konsistenzbedingungen $\forall x\ p(x) \implies q(x)$ und $\neg q(a)$. Die Transaktion TA^0 lautete $add(p(a))$. Ein Grundkandidat $gk^{1,0}$ war $\{\neg q(a)\}$. Die daraus resultierende Transaktion $TA^{1,0}$ ist $add(q(a))$. Damit enthält die Datenbasis $gk^{1,0}(TA^0(DB^0))$ $q(a)$ und verletzt damit die zweite Konsistenzbedingung. Der Grundkandidat $gk^{1,1,0}$ lautet $\{q(a)\}$. Einfügen von $q(a)$ verlangt also direkt ein Ausfügen von $q(a)$. Somit ist $gk^{1,0}$ sicherlich nicht zu einer Grundmöglichkeit fortsetzbar.

Zur formalen Definition des Algorithmus seien die gk^F für alle Folgen natürlicher Zahlen Mengen von Literalen. Weiter sind

- GK (die Menge der Grundkandidaten),
- GM (die Menge der Grundmöglichkeiten) und
- IG (die Menge der widersprüchlichen Grundkandidaten)

Mengen solcher g^F. Die Union von $g^{i,F}$ ($\bigcup g^{i,F}$) sei wie folgt definiert: $\bigcup g^i := g^i$ und $\bigcup g^{i,F} := g^{i,F} \cup \bigcup g^F$.

Mit diesen Bezeichnungsweisen ergibt sich folgende nichtdeterministische Formulierung des Algorithmus:

Algorithmus 5.3.1 **Eingabe:** *DB: Datenbasis,*
   TA: Transaktion,
   (TA(DB)) inkonsistent.
Initialisierung: $DB^0 := DB$,
   $gk^0 := \alpha(TA)$,
   $GK := \{gk^0\}$,
   $GM := \emptyset$,
   $IG := \emptyset$.
Schleife: *Solange noch ein $gk^F \in GK$ existiert, führe folgende Schritte aus:*
   $GK := GK \setminus \{gk^F\}$,
   Falls: $\alpha^{-1}(\bigcup gk^F)(DB^0)$ *konsistent*
   $GM := GM \cup \{\bigcup gk^F\}$
   sonst, falls $\bigcup gk^F$ *widersprüchlich*
   $IG := IG \cup \{gk^F\}$,
   sonst
   Seien $g_1, ..., g_n$ die Grundkandidaten
   (bzgl. aller Konsistenzbedingungen)
   für $\alpha^{-1}(\bigcup gk^F)(DB^0)$.
   $gk^{i,F} := g_i$, *für alle* $i = 1, ..., n$.
   $GK := GK \cup \{gk^{i,F} | 1 \leq i \leq n\}$.
Ausgabe: *Gib alle Elemente aus GM aus.*

Für die Korrektheit des vorgeschlagenen Verfahrens ist folgender Satz von Wichtigkeit:

Satz 5.3.2 *Seien eine Datenbasis DB und ein Element $gk^F \in GK$ gegeben. Ist $\bigcup gk^F$ widerspruchsfrei, aber für alle Grundkandidaten $g_1, ..., g_n$ (s. obiger Alg.) sei $g_i \cup \bigcup gk^F$ widersprüchlich. Dann gibt es keine Grundmöglichkeit gm, die $\bigcup gk^F$ enthält, d.h. $\bigcup gk^F \not\subseteq gm$ f.a. gm.*

Beweis 5.3.3 *Man nehme an, es gibt eine solche Grundmöglichkeit gm und $\bigcup gk^F \subseteq gm$. Es ist $\alpha^{-1}(\bigcup gk^F)(DB^0)$ inkonsistent. Da $\bigcup gk^F \subseteq gm$ gilt und weiter $\alpha^{-1}(gm(DB^0))$ konsistent ist, ist $gm' := gm \setminus \bigcup gk^F$ eine Grundmöglichkeit. Weil jede Grundmöglichkeit einen Grundkandidaten enthält und $g_1, ..., g_n$ alle Grundkandidaten für $\alpha^{-1}(\bigcup gk^F)(DB^0)$ sind, gilt $g_i \subseteq gm'$ für ein i. Damit enthält gm mindestens $\bigcup gk^F \cup g_i$ und ist somit widersprüchlich. Daraus folgt die Behauptung, da gm als Grundmöglichkeit wegen der Minimalität keinen Widerspruch enthalten kann.*

An dieser Stelle möchte ich das letzte Beispiel des 4. Kapitels fortsetzen. Dieses beruhte auf Beispiel 3.2.7. Die Liste der voll instantiierten Grundkandidaten ohne diejenigen, die der Reduktion zum Opfer fallen, ist folgende.

1. $\{holds(Ort, bmw, bmwpos)\}$
2. $\{dom(Ort, Vehikel)\}$
3. $\{\neg is(bmw, Vehikel)\}$
4. $\{\neg isa(Pkw, Vehikel)\}$
5. $\{\neg isa(Automobil, Vehikel)\}$
6. $\{\neg isa(Bew\_Obj, Vehikel)\}$

. Zu diesen gebe ich jetzt die Fortsetzungen an, die Grundmöglichkeiten sind. Dabei gehe ich davon aus, daß folgende in 5.1 diskutierte Konsistenzbedingungen ebenfalls in DB^c enthalten sind.

- $\forall x \; \exists y \; is(x, at) \Longrightarrow dom(x, y)$
  Jedes Attribut hat einen Domain.
- $\forall x \; \forall y \; \forall z \; is(x, y) \wedge is(x, z) \Longrightarrow\; = (y, z)$
  Jedes Objekt gehört genau einem Objekttyp an.
- $\forall x \; \forall y \; \forall z \; isa(x, y) \wedge isa(x, z) \Longrightarrow\; = (y, z)$
  Jeder Objekttyp ist Untertyp höchstens eines Obertyps.
- $\forall x \; \neg isa^*(x, x)$ Es gibt keine Zyklen in der *isa*-Hierarchie.

Es fällt auf, daß jede der Grundmöglichkeiten eine bestimmte Absicht widerspiegelt, die jeweils mit einem bezeichnenden Satz charakterisiert werden kann. Diesen habe ich jeweils dazugeschrieben.

1. $\{holds(Ort, bmw, bmwpos)\}$

   - $\{holds(Ort, bmw, bmwpos)\}$

   Eine Art Radikalkur, alles, was Ärger macht, wird vernichtet.
2. $\{dom(Ort, Vehikel)\}$

   - $\{dom(Ort, Vehikel), \neg dom(Ort, Bew\_Obj)\}$

   Die elegante Lösung.
3. $\{\neg is(bmw, Vehikel)\}$

   - $\{\neg is(bmw, Vehikel), is(bmw, Pkw)\}$

   Was nicht paßt, wird passend gemacht.
4. $\{\neg isa(Pkw, Vehikel)\}$

   - $\{\neg isa(Pkw, Vehikel), isa(Pkw, Automobil)\}$

   Die politische Lösung.
5. $\{\neg isa(Automobil, Vehikel)\}$

   - $\{\neg isa(Automobil, Vehikel), isa(Automobil, Bew\_Obj)\}$

   Die konservative Lösung.
6. $\{\neg isa(Bew\_Obj, Vehikel)\}$

   - $\{\neg isa(Bew\_Obj, Vehikel), isa(Vehikel, Bew\_Obj)\}$

   Die anarchistische Lösung, bei der alles auf den Kopf gestellt wird.

5.4 Eleganz einer Reparatur

Das Ziel dieses Unterkapitels ist es, die elegante Lösung möglichst weit vorne in der sortierten Liste der Grundmöglichkeiten zu plazieren.

Doch was heißt in diesem Falle elegant? Es existiert keine formale Definition dieses Adjektivs, und vermutlich kann es auch keine geben. Die Bewertung der Eleganz einer Lösung eines Problems ist also intuitiv. Da aber ein Rechner über keinerlei Intuition verfügt, muß man hier versuchen, ein formales Kriterium für Eleganz zu entwickeln, das zum einen der Intuition (hier meiner) sehr nahe kommt und zum anderen berechenbar und einsichtig ist.

Dazu ist es hilfreich, sich einige Eigenschaften zu überlegen, die man bei eleganten Lösungen erfüllt hofft. Hier beschränke ich mich auf Grundmöglichkeiten oder Reparaturen. Ich hoffe, es besteht weitgehende Übereinstimmung, wenn ich eine Reparatur als elegant bezeichne, wenn sie

- kurz ist,
- geringe Auswirkungen hat (verblüffend einfach) und
- wenig der in der Datenbasis enthaltenen Information vernichtet.

Diese drei Kriterien möchte ich ein wenig erläutern. Zunächst sind diese Kriterien eher ausschließender, notwendiger und nicht hinreichender Art. Es ist also beispielsweise eine Reparatur nicht elegant, wenn sie sehr lang ist. Dies bedingt, daß es Reparaturen geben kann, die gemessen an den obigen Bedingungen einen positiven Eindruck machen, jedoch nicht als elegant zu bezeichnen sind. Ein weiteres Problem wird die Gewichtung dieser drei Kriterien sein. Denn es ist nicht anzunehmen, daß eine Reparatur bzgl. aller drei Kriterien optimal ist. Das Problem allerdings, dem ich mich hier zunächst widmen werde, ist die Formalisierung der Kriterien und die Evaluierung anhand des Beispiels im vorangegangenen Unterkapitel.

Das erste Kriterium ist einfach zu formalisieren. Hierzu kann man kurzerhand die Anzahl der Operationen in der Reparatur zählen. Dies entspricht auch $|G|$ der zugehörigen Grundmöglichkeit. Sind also $g_1, ..., g_n$ alle Grundmöglichkeiten, so ist g_i optimal bzgl. des ersten Kriteriums, wenn $|g_i| = min_{j=1}^n |g_j|$.

Das zweite Kriterium benötigt etwas mehr Erklärung, alleine um einsichtig zu werden. Die Datenbasis enthält Fakten und Regeln. Geändert werden sollen zunächst nur Fakten. Das Einfügen eines Faktums kann aber als Folge, aufgrund der Regeln, eine sehr viel mehr vergrößerte Datenbasis ($C(DB)$) haben als diejenige vor Hinzufügen des Faktums. Analoges gilt für das Löschen eines Faktums. Der Inhalt der Datenbasis kann durch Löschen eines einzigen Faktums um mehr als ein Faktum reduziert werden. Solche Fakten, die falls geändert, einen schwerwiegenden Eingriff darstellen, sollten in den eleganten Lösungen somit nicht betrachtet werden. Die Auswirkung einer Transaktion kann aber gemessen werden als die Differenz der vollständigen Extension der Datenbasis vor und nach dem Ausführen. Seien also $g_1, ..., g_n$ wieder die zur Diskussion stehenden Grundmöglichkeiten für eine inkorrekte Datenbasis DB, dann ist

g_i optimal bzgl. des zweiten Kriteriums, falls $|\Delta(C(DB), C(\alpha^{-1}(g_i)(DB)))| = min_{j=1}^n |\Delta(C(DB), C(\alpha^{-1}(g_j)(DB)))|$ gilt.

Das dritte Kriterium beruht auf der Feststellung, daß es unangenehm ist, Informationen zu verlieren. Wenn man also die Wahl hat, durch Hinzufügen oder durch Entfernen eines Faktums die Datenbasis wieder konsistent zu bekommen, so ist das Hinzufügen sicherlich sympathischer. Um auch hier wieder die Extension zu berücksichtigen, definiere ich bei gegebener Datenbasis DB und gegebener Literalmenge g den Informationsverlust als $\Delta^-(g) := \{f | DB \models f, \alpha^{-1}(g)(DB) \not\models f\}$. Ein g_i ist dann optimal bzgl. des dritten Kriteriums, falls $\Delta^-(g_i) = min_{j=1}^n |\Delta^-(g_j)|$ gilt.

Ich gebe jetzt eine Auswertung der drei Kriterien für das Beispiel aus dem letzten Unterkapitel an. Dabei sortiere ich die Liste nach dem Ergebnis.

1. $\{holds(Ort, bmw, bmwpos)\}$: 1,1,1
2. $\{dom(Ort, Vehikel), \neg dom(Ort, Bew\_Obj)\}$: 2,2,1
3. $\{\neg isa(Automobil, Vehikel), isa(Automobil, Bew\_Obj)\}$: 2,5,1
4. $\{\neg is(bmw, Vehikel), is(bmw, Pkw)\}$: 2,5,3
5. $\{\neg isa(Pkw, Vehikel), isa(Pkw, Automobil)\}$: 2,6,3
6. $\{\neg isa(Bew\_Obj, Vehikel), isa(Vehikel, Bew\_Obj)\}$: 2,8,3

An dieser Stelle möchte ich noch zwei Anmerkungen zum Ergebnis der obigen Kriterienauswertung machen. Dieses hängt stark von der Anzahl der Individuen, das heißt Pkw's etc., ab. Beispielsweise steht $\{holds(Ort, bmw, bmwpos)\}$ an erster Stelle in der Liste, da nur ein Pkw vorhanden ist. Gäbe es n Pkws, so ergäbe die Kriterienauswertung n, n, n als Ergebnis. In der Tat ist

$$\{dom(Ort, Vehikel), \neg dom(Ort, Bew\_Obj)\}$$

das einzige Ergebnis, das keine Abhängigkeit von der Anzahl der Individuen zeigt. Es wäre interessant, solche Abhängigkeiten in irgendeiner Form zu formalisieren und ebenfalls als Kriterien für Eleganz zu benutzen. Dies würde aber hier zu weit führen.

Als zweites möchte ich noch darauf hinweisen, daß hier meistens für jedes der drei Kriterien $a \leq b$ gilt, falls a und b die Ergebnisse eines Kriteriums zweier in obiger Liste aufeinanderfolgender Grundmöglichkeiten sind. Falls dies nicht der Fall war, so wurde die Liste zunächst nach dem 2. und dann nach dem 3. Kriterium sortiert.

6. Prototypische Implementierung

In diesem Kapitel werde ich über einige Aspekte und Erfahrungen mit der prototypischen Implementierung des Systems berichten. Die wesentlichste Zielsetzung bei der Entwicklung des Prototyps lag im Nachweis der generellen Machbarkeit, d.h., es galt zu zeigen, daß die theoretischen Grundlagen, die in den vorangegangenen Kapiteln erarbeitet wurden, auch in die Praxis, also in ein lauffähiges System, umgesetzt werden können. Es sollte sozusagen nachgewiesen werden, daß der Teufel nicht im technischen Detail steckt. Zum zweiten sollte mit dem Prototyp eine Testumgebung geschaffen werden, mit der sich zukünftige Verbesserungen an Funktionalität und Leistung untersuchen und anhand umfangreicher Fallbeispiele auch Einsatzerfahrung sammeln lassen. Zu den zukünftigen Erkenntnissen sollten schließlich Aussagen über die Benutzerakzeptanz gehören. Aus all diesen Gründen wurde als Testbett die Sprache SKM (Semantic Knowledge Model, [43]) ausgewählt, weil sie eine Anbindung an ein bestehendes größeres Projekt (DEED) erlaubte, in dem man sich unter anderem intensiv mit dem Entwurf von Benutzerschnittstellen für Datenbanken im ingenieurwissenschaftlichen Bereich beschäftigt. Erleichtert wurde die Anbindung dadurch, daß die Sprache SKM ebenfalls logikbasiert ist, denn sie kann in erster Annäherung als eine Einschränkung der Prädikatenlogik erster Ordnung auf zweistellige Prädikate verstanden werden. Während allerdings die hier entwickelte Theorie auf Funktionssymbole verzichtet, sind sie in SKM zunächst zugelassen. Dies führt dazu, daß der im Prototyp implementierte Teil von SKM eine echte Teilmenge ist.

Bevor ich beginne, SKM näher zu erläutern, möchte ich kurz die Gliederung dieses Kapitels vorstellen. Zunächst folgt die Beschreibung der Sprache SKM. Anschließend werden zwei Aspekte des Systems an einem vollständigen Beispiel erläutert. Diese Aspekte sind die Wahl der Anzahl der Iterationen und die Wirksamkeit der Heuristik zur Bewertung und Reduktion von Konstanten. Als nächstes folgt die Beschreibung der Architektur des Systems mit besonderem Schwerpunkt auf die Dialogkomponente. Diese wird dann ausführlicher beschrieben. Insbesondere werden aus dem vorhergehenden Beispiel Forderungen abgeleitet, die dann als Motivation für die verschiedenen Möglichkeiten (Funktionalität) der Dialogkomponente dienen. Die anschließend betrachteten Laufzeiten stellen eine weitere Berechtigung für die hohe Funktionalität der Dialogkomponente dar.

6.1 SKM

Wie bereits oben erwähnt, beruht die prototypische Implementierung auf der speziell für den Bereich der Ingenieurdatenbanken entwickelten Sprache SKM. Ebenfalls oben erwähnt wurde, daß SKM als eine Restriktion auf 2-stellige Prädikate angesehen werden kann. Dies beruht auf der Tatsache, daß alle Ausdrücke dieser Sprache Tripel sind. Eine Datenbasis ist in SKM somit im wesentlichen eine Ansammlung von Tripeln. Diese haben die Form *(Attribut, Objekt, Wert)* und werden wie folgt interpretiert. Wertet man ein *Attribut* auf einem gegebenen *Objekt* aus, so erhält man den *Wert*. Sei beispielsweise das Tripel *(Alter,Alfons,sehr-alt)* gegeben, so heißt dies, daß das Objekt *Alfons* ein *Alter* besitzt, das als *sehr-alt* einzustufen ist. Die Tripeldarstellung sämtlichen Wissens in der Datenbank stellt sicherlich eine Erleichterung für die Verwaltung dar. Ausgenutzt wurde die Tripel-Darstellung im wesentlichen in der Faktenverwaltung, für die ein speziell auf Tripelmengen abgestimmter Zugriffspfad entwickelt wurde. Aber SKM bringt nicht nur technische Vorteile für die Implementierung, sondern auch für den Benutzer, da es eine scheinbare Quantifizierung über Prädikate erlaubt. Die Verwendung des Wortes scheinbar dürfte gleich klar werden. Betrachtet man ein allgemeines Tripel *(Attribut, Objekt, Wert)*, so steht zunächst einmal nichts im Wege, über das *Attribut* zu quantifizieren. Dies macht insbesondere bei Benutzeranfragen Sinn. Betrachtet man beispielsweise die atomare Anfrage *(X, Alfons, Y)*, so besteht die Antwort aus allen Attributen mit zugehörigen Werten für das Objekt *Alfons*. Somit läßt sich also eine Objektorientierung erreichen, die für den Bereich der Datenbanken in den Ingenieurwissenschaften für fundamental wichtig erachtet wird. Dem geübten Logiker fällt jedoch sofort auf, daß eine Einführung von Quantoren für Prädikate ein Verlassen der Prädikatenlogik erster Ordnung mit sich bringt. Man bewegt sich also im allgemeinen im sehr aufwendigen und wenig handhabbaren Gebiet der Prädikatenlogik zweiter Ordnung, für die es nicht einmal einen vollständigen und korrekten Kalkül geben kann. Daher wird in SKM ein Trick angewandt, der in der Logik des öfteren angewendet wird. Die Semantik von SKM wird mit der Prädikatenlogik erster Ordnung angegeben, indem man die Tripel als Instanzen **eines** Prädikates ansieht. Beispielsweise wird *(Alter,Alfons,sehr-alt)* als *holds(Alter,Alfons,sehr-alt)* interpretiert. Somit erklärt sich die dem Benutzer sehr wichtige Erweiterung als scheinbar.

Ein weiterer Punkt ist die in SKM vorhandene initiale Wissensbank. Während die Anwender beispielsweise einer deduktiven Datenbank aus dem Nichts heraus arbeiten, also bei Null anfangen müssen, stellt SKM bereits einige Grundkonzepte zur Verfügung, die mittels der Tripel spezifiziert sind. Diese Tripel ergeben zusammengefaßt die initiale Wissensbank. Diese ermöglicht beispielsweise eine Typisierung und die Einführung von Attributen mit fester vorgegebener Interpretation. Hierdurch wird dann auch die Darstellung von Regeln und Konsistenzbedingungen als Tripel erlaubt. Zunächst enthält die initiale Wissensbasis die Information, daß es zwei spezielle Typen *rt* und *ct* gibt, den ersten für die Regeln und den zweiten für die Konsistenzbedingungen. Es können somit Namen für die Regeln vergeben werden und diese mittels der zugehörigen Tripel *(is, "Name", rt)* als solche dem System bekannt gemacht werden. Die Zuordnung von Hornklauseln geschieht dann durch das spezielle Attribut *rta* in der Form *(rta, "Name", "Hornklausel")*. Die Lage verhält sich bei Konsistenzbedingungen völlig analog, wobei das entsprechende Attribut hier *cta* heißt. Es gibt noch einige weitere interessante Eigenschaften von SKM, die jedoch für die hier angestrebte Untersuchung nicht relevant sind. Es bleibt vielleicht anzumerken, daß SKM nicht im geringsten orthogonal zu der in dieser Arbeit entwickelten Theorie liegt, sondern sich im Gegenteil diese Theorie auf das angenehmste mit SKM verbindet.

6.2 Beispiel

Wir betrachten an dieser Stelle ein weiteres Mal den in Abbildung 1 dargestellten Sachverhalt einer Faktenbasis zur Modellierung der *isa*-Hierarchie von beweglichen Objekten. Mit dem bisherigen Wissen fällt auf, daß die in der Abbildung dargestellten Fakten nur einen kleinen Ausschnitt dessen, was in der Datenbasis enthalten sein muß, darstellen. Es fehlen beispielsweise die Fakten aus der initialen Wissensbasis, die Regeln und die Konsistenzbedingungen. Abbildung 1 enthält also lediglich die Informationen über das Attribut *isa* und über den Urbild- und Bildbereich des Attributes *ort*. Die den Sachverhalt der Abbildung 1a modellierenden Tripel sind in folgender Liste enthalten:

- *(isa vehikel bew_obj)*
- *(isa automobil vehikel)*
- *(isa pkw automobil)*
- *(dom ort vehikel)*
- *(ran ort koord)*

Die betrachtete Transaktion ist die gleiche wie in Kapitel 3:

(BOT (del (isa Automobil Vehikel)) (add (isa Automobil Bew_Obj)) EOT)

Demgemäß repräsentiert Abbildung 1b das Ergebnis der Transaktion.

Läßt man den Prototyp nun eine vollständige Analyse des Problems durchführen, wobei die Anzahl der Iterationen auf 3 beschränkt und die Heuristik zur Reduktion der Konstanten ausgeschaltet ist, so ergibt sich folgende Menge von Reparaturen.

Nr.	Transaktion	Iteration	Bewertung
1	(DEL (ORT BMW BMWPOS))	0	(1 1 1)
2	((ADD (DOM ORT BEW_OBJ)) (DEL (DOM ORT VEHIKEL)))	1	(2 2 1)
3	((DEL (ORT FAHRRAD FAHRRADPOS)) (ADD (DOM ORT AUTOMOBIL)))	2	(3 3 2)
4	((DEL (ORT FAHRRAD FAHRRADPOS)) (ADD (DOM ORT PKW)))	2	(3 3 2)
5	((DEL (ISA AUTOMOBIL BEW_OBJ)) (ADD (ISA AUTOMOBIL VEHIKEL)))	1	(2 5 1)
6	((DEL (IS BMW PKW)) (ADD (IS BMW VEHIKEL)))	1	(2 5 3)
7	((DEL (ISA VEHIKEL BEW_OBJ)) (ADD (ISA VEHIKEL AUTOMOBIL)) (ADD (DOM ORT AUTOMOBIL)) (DEL (DOM ORT VEHIKEL)))	3	(4 6 2)
8	((DEL (ISA PKW AUTOMOBIL)) (ADD (ISA PKW VEHIKEL)))	1	(2 6 3)
9	((DEL (IS FAHRRAD VEHIKEL)) (ADD (IS FAHRRAD AUTOMOBIL)) (ADD (DOM ORT AUTOMOBIL)) (DEL (DOM ORT VEHIKEL)))	3	(4 6 3)
10	((DEL (ORT FAHRRAD FAHRRADPOS)) ((DEL (ORT FAHRRAD FAHRRADPOS)) (DEL (ORT BMW BMWPOS)) (DEL (RAN ORT KOORD)) (DEL (IS ORT AT)) (DEL (DOM ORT VEHIKEL)))	2	(5 6 6)
11	((DEL (IS FAHRRAD VEHIKEL)) (ADD (IS FAHRRAD PKW)) (ADD (DOM ORT PKW)) (DEL (DOM ORT VEHIKEL)))	3	(4 7 3)
12	((DEL (ISA VEHIKEL BEW_OBJ)) (ADD (ISA VEHIKEL PKW)) (ADD (DOM ORT PKW)) (DEL (DOM ORT VEHIKEL)))	3	(4 8 2)
13	((DEL (ISA VEHIKEL BEW_OBJ)) (ADD (ISA BEW_OBJ VEHIKEL)))	1	(2 8 3)
14	((DEL (ISA AUTOMOBIL BEW_OBJ)) (ADD (ISA BEW_OBJ AUTOMOBIL)) (ADD (DOM ORT AUTOMOBIL)) (DEL (DOM ORT VEHIKEL)))	3	(4 10 5)
15	(DEL (ISA PKW AUTOMOBIL)) (ADD (ISA BEW_OBJ PKW)) (ADD (DOM ORT PKW)) (DEL (DOM ORT VEHIKEL)))	3	(4 12 6)
16	((DEL (ISA AUTOMOBIL BEW_OBJ)) (ADD (ISA BEW_OBJ PKW)) (ADD (DOM ORT AUTOMOBIL)) (DEL (DOM ORT VEHIKEL)))	3	(4 13 5)
17	((DEL (ISA AUTOMOBIL BEW_OBJ)) (ADD (ISA BEW_OBJ PKW)) (ADD (DOM ORT PKW)) (DEL (DOM ORT VEHIKEL)))	3	(4 13 5)

Es sei daran erinnert, daß die erste der drei in der Bewertung auftretenden Zahlen die Anzahl der geänderten Fakten, also die Länge der Transaktion angibt. Die Größe der Differenz der beiden Extensionen der Datenbasis vor und nach der Ausführung der Transaktion ist an der zweiten Stelle vermerkt. Die dritte gibt Auskunft über die Anzahl der in der Extension der Datenbasis nach der Ausführung der Transaktion nicht mehr ableitbaren Fakten. Bei der Bestimmung der Reihenfolge fällt der mittleren Zahl die größte Bedeutung zu, gefolgt von der dritten und ersten.

Die erste Beobachtung, die sich offenbart, ist die, daß die schlechtesten Reparaturen, also die am Ende der Liste, alle während der dritten Iteration entstanden sind. Es scheint also sinnvoll, die Anzahl der Iterationen auf 2 zu beschränken.

Die zweite Beobachtung betrifft die hergeleiteten neuen Domänen des Attributes *ORT*. Durch die Heuristik der neuen Restriktionsliterale sind alle möglichen Urbildbereiche hergeleitet worden. Auch jene, die nicht als optimal anzusehen sind, wie etwa *PKW* und *AUTOMOBIL*. Durch Hinzunehmen der Heuristik zur Reduktion der hergeleiteten Konstanten, das heißt, es werden nur diejenigen betrachtet, die die meisten der hergeleiteten Restriktionsliterale erfüllen, werden diese wieder entfernt. Bei eingeschalteter Heuristik ergeben sich folgende Reparaturen:

Nr.	Transaktion	Iteration	Bewertung
1	((DEL (ORT BMW BMWPOS)))	0	(1 1 1)
2	((ADD (DOM ORT BEW_OBJ)) (DEL (DOM ORT VEHIKEL)))	1	(2 2 1)
3	((DEL (ISA AUTOMOBIL BEW_OBJ) (ADD (ISA AUTOMOBIL VEHIKEL)))	1	(2 5 1)
4	((DEL (IS BMW PKW)) (ADD (IS BMW VEHIKEL)))	1	(2 5 3)
5	((DEL (ISA PKW AUTOMOBIL)) (ADD (ISA PKW VEHIKEL)))	1	(2 6 3)
6	((DEL (ORT FAHRRAD FAHRRADPOS)) (DEL (ORT BMW BMWPOS)) (DEL (RAN ORT KOORD)) (DEL (IS ORT AT)) (DEL (DOM ORT VEHIKEL)))	2	(5 6 6)
7	((DEL (ISA VEHIKEL BEW_OBJ)) (ADD (ISA BEW_OBJ VEHIKEL)))	1	(2 8 3)

Man kann sich jetzt fragen, was passiert, wenn sich die gesuchte Konstante unter den durch die Heuristik eliminierten Konstanten befindet. Damit vorhandene Probleme lassen sich nur beheben, wenn man dem System einen "Browser" beifügt, der es dem Benutzer ermöglicht, durch das Protokoll zu wandern. Ist er an einem ∃-Knoten angelangt, so kann er sich alle Restriktionsliterale und Konstanten, auch die eliminierten, ausgeben lassen und nach Belieben Konstanten zufügen oder ausfügen. Dies ist insbesondere dann wichtig, wenn es dem System nicht möglich war, selbständig in Frage kommende Konstanten aus der Faktenbasis zu extrahieren.

Zur Bestätigung der Heuristik zur Reduktion der Konstanten vielleicht noch folgende Zahlen. Bei dem oben betrachteten Beispiel liegt die Anzahl der hergeleiteten Reparaturen ohne die erwähnte Heuristik bei 17, die der insgesamt betrachteten Kandidaten bei 49. Mit Reduktion erhält man hingegen 7 Reparaturen, und es werden 20 Kandidaten betrachtet. All diese Zahlen beziehen sich auf drei Iterationen. Die Tatsache der erheblichen Kandidatenreduktion spiegelt sich selbstverständlich auch in der Laufzeit wider. Diese liegt bei ausgeschalteter Heuristik bei diesem Beispiel etwa drei mal so hoch wie bei eingeschalteter Heuristik.

6.3 Die Dialogkomponente

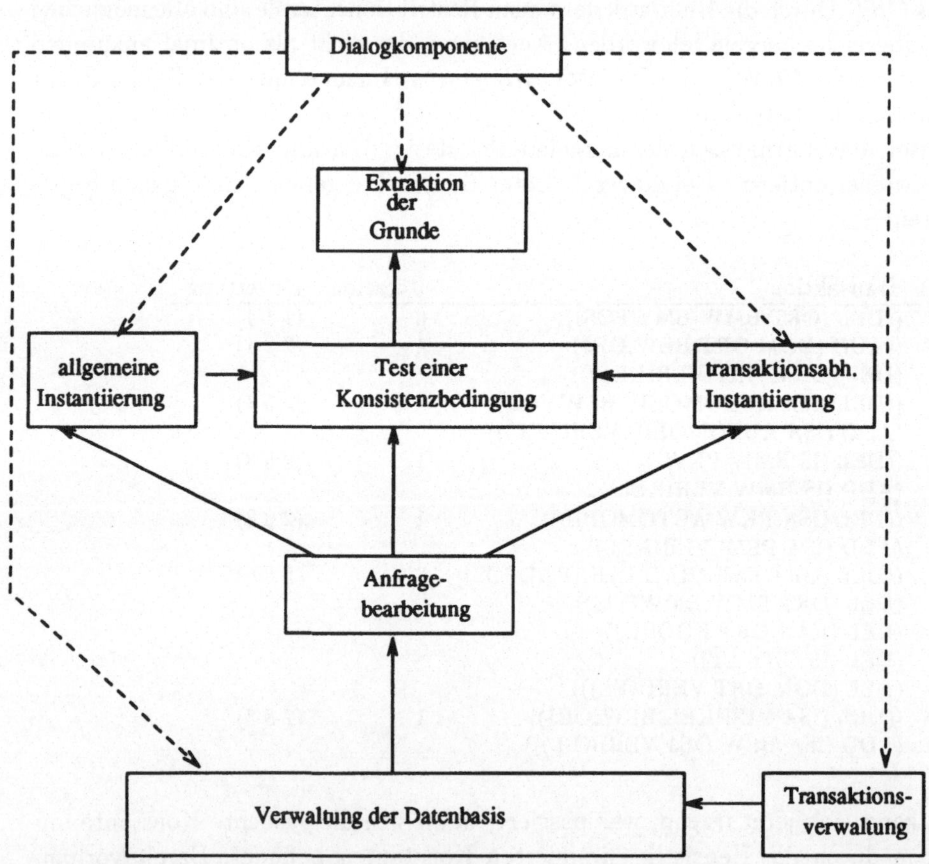

Abb. 6.1. Einbindung der Dialogkomponente

Die Abbildung 6.1 zeigt noch einmal die Gesamtarchitektur des Systems. Insbesondere ist hier die Dialogkomponente eingebunden. Die von der Dialogkomponente benutzten Module des Restsystems sind mit Pfeilen gekennzeichnet. Bevor ich beginne, die Funktionalität der Dialogkomponente zu erläutern, möchte ich einige Dinge vorwegschicken.

Zum einen möchte ich an dieser Stelle die technischen Details anmerken, die als Voraussetzung für das hier beschriebene System dienten. Die Hardware bestand aus einer Sun 3/60 Workstation. Durch Erweiterung standen 12 MB Hauptspeicher zur Verfügung. Implementiert wurde das System dann in Common Lisp, genauer Sun Common Lisp. Leider stand nur eine veraltete Version (2.0.3 von '86) zur Verfügung. Die Gesamtgröße des implementierten Systems beträgt ca. 7500 Codezeilen. Von diesen fallen ca. 2500 auf die Dialogkomponente. Damit stellt sie den mit Abstand größten Modulkomplex dar.

Als nächstes möchte ich die Ziele, die mit der Entwicklung der Dialogkomponente verfolgt wurden, vorstellen. Zunächst einmal ist es selbstverständlich, daß die Funktionalität des Systems dem Benutzer durch die Benutzerschnittstelle adäquat zur Verfügung gestellt wird. Das heißt insbesondere, daß die spezifischen Bedürfnisse verschiedener Benutzerklassen Berücksichtigung finden. Hier sind in erster Linie die beiden Extreme des Anfängers und des Profis zu nennen. Insbesondere für die erste Gruppe ist eine intelligente Benutzerführung anzustreben. Des weiteren ist es ein Ziel der Dialogkomponente, dem Benutzer bei längerer Benutzung einen Einblick in die inneren Abläufe des Systems zu geben, um so die Akzeptanz der generierten Reparaturen zu erhöhen.

Neben den beiden genannten Punkten, die bei jeder Benutzerschnittstelle berücksichtigt werden sollten, wird hier ein weiteres Ziel angestrebt. Dieses Ziel ist im Zusammenhang mit der gestellten Aufgabe der Analyse und Reparatur von Konsistenzverletzungen zu sehen. Für die Akzeptanz der vom System vorgetragenen Reparaturvorschläge ist es wichtig, ähnlich wie im Expertensystembereich auch, daß das System eine Begründung liefern kann, warum es einen Reparaturvorschlag macht. Im Bereich der Expertensysteme bedient man sich dazu der sogenannten Erklärungskomponente. Diese ist nichts weiter als die Möglichkeit, es dem Benutzer zu erlauben, die vom System vollzogene Deduktion nachzuvollziehen. Dabei wird dem Benutzer eine Wanderung durch den Ableitungsbaum angeboten. Auf den hier vorliegenden Fall übertragen ist dies äquivalent zu einer Wanderung durch das erstellte Protokoll. Es ist zu hoffen, daß auf diese Weise dem Benutzer die Zusammenhänge in der Datenbasis, das heißt die des Zusammenspiels der Fakten, Regeln und Konsistenzbedingungen klar werden.

Um die Benutzerschnittstelle möglichst komfortabel zu gestalten, ist diese fensterorientiert angelegt worden, wobei jedem Fenster ein gewisser logisch zusammenhängender Aufgabenkomplex zugeordnet ist. Weiter ist jedes dieser Fenster mit einem eigenen, diesem Aufgabenkomplex angemessenen "pop-up"-Menü versehen, das auf Mausklick hin erscheint. Mit Hilfe eines weiteren Mausklicks kann man sich entweder ein "on-line-help" zu einem Eintrag in diesem Menü geben lassen oder die Funktionalität des angeklickten Eintrags aufrufen. Um die Benutzerführung zu realisieren, sind die Einträge in die Menüs in verschiedenen Schriftarten realisiert. Dies dient einer Unterscheidung in folgende Kategorien. Ein **EINTRAG** ist in Großbuchstaben geschrieben, wenn er einen für einen Anfänger empfohlenen nächsten Schritt darstellt. Die möglichen nächsten Aktionen stellen sich dem Benutzer als **Eintrag** dar. Zum momentanen Zeitpunkt nicht ausführbare Aktionen sind als **eintrag** aufgeführt. Das

Aufführen aller Einträge hat den Sinn, dem Benutzer einen Überblick über die Gesamtfunktionalität des Fensters zu geben.

Ich komme nun zur Beschreibung der spezifischen Funktionen, die in den einzelnen Fenstern der Dialogkomponente zur Verfügung gestellt werden. In Abbildung 6.1 sind mittels fünf Pfeilen die Module angedeutet, deren Funktionalität nach außen geführt, d.h. an den Benutzer herangetragen wird. Diese sind im einzelnen die Verwaltung der Faktenbasis (Tripelmenge), die Anfragebeantwortung, die Transaktionsverwaltung, der Konsistenztestmodul und die Extraktion. Bis auf den Konsistenztestmodul stellt die Dialogkomponente für jeden Modul ein eigenes Fenster mit entsprechendem ”pop-up”-Menü zur Verfügung. Die Funktionalität des Konsistenztestmoduls ist hingegen dem Fenster für die Transaktionsverwaltung zugeordnet. Die einzelnen Fenster werden im folgenden kurz beschrieben.

Ich beginne mit der Verwaltung der Faktenbasis. Das zugehörige Menü hat folgende Einträge (ohne die Berücksichtigung der verschiedenen Schriftarten):

clear
init
load
store
get
put
exit

Mit dem ersten Eintrag wird der gesamte Datenbestand der Wissensbasis gelöscht. Dies entspricht dem Initialzustand. Mit dem zweiten Eintrag wird die initiale Wissensbasis geladen und mit ”load” die anwendungsspezifischen Fakten und Regeln. Mit ”store” kann die Wissensbank wieder in eine Datei zurückgeschrieben werden. Da die Wissensbank intern mit Zugriffspfaden, basierend auf einem hierarchischen Hashverfahren, versehen wird und damit diese nicht jedes Mal wieder angelegt werden müssen, ist es möglich, die Wissensbasis auch mitsamt ihrer Zugriffspfade wegzuschreiben (”put”) bzw. zu lesen (”get”). Um dem Benutzer das Eintippen der Dateinamen zu ersparen, sind diese mit ensprechenden Suffixen gekennzeichnet (”.kb” bzw. ”.hkb”). Entsprechend endende Einträge im Dateikatalog, auf den der frei setzbare aktuelle Pfad zeigt, werden dem Benutzer bei Anklicken von ”load” etc. aufgelistet, und ein weiteres Anklicken des entsprechenden Namens führt zu einem Ausführen der Aktion mit der dem Namen zugeordneten Datei als Parameter. Selbstverständlich ist es auch möglich, einen Namen frei anzugeben. Der hier beschriebene Mechanismus wird dem Benutzer auch für das Lesen von Anfragen (”.qp”) und Transaktionen (”.ta”) zur Verfügung gestellt.

Das Fenster zur Anfragebearbeitung stellt lediglich zwei Funktionen zur Verfügung, nämlich das Angeben einer Anfrage und das anschließende Beantworten.

Das "pop-up"-Menü des Fensters der Transaktionsverwaltung hat folgende
Einträge.

provide
execute
check consistency
rollback
commit

Der erste Eintrag wird benutzt, um eine Transaktion einzulesen. Diese wird
dann mit Hilfe des zweiten Eintrags ausgeführt. Der normale Ablauf wäre dann
ein Konsistenztest, ausgelöst mit dem dritten Eintrag. Ein Rücksetzen ("roll-
back") ist in jedem Fall möglich, ein Festschreiben ("commit") dagegen nur,
falls keine Konsistenzverletzung vorliegt. Liegt eine Konsistenzverletzung vor, so
sollte zunächst die Funktionalität des letzten, anschließend noch zu beschreiben-
den Fensters genutzt werden.

Da die Anzahl der Möglichkeiten in diesem "analyzer"-Fenster entschieden
höher ist als bei den vorangegangenen, gibt es hier ein Hauptmenü, von dem
aus drei Untermenüs aufgerufen werden können. In diesem Fenster verläuft der
Dialog demzufolge strikt hierarchisch, d.h., durch den Aufruf eines Untermenüs
erreicht der Benutzer einen anderen Status, den er nur explizit wieder verlassen
kann, um die nächst höhere Ebene zu erreichen. Das Hauptmenü gliedert sich
wie folgt:

try full analysis
complete global trace
browse global trace
extract candidates
browse candidates
resume discarded entries

Der erste Eintrag ist dem Anfänger empfohlen, denn er führt eine vollautomati-
sche Analyse der gegebenen Inkonsistenz unter Berücksichtigung der maximalen
Anzahl von Iterationen durch. Der nächste Eintrag vervollständigt das Protokoll. Nach der Vervollständigung ist es möglich, durch das Protokoll zu wandern,
um einen Einblick in die Inkonsistenz zu bekommen. Hierzu wird der oben aufgeführte "browser" aufgerufen, dem ein eigenes Menü zugeordnet ist. Ruft man
den "browser" auf, so befindet man sich im obersten Knoten des globalen Protokolls. Das Ziel in diesem Knoten lautet immer "overall_consistency" (Abb. 6.2).
Über den Eintrag "Down" im "pop-up"-Menü des Analysefensters gelangt man
zu den Unterknoten des aktuellen Knotens. Abbildung 6.3 zeigt die Ausgabe
nach dem Anklicken des "Down"-Eintrags. Das gezeigte Ziel ist die teilinstanziierte verletzte Konsistenzbedingung des vorherigen Beispiels. Die Instanziierung
wurde durch die transaktionsorientierte Instaniierung gewonnen. Von hier aus

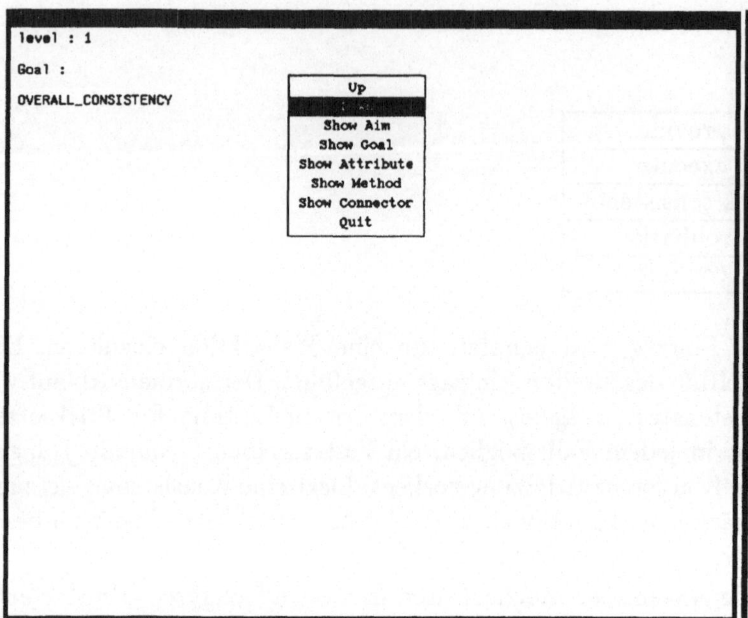

Abb. 6.2. Oberste Ebene eines Protokolls

kann man mit dem Eintrag "Up" zum Oberknoten zurückkehren oder mit "Quit" den "browser" verlassen und somit zum Hauptmenü zurückkehren.

Hier besteht dann die nächste Möglichkeit darin, Kandidaten aus dem globalen Protokoll der Inkonsistenz zu extrahieren ("extract candidates") und sich die Liste der extrahierten Kandidaten anzuschauen ("browse candidates"). Auch hierzu existiert ein Untermenü, das es im wesentlichen erlaubt, diese Liste gezielt nach (neuen) Kandidaten oder Reparaturen zu durchwandern. Dies beinhaltet auch das Sortieren der Reparaturen. Selbstverständlich ist es auf dieser Ebene möglich, die Transaktion um einen hergeleiteten Kandidaten oder eine Reparatur zu verlängern. Eine weitere Möglichkeit auf dieser Ebene ist es, durch das spezifische Protokoll dieses Kandidaten zu wandern. Abbildung 6.6 zeigt die Ausgabe des Kandidaten (DOM, ORT, VEHIKEL) für das obige Beispiel.

Dessen Protokoll enthält in der dritten Ebene einen Knoten, dessen Ziel als äußeren Konnektor einen $\exists$-Quantor aufweist (Abb. 6.4). An diesem läßt sich der Mechanismus zum Ein- und Ausfügen von Konstanten erläutern. Um sich zunächst einen Überblick über die vom System betrachteten Konstanten zu schaffen, kann man den Eintrag "show attributes" benutzen (Abb. 6.4). Die folgende Ausgabe ist in Abb. 6.5 dargestellt.

Unter dem Eintrag ":all_constants" befinden sich alle vom System (mittels der Restriktionsliterale unter ":rn") gefundenen Konstanten. Die nicht durch die Heuristik (zur Konstantenreduktion) eliminierten Konstanten werden unter dem Eintrag ":sub_consts" aufgeführt. Da diese Liste hier kürzer ist, sieht man sofort, daß hier mit eingeschalteter Heuristik gearbeitet wurde. Die Konstante "bew_obj" führt zur Reparatur 2, und "object" führt hier zu keiner Reparatur.

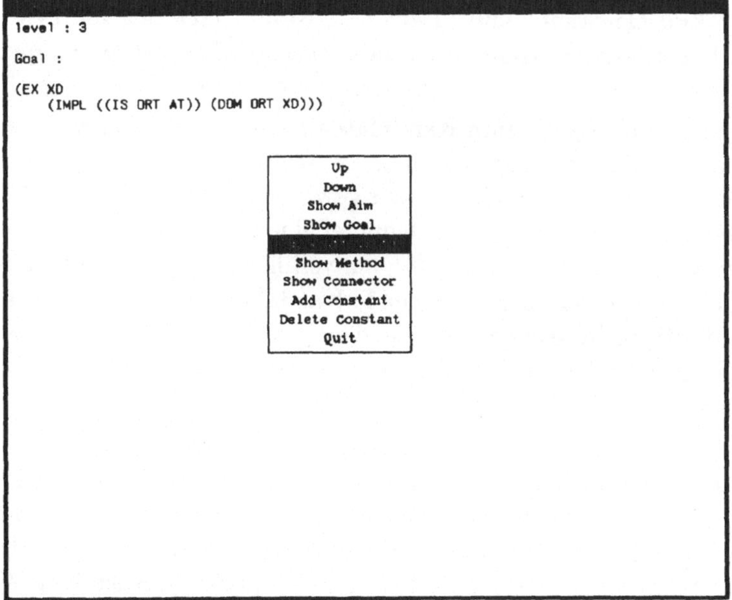

Abb. 6.3. Teilinstanziierte verletzte Konsistenzbedingung als Ziel

Abb. 6.4. Ziel mit Existenzknoten

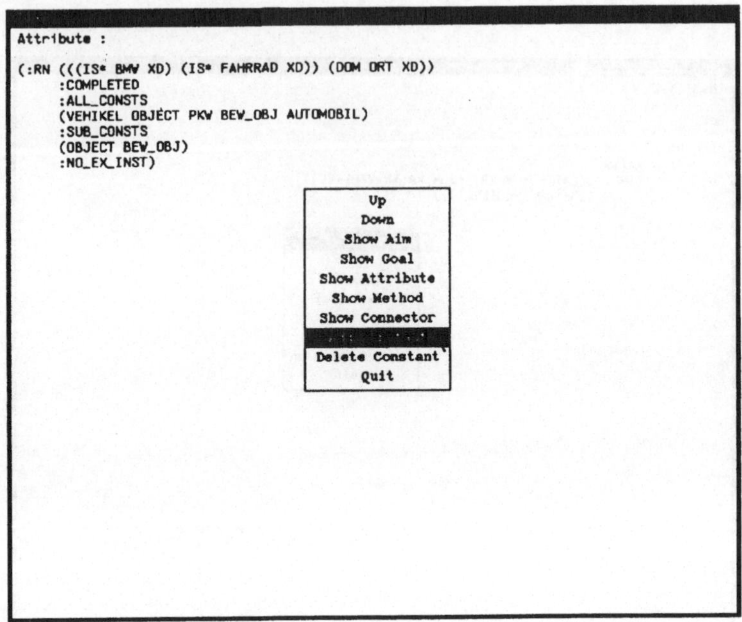

Abb. 6.5. Manipulation der Konstanten

Bei ausgeschalteter Heuristik würden die Konstanten "pkw" und "automobil"
zu den Reparaturen 11, 12, 15 und 17 bzw. 8, 9, 14 und 16 führen. Mit den
Einträgen "Add Constant" und "Delete Constant" läßt sich die Liste der vom
System zu betrachtenden Konstanten in offensichtlicher Weise manipulieren.

Kehrt man mit "Quit" zum Kandidatenmenü zurück, von wo aus man den
"browser" aufgerufen hatte, so kann man als nächstes mit "extract" aus dem Protokoll des dargestellten Kandidaten neue gewinnen (Abb. 6.6). Diese Möglichkeit
ist dann von Wichtigkeit, wenn der Benutzer eine gezielte Suche in der durch den
Kandidaten vorgezeigten Richtung für sinnvoll hält. Ist der Benutzer im Gegenteil davon überzeugt, daß der vorliegende Kandidat kein Gewinn ist, so kann er
ihn von zukünftigen Iterationen ausschließen. Da ein Irrtum nicht auszuschließen
ist, hat er die Möglichkeit, vom Hauptmenü aus die ausgeschlossenen Kandidaten
zu reintegrieren.

Ein Nachteil der bisherigen Ausgabe ist es, daß dem Benutzer die Transaktionen immer als Text vorgeführt werden. Es ist geplant, um mehr Anschaulichkeit
zu erreichen, den für die Konsistenzverletzung relevanten Teil der Faktenbasis in
graphischer Form aufzubereiten und so dem Benutzer darzustellen. An diesem
Ausschnitt kann dann jeder Kandidat dargestellt werden, indem diese Graphik
geändert wird. Hierdurch soll eine Animation erreicht werden, die mehr Anschaulichkeit gewährleistet.

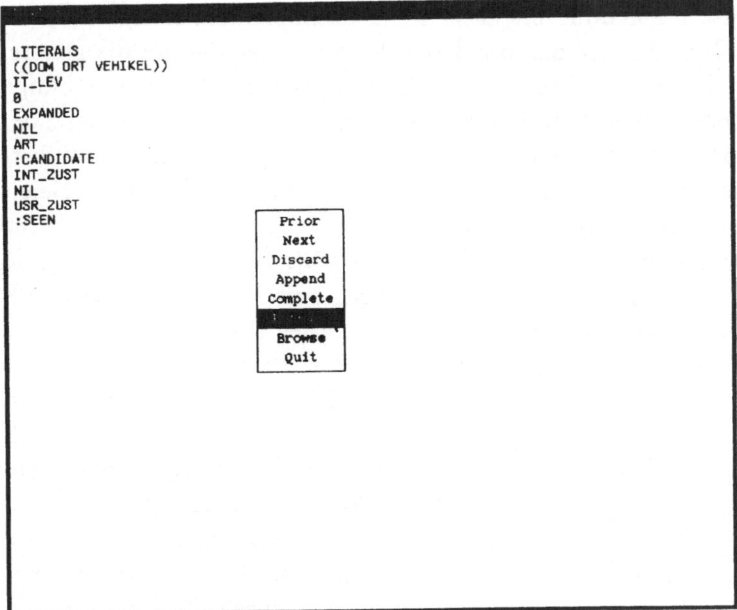

Abb. 6.6. Extraktion eines lokalen Protokolls

6.4 Leistungsverhalten

Hiermit bin ich beim vielleicht unerfreulichsten Punkt dieses Kapitels angelangt. Dies sind die Antwortzeiten. Sie liegen für das Laden der Datenbasis im Bereich einiger weniger Sekunden (ca. eine für obiges Beispiel), und für die Ausführung einer Transaktion sind Verzögerungen kaum wahrnehmbar. Ebenfalls annehmbar ist die für einen Konsistenztest benötigte Antwortzeit. Diese liegt für das obige Beispiel mit 102 Fakten, 4 Regeln, 8 Konsistenzbedingungen und $|M(DB)| = 180$ bei ca. einer Sekunde. Für kompliziertere Beispiele sind Antwortzeiten im Bereich von mehreren Sekunden bis zu mehreren Minuten anzusiedeln. Ärgerlich hoch sind im Augenblick noch die Antwortzeiten für eine vollständige Analyse mit 3 Iterationen. Beim obigen Beispiel liegt sie bei ca. 2 Minuten, davon werden ca. 45 Sekunden für "garbage collection" aufgewendet. Bei einem etwas komplizierteren Beispiel lag die Zeit zur Durchführung einer solchen Analyse bereits im Bereich von mehreren Stunden.

Es ist also leicht einsichtig, daß bei einer halbwegs realistischen Anwendung im Ingenieurbereich, bei der die Anzahl der Fakten, Regeln und Konsistenzbedingungen um ca. den Faktor 100 steigen, Antwortzeiten für einen Konsistenztest im Bereich von mehreren Minuten bis zu einigen Stunden zu erwarten sind. Für eine automatische Analyse mit 3 Iterationen sind mehrere Stunden bis einige Tage Antwortzeit sicherlich nicht zu hoch gegriffen.

Will man trotzdem nicht auf die in dieser Arbeiten geschilderten Möglichkeiten einer vollständigen, automatischen Analyse einer Inkonsistenz verzichten und erträgliche Antwortzeiten einhalten, so sind offensichtlich effizienzsteigernde Maßnahmen nötig. Einige Möglichkeiten möchte ich hier kurz anreißen.

Als erste Maßnahme bietet sich eine Reimplementierung an. Dies aus zwei Gründen. Zunächst einmal stand bei der Implementierung die generelle Machbarkeit im Vordergrund, und nicht die Effizienz. Dies führte an einigen Stellen zur Verwendung von aufwendigen, aber einfach zu implementierenden Verfahren. Beispielsweise werden die abgeleiteten Fakten in Listen geführt, was bei Neuanfragen zu unnötig hohem Suchaufwand führt. Ein weiteres Beispiel ist die Berechnung neuer Antworten aus bereits hergeleiteten. Jede hergeleitete Instanz für ein Rumpfliteral wird mit jeder anderen Instanz eines zweiten Rumpfliterals zu verknüpfen versucht. Das Ergebnis durchläuft wiederum denselben Prozeß für jede Instanz eines weiteren Rumpfliterals. Dies führt zur anerkannt schlechtesten, aber einfachsten Implementierung einer Verbindung. Eine Ersetzung der Listen durch eine Hashstruktur wäre hier adäquat. Ein weiterer Punkt, der für eine Reimplementierung sprechen würde, ist die Tatsache, daß in LISP implementiert wurde. Durch die Verwendung einer effizienteren Programmiersprache wie beispielsweise C könnte ein Faktor 10 gewonnen werden.

Der Einsatz schnellerer Hardware stellt eine weitere Möglichkeit zur Geschwindigkeitssteigerung dar. Faktoren von 10 bis 100 erscheinen hier durchaus machbar. Noch größere Faktoren könnte man durch die Verwendung von paralleler Hardware erreichen. Dazu wäre allerdings noch einiges an Grundlagenforschung zu leisten. Dies betrifft insbesondere die Entwicklung von parallelen Algorithmen. Erste Schritte in diese Richtung sind bereits vollzogen worden, beispielsweise im Bereich relationaler Datenbanken. Einen Schritt in Richtung parallele deduktive Datenbanken stellt die Entwicklung von parallelen Verfahren zur Berechnung der transitiven Hülle dar ([4, 105]). Allgemeine parallele Deduktionsalgorithmen wurden jedoch noch nicht entwickelt. Hier könnte sich ein interessantes Forschungsgebiet ergeben.

Eine weitere Maßnahme ist die Entwicklung effizienterer Algorithmen. Ich denke hier insbesondere an solche, die Spezialfälle abfangen wie zum Beispiel Regeln ohne bzw. mit nur linearer Rekursion. Dies wäre insbesondere sinnvoll in Verbindung mit Algorithmen zur Umformung der vom Benutzer gegebenen Regeln in linear rekursive oder nicht rekursive, wann immer möglich. Auch der Konsistenztest selbst bietet noch viele Möglichkeiten zur Optimierung. Insbesondere kann eine Erkennung von Symmetrien bereits beim Konsistenztest ausgenutzt werden, um den Testaufwand zu verringern. Allgemein sind Verfahren zu entwickeln, die die gegebene Menge von Konsistenzbedingungen in effizienter zu testende umformen.

Ein weiterer sehr wichtiger Punkt zur Effizienzsteigerung ist die Integration weiterer Heuristiken, die den Suchraum weiter einschränken und so die Anzahl der generierten Kandidaten beschränken. Hierauf gehe ich noch kurz im Ausblick ein, in dem weiterführende wissenschaftliche Fragestellungen, die von Interesse sein könnten, aufgelistet werden.

7. Schlußbemerkungen

7.1 Zusammenfassung

Die Arbeit hat das Ziel, eine Unterstützung für den Benutzer im Falle einer Inkonsistenz in einer deduktiven Datenbank zu bieten. Um für weitere Untersuchungen ein Fundament zu haben, wurde zunächst eine speziell auf den Datenbankbereich zugeschnittene Logik entwickelt. Neben dem Verzicht auf Funktionssymbole ist der wesentliche Unterschied gegenüber der Standardlogik die Forderung nach der Bijektivität der Interpretation. Hierdurch wurde die Gleichheitsbehandlung trivialisiert. Des weiteren wurde auf diesem Wege die Forderung der "unique-name-assumption" im Datenbankbereich erfüllt. Basierend auf dieser Logik konnte die deduktive Datenbasis formal definiert werden. Diese Definition mit der Festschreibung dessen, was aus einer Datenbasis folgen soll und wann sie konsistent ist, diente als Fundament für alle folgenden Untersuchungen.

Die ebenfalls auf diesen aufbauenden Definitionen von Ursache, Grund und Reparatur lieferten dann die theoretische Grundlage für die Lösung der eigentlichen Problemstellung der Arbeit, nämlich der Benutzerunterstützung im Falle einer Inkonsistenz. In der Einleitung wurden bezüglich der Unterstützung graduelle Unterschiede gemacht, ja sogar ein ganzes Spektrum von Möglichkeiten aufgezeigt. Dieses reicht von einer einfachen Benachrichtung des Benutzers bis zur Präsentation von Gründen und Reparaturen. Mit der in Kapitel 3 entwickelten Theorie wurde eine Unterstützung angestrebt und erreicht.

Da sich das Gebiet der deduktiven Datenbanken noch sehr stark im Fluß befindet und erst in den letzten (ungefähr) drei Jahren intensiv bearbeitet wird, konnte sich die praktische Umsetzung nicht auf erprobte Algorithmen abstützen, es mußten eigene entwickelt werden und deren Korrektheit nachgewiesen werden. Dies galt insbesondere für den Bereich des Konsistenztests. Mit der Entwicklung von Algorithmen zur Inkonsistenzanalyse und Reparaturgenerierung wurde Neuland betreten.

All diese Ergebnisse wurden dann in einen Prototyp umgesetzt, um die Machbarkeit eines solchen Systems unter Beweis zu stellen. Dies wurde auch erreicht, wenn man von noch zu lösenden Effizienzproblemen absieht.

Insgesamt wurde somit das gesteckte Ziel der Entwicklung eines Systems zur Benutzerunterstützung imFalle einer Inkonsistenz erreicht. Dies durch eine, so meine ich, relativ vollständige und umfassende Aufarbeitung des Problemkomplexes.

7.2 Übertragbarkeit der Ergebnisse

Nachdem die Ergebnisse für den untersuchten Problemkreis vorliegen, fragt man sich natürlich, inwieweit die erarbeiteten Lösungen auf andere Gebiete übertragbar sind, d.h., man untersucht ihren Allgemeinheitsgrad. Auch wenn ich mir zum momentanen Zeitpunkt diesbezüglich noch kein abschließendes Urteil erlauben kann, so deuten doch einige Überlegungen auf eine zumindest gewisse Allgemeinheit der Ergebnisse hin. Im folgenden möchte ich einige dieser Überlegungen skizzieren, und zwar an Beispielen aus dem Datenbankbereich und der sogenannten Künstlichen Intelligenz.

Der offensichtlichste Punkt ist zunächst einmal die Allgemeinheit des hier zugrundeliegenden Datenmodells. Verzichtet man auf die Regeln, so erhält man, abgesehen von Erweiterungen wie beispielsweise der Aggregation, das relationale Modell. Das bedeutet aber, daß die hier entwickelte Methode als Spezialfall die Analyse von Konsistenzverletzungen in relationalen Datenbanken abdeckt. Ebenfalls aus dem Bereich der relationalen Datenbanken kommt das zweite Beispiel. Auch dieses ist mit den hier vorgestellten Methoden gut faßbar. Das Problem, um das es sich hier handelt, ist unter der Bezeichnung "view-update" bekannt geworden. Die Analogien ergeben sich wie folgt. Eine Sicht definiert einen Teil der intentionalen Datenbasis. Beschränkt man die Möglichkeiten zur Sichtendefinition auf die durch Hornklauseln zur Verfügung gestellten, so läßt sich jede Sicht durch eine Menge von Hornklauseln definieren und somit in einer deduktiven Datenbank simulieren. Die Transaktion, die eine Veränderung der zugrundeliegenden Datenbasis zur Folge haben soll, ist in Termini der Fakten in der vollständigen Extension angegeben. Faßt man die zuzufügenden und die auszufügenden Fakten als Konsistenzbedingungen auf, die, nebenbei bemerkt, genau dann verletzt sind, falls das aus- (zu-) zufügende Faktum (nicht) in der vollständigen Extension enthalten ist, so werden mit den hier vorgestellten Verfahren die Möglichkeiten des "view-updates" ausgelotet und bewertet. Man gelangt hierdurch für das Ausfügen von Fakten zu einem ähnlichen Verfahren, wie es in [100] vorgestellt wurde.

Im nächsten Beispiel soll die Verwendbarkeit der hier erarbeiteten Methoden auf die modellbasierte Diagnose aufgezeigt werden. Der Bereich der modellbasierten Diagnose wurde ausgehend von [27] in [37, 49, 86] weiterentwickelt. Ich lehne mich bei der nun folgenden Einführung, die nötig ist, um die Analogien aufzuzeigen, an [86] an, in dem das folgende Beispiel aus [37] aufgegriffen wurde. Zunächst einmal geht es bei dem Bereich der Diagnose, wie er hier behandelt wird, um die Analyse von Fehlfunktionen allgemeiner Systeme. Unter einem System wird hier ein Paar *(SD, Components)* verstanden, wobei *SD* eine Systembeschreibung in Form einer Menge von Formeln ist, und *Components* eine endliche Menge von Konstantensymbolen. Ein Teil der Beschreibung für ein und-Gatter könnte wie folgt aussehen:

$$\forall x \, (is, x, undg), (in1, x, T), (in2, x, T) \implies (out, x, T).$$

Dies gilt selbstverständlich nur, falls das und-Gatter korrekt arbeitet, das heißt nicht defekt ist. Darum werden alle Verhaltensregeln um einen Zusatz $intakt(x)$

im Rumpf ergänzt. Damit ergibt sich für das und-Gatter:

$\forall x\,(is, x, undg), (in1, x, T), (in2, x, T), intakt(x) \Longrightarrow (out, x, T).$

Diese Formel ist dann in der deduktiven Datenbank als Konsistenzbedingung einzuordnen. Für alle Bauteile x wird $intakt(x)$ in die Faktenbasis aufgenommmen.

Um ein komplettes System zu beschreiben, werden noch die Verbindungen zwischen den Komponenten in Form von Regeln modelliert. Nimmt man zwei und-Gatter u_1 und u_2 an, wobei der Ausgang von u_1 an den ersten Eingang von u_2 gelegt ist, so ergibt sich:

$\forall y\,(out, u_1, y) \Longrightarrow (in1, u_2, y).$

Die sich bei der Fehlersuche ergebenen Meßwerte werden sukzessive mittels einer sie repräsentierenden Transaktion in die Faktenbasis eingefügt. Ergibt sich nun dabei eine Konsistenzverletzung, so bedeutet dies, vorausgesetzt, die Systemmodellierung ist korrekt, ein Fehlverhalten. Der Grund für ein Fehlverhalten liegt aber in einer Menge nicht korrekt arbeitender Systemkomponenten. Reduziert man dementsprechend die Gründe auf solche, die nur Fakten der Art $intakt(c)$ für Komponenten c enthalten, so repräsentiert ein Grund eine minimale Menge von defekten Komponenten, die für das Fehlverhalten verantwortlich sind. Dies entspricht aber genau der in [86] gegebenen Definition für eine Diagnose. Insgesamt ist das System also in der Lage, eine Diagnose für eine defekte Schaltung zu liefern.

7.3 Ausblick

Zum Abschluß möchte ich erweiterte Fragestellungen aufzählen, von denen ich annehme, daß sich eine Beschäftigung mit ihnen lohnt. Für diese Erweiterungen bieten sich drei Aspekte an:

1. Verallgemeinerung des zugrundeliegenden Datenmodells

2. Manipulation von Regeln und Konsistenzbedingungen

3. Einbau von mehr Heuristiken zur Reduktion der Reparaturanzahl

Das in dieser Arbeit betrachtete Datenmodell beschränkt Terme auf Konstanten bzw. Variable. Eine erste Erweiterung bekommt man, wenn man Funktionen zuläßt. Dies führt dann allerdings zunächst einmal zu dem Problem der Sicherheit [103, 47], das heißt der Möglichkeit, unendliche Antworten auf Anfragen zu bekommen.

Eine zweite Möglichkeit zur Erweiterung des Datenmodells ist das Zulassen der Negation im Rumpf der Regeln. Dies führt zu den geschichteten Datenbasen als einer Möglichkeit, Inkonsistenzen zu vermeiden und eindeutige, minimale Modelle zu gewährleisten. Einige Arbeiten in diese Richtung sind [3], [5], [21], [36], [59], [60], [74], [80], [81].

Ebenfalls ist eine Erweiterung der Deduktion erforderlich, will man deduktive Datenbanken im Bereich der Expertensysteme einsetzen, denn hier wird oft mit unsicheren Aussagen oder Wahrscheinlichkeiten gearbeitet. Mit den theoretischen Grundlagen zur Einführung von Unsicherheitsfaktoren in den Bereich des logischen Programmierens befaßt sich [106], mit der Einführung in den Bereich der deduktiven Datenbanken [46].

Ein Gebiet, das im Moment sehr viel Aufmerksamkeit der Forschungsgemeinde erhält, ist die Erweiterung der mit deduktiven Datenbanken bearbeitbaren Datentypen oder Objekte. Hier beschäftigt man sich mit der Einführung von Tupel- und Mengenkonstruktoren. Stellvertretend weise ich auf [1], [2], [7], [8], [11], [12], [13], [35], [38], [45], [48], [54], [55], [56], [57] und [66] hin. Ein wesentliches Manko all dieser Arbeiten ist allerdings die geringe Berücksichtigung der Typisierung, die bei der Einführung von komplexen Objekten eine wesentliche Rolle spielt.

Eine letzte Erweiterung des Datenmodells wäre schließlich die Verwendung von temporalen Logiken, um so zu Aussagen über die Semantik von "updates" zu gelangen. Insbesondere wäre es dann möglich, neben den hier behandelten statischen Konsistenzbedingungen auch dynamische zu formulieren. Ein typisches Beispiel für eine dynamische Konsistenzbedingung ist die Forderung, daß das Gehalt eines wissenschaftlichen Angestellten nur erhöht werden darf, nie gekürzt.

Eine wesentliche Motivation für die Einführung einer Komponente zum automatischen Modifizieren der Regelbasis ist die in Kapitel 3 festgestellte Tatsache, daß es Situationen geben kann, in denen die reine Faktenmanipulation nicht ausreicht, um die Konsistenz herzustellen. Dies war der Fall, wenn die Regeln zusammen mit den Konsistenzbedingungen widersprüchlich waren. Genauso kann es natürlich vorkommen, daß die Konsistenzbedingungen allein bereits einen Widerspruch enthalten. Auch in einem solchen Falle sollte der Benutzer bei der Wiederherstellung der Konsistenz unterstützt werden. Man beachte, daß die Regelbasis allein keinen Widerspruch enthalten kann, da sie nur Hornklauseln enthält. Der hier geschilderte Fall des notwendigen Eingreifens in die Regelbasis oder die Menge der Konsistenzbedingungen ist allerdings nicht der interessantere. Im Gegenteil ist er sehr einfach abzuhandeln. Es genügt nämlich, genügend der in den Widerspruch verwickelten Regeln und/oder Konsistenzbedingungen zu löschen. Da dies keine sehr elegante Lösung ist, sollten etwas subtilere Methoden entwickelt werden, bei der lediglich die Literale in den Regeln und Konsistenzbedingungen modifiziert werden.

Der weitaus interessantere Fall liegt vor, wenn neue Regeln zu erfinden sind. Es ist zwar richtig, daß die Konsistenz immer durch Manipulieren der Faktenbasis wiederhergestellt werden kann, doch gehen dabei die offensichtlichen Vorteile einer deduktiven Datenbank verloren. Wenn man die Erstellung der Regeln als einen Entwurfsprozeß betrachtet, so ist, wie bei allen Entwurfstätigkeiten, eine Benutzerunterstützung wünschenswert. Eine der wenigen Arbeiten, die sich mit der Problematik der Benutzerunterstützung beim Entwurf von Konsistenzbedingungen beschäftigen, ist [18]. Dort werden zwei Fehlerquellen aufgeführt, die zu inkorrektem Entwurf von Konsistenzbedingungen führen können.

"The first is that the world is not static – it evolves, and new unanticipated situations may arise. The second is that database design is an art, not a science, often pursued by someone unfamiliar with the application domain; hence the schema may simply be wrong if the designer does not understand or express properly the situations described by the users, or if the users are unable to articulate their implicit knowledge."

Diese Punkte betreffen sicherlich auch die Regelbasis. Des weiteren stellt insbesondere der zweite Punkt eine gute Motivation für die Benutzerunterstützung im Entwurfsprozeß dar.

Nach dem letzten Teil des Zitates erscheint es gerechtfertigt, dem Benutzer bei der Formulierung seines impliziten Wissens zu helfen oder es ihm wenigstens ins Gedächtnis zu rufen.

Einen Ansatz in dieser Richtung enthält [30]. Dabei geht es um die Entdeckung von Regel- und Gesetzmäßigkeiten in relationalen Datenbanken. Diese werden hier grundsätzlich als Konsistenzbedingungen eingeordnet, es ist aber nicht offensichtlich, daß nicht auch Regeln auf die dort vorgeschlagene Vorgehensweise generiert werden können bzw. einige der erzeugten Konsistenzbedingungen direkt als Regeln eingeordnet werden können. Ausgehend von einem vorliegenden Datenbestand in einer relationalen Datenbasis wird versucht, einfache Gesetzmäßigkeiten in den einzelnen Relationen zu finden. Dann wird versucht, aus ihnen gültige Ausdrücke der relationalen Algebra zu erzeugen; sie stellen die erzeugten Konsistenzbedingungen dar.

Eine andere Möglichkeit, den Benutzer bei der Entwurfstätigkeit, und dazu gehört sicherlich auch das Beseitigen von auftretenden Konsistenzverletzungen, zu unterstützen, besteht nicht im Ableiten von neuen Regeln und Konsistenzbedingungen, sondern im Modifizieren bestehender. Diesen Ansatz verfolgt [18]. Dort geht im wesentlichen um die Handhabung von Ausnahmen zu Konsistenzbedingungen. Grundlage ist auch hier eine relationale Datenbank. Entdeckt man Objekte $o_1, ..., o_n$, die eine gegebene Konsistenzbedingung c nicht erfüllen, so versucht man mit Hilfe einer Funktion *descr* eine Beschreibung dieser Objekte zu finden. Die modifizierte Konsistenzbedingung hat dann die Form $descr(o_1, ..., o_n) \vee c$. Eine zentrale Frage ist in diesem Ansatz die Gewinnung der Beschreibung der Objekte. Nötig ist hierfür die automatische Generierung eines Konzeptes, das diese Objekte umfaßt, aber nicht diejenigen, die die Konsistenzbedingung erfüllen sollen, d.h., eine Übergeneralisierung ist zu vermeiden. Methoden zur Lösung dieser Problemstellung werden vornehmlich im Bereich des maschinellen Lernens erarbeitet (s. etwa [70, 29, 44, 73]). Das automatische Generieren von *intensionalen* Repräsentationen extensional gegebener Antworten auf Datenbankanfragen ist ebenfalls ein Bereich, der sich mit dieser Fragestellung auseinandersetzt (s. etwa [98]).

Ich möchte die Diskussion mit einer Aufzählung der prinzipiellen Eingriffsmöglichkeiten zur Anpassung bestehender Regeln und Konsistenzbedingungen der Form $p \implies s$ beenden.

Schwächen der Prämisse: $p \implies s$ wird durch $p' \implies s$ ersetzt, wobei $p \implies p'$, aber nicht $p' \implies p$ gilt. Dies führt zu einer stärkeren Regel oder einer verschärften Konsistenzbedingung.

Stärken der Prämisse: $p \implies s$ wird durch $p' \implies s$ ersetzt, wobei $p' \implies p$, aber nicht $p \implies p'$ gilt. Dies führt zu einer schwächeren Regel oder einer abgeschwächten Konsistenzbedingung.

Schwächen der Konklusion: $p \implies s$ wird durch $p \implies s'$ ersetzt, wobei $s \implies s'$, aber nicht $s' \implies s$ gilt. Dies führt zu einer schwächeren Regel oder einer abgeschwächten Konsistenzbedingung.

Stärken der Konklusion: $p \implies s$ wird durch $p \implies s'$ ersetzt, wobei $s' \implies s$, aber nicht $s \implies s'$ gilt. Dies führt zu einer stärkeren Regel oder einer verschärften Konsistenzbedingung.

Zukünftige Forschungsarbeit müßte Methoden entwickeln, mit denen die obigen 4 Fälle abgedeckt werden können. Dazu gehört insbesondere ein Verfahren oder eine Sammlung von Heuristiken, die entscheidet, wann welche der entwickelten Methoden zur Manipulation der Regeln und der Konsistenzbedingungen sinnvollerweise zur Anwendung kommt.

Die letzte Erweiterung dieser Arbeit, die ich hier besprechen möchte, ist der Einsatz von mehr Heuristiken zur Reduktion der Anzahl der Reparaturen bzw. zur Beschneidung des Suchraumes. Zunächst einmal kann man die einzubauenden Heuristiken in zwei Gruppen einteilen:

1.   Allgemeingültige Heuristiken

2.   Anwendungsbezogene Heuristiken

Allgemeingültige Heuristiken können unabhängig vom Anwendungsgebiet Verwendung finden. Dies heißt jedoch nicht, daß es nicht Fälle geben kann, in denen es besser ist, sie nicht zu benutzen. Allgemeingültig steht hier somit für weitgehend anwendungsgebietsunabhängig. Die anwendungsspezifischen Heuristiken können nur auf bestimmten Anwendungsgebieten sinnvoll eingesetzt werden. Dies bedeutet insbesondere, daß hier Wissen über das Anwendungsgebiet einfließt. Zu beiden Gruppen möchte ich im folgenden einige Beispiele angeben.

Eine erste Heuristik wäre diejenige, daß man lokale Reparaturen bevorzugt. Zur Umsetzung dieser Heuristik muß ein Abstandsmaß definiert werden. Faßt man die Konstanten der Signatur als Knoten eines Graphen auf, so kann man die SKM-Tripel als Kanten in diesem Graphen verstehen. Diese Kanten sind dann jeweils durch das Attribut des Tripels markiert. Jetzt kann man sich des Abstandsbegriffes in Graphen bedienen. Markiert man die durch die Transaktion betroffenen Kanten, mit den zugehörigen Endknoten, so sind jene Reparaturen zu bevorzugen, deren Kanten einen geringen Abstand zu den markierten Teilen des Graphen haben.

Ein zweites Beispiel für eine allgemeingültige Heuristik leitet sich wie folgt ab. In der Bewertung einer Reparatur schlägt unter anderem die Anzahl der gelöschten Fakten zu Buche. Dies ist verallgemeinerbar zu der Forderung, daß Reparaturen monoton sein sollten. Bezogen auf Graphen hieße dies beispielsweise, daß Konstanten, die vorher durch einen Kantenzug mit einer bestimmten Markierung verbunden sind, dies auch nachher sind. Bei der Realisierung dieser Heuristik bleibt das Problem bestehen, daß sie erst dann wirksam geprüft werden kann, wenn die Reparaturen vollständig generiert worden sind. Dieses Problem kann dadurch umgangen werden, daß man die Heuristik in brauchbarer Weise approximiert. Eine solche brauchbare Approximation dieser Heuristik wäre beispielsweise die Forderung, daß zu keinem Zeitpunkt einer der Kandidaten, die zu dieser Reparatur führen, einen Zyklus in den Graphen einbaut. Dies gilt natürlich nur, wenn dies allgemein für eine Beziehung gelten soll. Daß dies eine brauchbare Heuristik ist, sieht man wie folgt. Fügt ein Kandidat ein Faktum in die Faktenbasis ein, so daß ein Zyklus entsteht, dann kann dies nur repariert werden, indem der Zyklus an irgendeiner Stelle wieder aufgelöst wird. Ist diese Stelle die gleiche, die das eingefügte Faktum bezeichnete, so liegt kein Gewinn vor. Ist sie eine andere, so schlägt die Heuristik zu, d.h. die Monotonie ist verletzt.

Aus der letzten Beobachtung, daß man eine Heuristik durch das Verbieten einer temporären Konsistenzverletzung einer bestimmten Konsistenzbedingung, hier die Zyklenfreiheit, realisieren kann, erhebt sich die Frage, ob man nicht mit anderen Konsistenzverletzungen auf eben diese Weise brauchbare Heuristiken ableiten kann. Auch ein Nachgehen dieser Frage kann zur Entwicklung allgemeingültigen Heuristiken führen.

Um Beispiele für anwendungsgebietsabhängige (aga) Heuristiken anzuführen, muß zunächst einmal ein solches bestimmt werden. Hierzu bediene ich mich wieder dem oben eingeführten Beispiel der Schaltungsdiagnose. An diesem Beispiel wird nämlich deutlich, daß es zwei verschiedene Arten aga Heuristiken gibt. Ein Beispiel für erstere ist bereits oben aufgeführt. Dies ist die Forderung, daß sich die Diagnose nur auf Fakten der Art *intakt(c)* beziehen. Man kann hier also von notwendigen Restriktionen sprechen, wobei nur deren Berücksichtigung zu sinnvollen Reparaturkandidaten führt.

Die zweite Klasse der Heuristiken ist dadurch charakterisiert, daß sie wiederum nur Vorrangregeln auf den Reparaturen gibt, keine Restriktionen. Für das gewählte Anwendungsgebiet fallen hierunter beispielsweise Informationen über die Ausfallhäufigkeit von Bauteilen. Diese kann sich sowohl auf einzelne, als auch auf Gruppen beziehen. Eine Beispiel für letzteres wäre die Information, daß wenn u_1 defekt ist, dies u_2 auch mit großer Wahrscheinlichkeit ist, oder daß es wahrscheinlicher ist, daß die Gatter g_1 und g_2 defekt sind, als daß es g_2 und g_3 sind. Auf dem Gebiet der aga Heuristiken könnte viel Wissen aus dem Expertensystembereich angewandt werden.

Fragt man mich nun abschließend, welche der hier vorgeschlagenen Richtungen ich für eine Bearbeitung vorziehen würde, so kann die Antwort natürlich nur auf einer subjektiven Einschätzung meinerseits beruhen. Um meinen Meinungsbildungsprozeß über Prioritäten offenzulegen, möchte ich die Kriterien, die ich anlegen werde, aufzählen. Das erste Kriterium ist die Notwendigkeit solcher

Untersuchungen. Hier wird insbesondere berücksichtigt, ob die vorhandenen Methoden ausreichen, um die sich stellenden Probleme in ausreichender Form zu lösen. Ich unterscheide hierbei kurz-, mittel- und langfristig notwendig, um zum Ausdruck zu bringen, daß ich hier Unterschiede in der Dringlichkeit sehe oder Untersuchungen in bestimmte Richtungen für verfrüht halte.

Das zweite Kriterium ist der wissenschaftliche Wert, den ich sehe. Diesen setze ich gleich Null, falls ich das gegebene Problem für technisch halte. Des weiteren erhält der wissenschaftliche Wert das Attribut kurz-, mittel- und langfristig, um anzudeuten, wann ich einen Erfolg erwarte bzw. wann sich Untersuchungen in die betrachtete Richtung rentieren könnten. Insgesamt stellt sich meine Sicht wie folgt dar:

1. Eine Reimplementierung ist höchstens langfristig notwendig und ohne jeden wissenschaftlichen Wert.

2. Parallelisierung halte ich mittelfristig für notwendig. Der wissenschaftliche Wert des Problems ist als hoch einzuschätzen. Die Erfolge wären kurz-, mittel- und langfristig zu erwarten, da dieses Gebiet noch relativ unbearbeitet ist.

3. Die Erarbeitung spezieller Algorithmen, insbesondere schnellerer Verfahren für die Reparaturgenerierung und den Konsistenztest, halte ich kurzfristig für notwendig. Die wertvollen Ergebnisse könnten ebenfalls kurzfristig erarbeitet werden.

4. Den übrigen Erweiterungen, die notwendig sind, um ein "echtes" System zu erhalten, rechne ich keine kurz- oder mittelfristige Bedeutung zu. Die einzige Ausnahme könnte hier die Entwicklung einer "update"-Sprache sein, zusammen mit den dadurch notwendigen Erweiterungen zur Inkonsistenzanalyse.

5. Eine Erweiterung des Datenmodells um Negation ist kurz- bis mittelfristig notwendig, stellt jedoch, falls man sich nicht um die semantischen Feinheiten bemüht, sondern sich mit der Standarddefinition der geschichteten Datenbanken zufrieden gibt, lediglich ein technisches Problem dar.
Sowohl die Notwendigkeit als auch der wissenschaftliche Wert des Einbaus von Unsicherheit in den Deduktionsprozeß lassen sich für mich schwer abschätzen. Dies hängt wohl im wesentlichen von der Entwicklung des Gebietes der Expertensysteme und natürlich von der Anwendung von Datenbanken in diesem Gebiet ab.
Eine Erweiterung um komplexe Objekte ist sicherlich langfristig notwendig. Der wissenschaftliche Wert dieser Fragestellung ist sicherlich als hoch einzustufen. Der Erfolgt wird sich aber eher mittel- bis langfristig einstellen.

6. Die Modifikation von Regeln und Konsistenzbedingungen ist mittelfristig notwendig. Der wissenschaftliche Wert ist hoch, jedoch ist ein durchschlagender Erfolg frühestens mittelfristig zu erwarten, wenn man bedenkt, wie schwer man sich heutzutage noch mit dem Bereich des maschinellen Lernens tut.

7. Der Einbau von mehr Heuristiken ist kurzfristig notwendig. Die Entwicklung dieser Heuristiken, von schwer einzuschätzendem wissenschaftlichem Wert, wird dagegen einige Zeit kosten, insbesondere, wenn man aga Heuristiken integrieren will. Eine Voraussetzung hierzu ist eine Effizienzsteigerung des Systems.

In einer abschließenden Beurteilung der Situation würde ich folgende Prioritätenliste der drei vielversprechendsten Ansätze bilden:

1. Einbau von Heuristiken

2. Erweiterung um komplexe Objekte

3. Parallelisierung

Literaturverzeichnis

[1]   S. Abiteboul and S. Grumbach. COL: A logic-based language for complex objects. Technical Report 714, INRIA, 1987.

[2]   S. Abiteboul and S. Grumbach. COL: A logic-based language for complex objects. In *EDBT*, pages 271–293, 1988.

[3]   S. Abiteboul and R. Hull. Data functions, datalog and negation. In *Proc. of the 17nth ACM SIGMOD*, pages 143–153, 1988.

[4]   R. Agrawal and H.V. Jagadish. Direct algorithms for computing the transitive closure of database relations. In *VLDB*, 1987.

[5]   K.R. Apt, H.A. Blair, and A. Walker. Towards a theory of declarative knowledge. In J. Minker, editor, *Foundations of Deductive Databases and Logic Programming*. Morgan Kaufmann, 1988.

[6]   K.R. Apt and M.H. van Emden. Contributions to the theory of logic programming. *Journal of the ACM 29*, pages 841–862, (1982).

[7]   F. Bancilhon, T. Briggs, K. Khoshafian, and P. Valduriez. FAD, a powerful and simple database language. In *Proc. 13th. Int. Conf. VLDB*, pages 97–105, 1987.

[8]   F. Bancilhon and K. Koshafian. A calculus for complex objects. In *ACM Symp. on Principles of Database Systems*, pages 53–59, 1986.

[9]   F. Bancilhon, D. Maier, Y. Sagiv, and J. Ullman. Magic sets and other strange ways to implement logic programs. In *Proc. of the 15th ACM SIGMOD*, pages 1–15, 1986.

[10] F. Bancilhon and R. Ramakrishnan. An amateurs introduction to recursive query processing. In *Proc. ACM Conf. on Management of Data*, pages 16–52, 1986.

[11] C. Beeri. Data models and languages for databases. In *2nd. Int. Conf. on Database Theory*, pages 19–40, 1988.

[12] C. Beeri, S. Naqvi, R. Ramakrishnan, O. Shmueli, and S. Tsur. Sets and negation in a logic database language (LDL1). In *ACM Symp. on Principles of Database Systems*, pages 21–37, 1987.

[13] C. Beeri, S. Naqvi, O. Shmueli, and S. Tsur. Set constructors in a logic database language. Technical report, MCC, 1988.

[14] C. Beeri and R. Ramakrishnan. On the power of magic. In *Proc. of the 17nth ACM SIGMOD*, pages 269–283, 1987.

[15] P. Bernstein, B. Blaustein, and E. Clarke. Fast maintenance of semantic integrity assertions using redundant aggregate data. In *Proc. 6th Int. Conf. VLDB*, pages 126–136, 1980.

[16] K.H. Bläsius and H.-J. Bürckert. *Deduktionssysteme*. Oldenbourg, 1987.

[17] W.W. Bledsoe. Splitting and reduction heuristics in automatic theorem proving. *Artificial Intelligence*, 2:55–77, 1971.

[18] A. Borgida, T.M. Mitchel, and K. Williamson. Learning improved integrity constraints and schemas. *in: M. Brodie, J. Mylopoulos (eds.): On Knowledge Base Management Systems*, Springer:259–286, 1986.

[19] K.A. Bowen. Programming with full first-order logic. *Machine Intelligence*, 10:421–440, 1982.

[20] U.S. Chakravarthy, D.H. Fischman, and J. Minker. Semantic query optimization in expert systems and database systems. In *Internationl Conference on Expert Database Systems*, pages 659–674, 1986.

[21] A.K. Chandra and D. Harel. Horn clause queries and generalizations. *The Journal of Logic Programming*, 1:1–15, 1985.

[22] C.-L. Chang and R.C.-T. Lee. *Symbolic Logic and Mechanical Theorem Proving*. Academic Press, 1973.

[23] Q. Chen and G. Gardarin. An implementation model for reasoning with complex objects. In *Proc. of the 17nth ACM SIGMOD*, pages 164–172, 1988.

[24] K.L. Clark. Negation as failure. *in: H. Gallaire and J. Minker (eds.)*, Logic and Data Bases, Plenum, New York:293–322, 1978.

[25] V. Dahl. On database developement through logic. *ACM Transactions on Database Systems*, 7:102–123, 1982.

[26] C.J. Date. *An Introduction to Database Systems*. Addison-Wesley, 1981.

[27] R. Davis. Diagnosis based on description of structure and function. In *Proceedings National Conference on Artificial Intelligence*, pages 137–142, 1982.

[28] H. Decker. Integrity enforcement on deductive databases. In *1st International Conference on Expert Database Systems*, pages 271–285, 1986.

[29] J. deJong and R. Mooney. Explanation-based learning: An alternative view. *Machine Learning*, 1:145–176, 1986.

[30] J.P. Delgrande. Formal limits on the automatic generation and maintenance of integrity constraints. In *Proc. of the 16nth ACM SIGMOD*, pages 190–196, 1987.

[31] B. Dreben and W.D. Goldfarb. *The Decision Problem: Solvable Classes of Quantificational Formulas.* Academic Press, 1973.

[32] T. Flannagan. The consistency of negation as failure. *J. Logic Programming*, 2:93–114, 1986.

[33] A.L. Furtado, C.S. dos Santos, and J.M.V. de Castilho. Dynamic modelling of a simple existence constraint. *Inform. Systems*, 6:73–80, 1981.

[34] H. Gallaire, J. Minker, and J.M. Nicolas. Logic and databases: A deductive approach. *ACM Comp. Surveys*, 16:153–185, 1984.

[35] A. Van Gelder, K. Ross, and J.S. Schlipf. Unfounded sets and well-founded semantics for general logic programs. In *Proc. of the 17nth ACM SIGMOD*, pages 221–230, 1988.

[36] A. Van Geldern. Negation as failure using tight derivations for general logic programs. In *Proc. 3rd. IEEE Symp. on Logic Programming*, pages 127–138, 1986.

[37] M.R. Genesereth. The use of design descriptions in automated diagnosis. *Artificial Intelligence*, 24:411–436, 1984.

[38] J.A. Goguen and J. Meseguer. Unifying functional, object-oriented and relational programming with logical semantics. In *Research Directions in Object-Oriented Programming (B. Shriver, P. Wegner (eds.))*, pages 417–477, 1987.

[39] P. Helmann and R. Veroff. Designing deductive databases. *J. of Automated Reasoning*, 4:29–68, 1988.

[40] R. Hill. LUSH-Resolution and its completeness. Dcs memo no. 78, School of AI, Edinburgh University, 1974.

[41] B.E. Jacobs. On database logic. *J. of the ACM*, 29:310–332, 1982.

[42] M. Jarke and J. Koch. Query optimization in database systems. *ACM Comp. Surveys*, 16:111–152, 1984.

[43] S. Karl and P.C. Lockemann. Design of engineering databases: A case for more varied semantic modelling concepts. Int. rep. 33/87, Fak. f. Informatik, University of Karlsruhe, 1987.

[44] S.T. Kedar-Cabelli and L.T. McCarty. Explanation-based generalization as resolution theorem proving. In *Proc. 4th. Int. Workshop on Machine Learning*, pages 383–389, 1987.

[45] M. Kifer and G. Lausen. F-logic: A "higher-order" logic for reasoning about object, inheritance, and schema. In *Proc. of the 18nth ACM SIGMOD*, 1989.

[46] M. Kifer and A. Li. On the semantics of rule-based expert systems with uncertainty. In *2nd. Int. Conf. on Database Theory*, pages 102–117, 1988.

[47] M. Kifer, R. Ramakrishnan, and A. Silberschatz. An axiomatix approach to deciding query safety in deductive databases. In *ACM Symp. on Principles of Database Systems*, pages 52–60, 1988.

[48] M. Kifer and J. Wu. A logic for object-oriented logic programming (maier's o-logic revisited). In *ACM Symp. on Principles of Database Systems*, 1989.

[49] J.de Kleer and B.C. Williams. Diagnosing multiple faults. *Artificial Intelligence*, 32:97–130, 1987.

[50] R. Kowalski. A proof procedure using connection graphs. *J. of the ACM*, 22:572–595, 1975.

[51] R. Kowalski and D. Kuehner. Resolution with selection function. *Artificial Intelligence*, 2:227–260, 1970.

[52] R. Kowalski, F. Sadri, and P. Soper. Integrity checking in deductive databases. In *Proc. 13th Int. Conf. VLDB*, pages 61–69, 1987.

[53] R. Krishnamurthi, R. Ramakrishnan, and O. Shmueli. A framework for testing safety and effective computability of extended datalog. In *Proc. of the 17nth ACM SIGMOD*, pages 154–163, 1988.

[54] G. Kuper. Logic programming with sets. In *ACM Symp. on Principles of Database Systems*, pages 11–20, 1987.

[55] G.M. Kuper and M.Y. Vardi. A new approach to database logic. In *ACM Symp. on Principles of Database Systems*, 1984.

[56] C. Lècluse and P. Richard. Modeling inheritance and genericity in object oriented databases. In *2nd. Int. Conf. on Database Theory*, pages 223–238, 1988.

[57] C. Lecluse, P. Richard, and F. VELEZ. O_2, an object-oriented data model. In *Proc. of the 17nth ACM SIGMOD*, pages 424–433, 1988.

[58] J.W. Lloyd. *Foundations Of Logic Programming*. Springer, 1984.

[59] J.W. Lloyd. *Foundations Of Logic Programming (2nd Ed.)*. Springer, 1987.

[60] J.W. Lloyd, Sonenberg, and R.W. E.A.Topor. Integrity constraint checking in stratified databases. *J. Logic Programming*, 4:331–343, 1987.

[61] J.W. Lloyd and R.W. Topor. Making prolog more expressive. *J. Logic Programming*, 3:225–240, 1984.

[62] J.W. Lloyd and R.W. Topor. A basis for deductive database systems. *J. Logic Programming*, 2:93–109, 1985.

[63] J.W. Lloyd and R.W. Topor. A basis for deductive database systems II. *J. Logic Programming*, 1:55–67, 1986.

[64] D. Loveland. *Automated Theorem Proving: A Logical Basis*. North Holland, 1978.

[65] E. L. Lozinskii. Evaluating queries in deductive databases by generating. In *IJCAI*, pages 173–177, 1985.

[66] D. Maier. A logic for objects. In *Proc. Of The Workshop On Foundations Of Deductive Databases And Logic Programming*, 1986. 6-26.

[67] J. Minker. Search strategy and selection function for an inferential relational system. *ACM Transactions On Database Systems*, 3, 1978. 1-31.

[68] J. Minker. *Foundations Of Deductive Databases And Logic Programming*. Morgan Kaufmann, 1988.

[69] J Minker. Perspectives in deductive databases. *The Journal Of Logic Programming*, 5, 1988. 33-60.

[70] T.M. Mitchell, R.M. Keller, and S.T. Kedar-Cabelli. Explanation-based generalization: A unifying view. *Machine Learning*, 1, 1986. 47-80.

[71] G. Moerkotte and S. Karl. Efficient consistency checking in deductive databases. In *2nd. Int. Conf. On Database Theory*, 1988. 118-128.

[72] K.A. Morris. An algorithm for ordering subgoals in Nail! In *Proc. of the 17nth ACM SIGMOD*, 1988. 82-88.

[73] J.L. De Siqueira N. and J.-F. Puget. Explanation-based generalisation of failures. In *ECAI*, 1988. 339-344.

[74] S. Naqvi. A logic for negation in database systems. In *Proc. Workshop On Logic Databases*, 1986.

[75] D.S. Nau and J.A. Reggia. Relationship between deductive and abductive inference in knowledge based diagnostic problem solving. In *Internationl Conference On Expert Database Systems*, 1986. 549-558.

[76] W. Nejdl. Recursive strategies for answering recursive queries – The Rqa/Fqi-Strategy. In *Proc. 13th Int. Conf. VLDB*, 1987. 43-50.

[77] J.-M. Nicolas. Logic for improving integrity checking in relational data bases. *Acta Informatica*, 18, 1982. 227-253.

[78] J.-M. Nicolas and Gallaire H. Data base: Theory vs. interpretation. *In: H. Gallaire And J. Minker (Eds.)*, Logic and Data Bases, Plenum, New York, 1978.

[79] J.M. Nicolas and K. Yazdanian. Integrity checking in deductive data bases. *In: H. Gallaire And J. Minker (Eds.)*, Logic And Data Bases, Plenum, New York, 1978. 325-344.

[80] T. Przymusinski. On the semantics of stratified deductive databases and logic programs. *J. Of Logic Programming*, 1986. To Appear.

[81] T. Przymusinski. On the declarative and procedural semantics of stratified deductive databases. In J. Minker, editor, *Foundations Of Deductive
Databases And Logic Programming*. Morgan Kaufmann, 1988. 163-219.

[82] R. Reiter. Deductive question-answering on relational data bases. *In:
H. Gallaire And J. Minker (Eds.)*, Logic And Data Bases, Plenum, New
York, 1978. 149-177.

[83] R. Reiter. On closed world data bases. *In: H. Gallaire And J. Minker
(Eds.)*, Logic And Data Bases, Plenum, New York, 1978. 227-253.

[84] R. Reiter. Equality and domain closure in first-order databases. *Journal
Of The ACM*, 27, 1980. 235-249.

[85] R. Reiter. Towards a logical reconstruction of relational database theory.
*In: M. Brodie, J. Mylopoulos, J.W. Schmidt (Eds.): On Conceptual Mo-
delling*, Springer, 1984. 191-233.

[86] R. Reiter. A theory of diagnosis from first principles. *Artificial Intelligence*, 32, 1987. 57-95.

[87] R. Reiter. On integrity coinstraints. In M.Y. Vardi, editor, *Proc. Of The
2nd. Conf On Theoretical Aspects Of Reasoning About Knowledge*, pages
97–111. Morgan Kaufmann, 1988.

[88] J.A. Robinson. A machine oriented logic based on the resolution principle.
J. Of The ACM, 12, 1965. 23-41.

[89] J.A. Robinson and L. Wos. Paramodulation and theorem proving in first
order theories with equality. *Machine Intelligence*, 4, 1969. 135-150.

[90] J. Rohmer, R. Lescoeur, and J.M. Kerisit. The Alexander method – a
technique for the processing of recursive axions in deductive databases.
New Generation Computing, 4, 1986. 273-285.

[91] H. Rybinski. On first-order-logic databases. *ACM Transactions On Database Systems*, 12, 1987. 325-349.

[92] D. Sacca and C. Zaniolo. The generalized counting method for recursive
logic queries. In *ICDT*, 1986. 31-53.

[93] D. Sacca and C. Zaniolo. Implementation of recursive queries for a data
language based on pure horn logic. In *Proc. 4th Int. Conf. On Logic
Programming*, 1987. ?

[94] F. Sadri and R. Kowalski. A theorem-proving approach to database integrity. In *[68]*, 1988. 313-362.

[95] P. Schmitt. Personal Correspondance.

[96] J.C. Shepherdson. Negation as failure: A comparison of Clark's completed
data base and Reiter's closed world assumption. *J. Logic Programming*,
1, 1984. 51-79.

[97] J.C. Shepherdson. Negation as failure II. *J. Logic Programming*, 3, 1985. 185-202.

[98] C.-D. Shum and R. Muntz. Implicit representation for extensional answers. In *L. Kerschberg: Expert Database Systems*, 1988. 257-273.

[99] R.M. Smullyan. *First-Order Logic*. Springer, 1968.

[100] A. Tomasic. View update translation via deduction and annotation. In *ICDT*, pages 338–352, 1988.

[101] D.C. Tsichritzis and F.H. Lochovsky. *Data Base Management Systems*. Academic Press, 1977.

[102] J.D. Ullman. *Principles Of Database Systems*. Pitman, 1980.

[103] J.D. Ullman. Implementation of logical query languages for databases. *ACM Trans. On Database Systems*, 10, 1985. 289-321.

[104] J.D. Ullman and M.Y. Vardi. The complexity of ordering subgoals. In *Proc. of the 17nth ACM SIGMOD*, 1988. 74-81.

[105] P. Valduriez and S. Khoshafian. Parallel evaluation of the transitive closure of a database relation. *Int. Journal Of Parallel Programming*, 17(1), 1988. 19-42.

[106] M.H. van Emden. Quantitative deduction and its fixpoint theory. *Journal of Logic Programming*, 1:37–53, 1986.

[107] M.H. van Emden and R.A. Kowalski. The semantics of predicate logic as a programming language. *Journal of the ACM*, 23:733–742, 1976.

[108] L. Vieille. Recursive axioms in deductive databases: The Query/Subquery approach. In *Internationl Conference On Expert Database Systems*, 1986. 179-193.

[109] I. Walter, P.C. Lockemann, and H.-H. Nagel. Database support for knowledge-based image evaluation. In *Proc. 13th Int. Conf. VLDB*, 1987. 3-11.

[110] D.H.D. Warren. Efficient processing of interactive relational database queries. In *Proc. 7th Int. Conf. VLDB*, 1981. 272-281.